장원재의 배우열전

배우란 누구인가

장원재의 배우열전

배우란 누구인가

장원재 지음

북앤피플

배우란 누구인가

많은 사람들이 배우가 되기를 꿈꾼다. 배우의 삶을 동경한다. 대학마다 연기를 가르치는 학과가 문전성시를 이루고, 배우들의 일거수일투족이 대중매체의 콘텐츠를 가득 채운다. 우리는 배우들의 무엇이 부러운 것일까? 그들이 누리는 대중적 인기? 길을 걸을 때마다 쏟아지는 시선? 배우들이 일군 부와 명예? 그들의 신체적 미모?

배우들은 언제나 관심과 주목의 대상이었다. 하지만, 우리 전통사회는 배우들을 호의적인 시선으로 바라보지 않았다. 수 십 년 전만 해도, 그들은 '스타이기는 하지만 공동체 생활을 하기에는 튀는' 사람이었다. 앞에서는 대우를 받지만, 돌아서면 험한 말을 들어야 했던 직군(職群)이었다. 조선시대라면, 신분제 질서의 가장 밑바닥에 자리한, 어쩌면 노예보다 더 '아랫것'으로 취급받던 사람들이다. 그들이 제대로 된 사회구성원의 지위를 획득하고, 사람들의 면전과 배후에서 상찬을 받는 존재가 된 것은 극히 최근의 일이다. 그래서 묻는다.

배우란 누구인가. 어떤 존재인가. 우리 사회에서 '배우'라는 사람들은 어떤 의미를 가지는가. 배우들 개개인의 삶은, 그들의 일상은 과연 어떤 것인가.

성리학적 신분제 사회는 배우들을 멸시했다. 대중들 앞에서 자신의 감정을 드러내고, 대중들의 감정을 움직이는 일은 무엇이든 천하게 여긴 탓이리라. 다소 부정적인 관점에서 살피자면, 성리학은 '자제(自制)의 철학'이다. 한 사회가 구성원들에게 안락한 삶의 조건을 제공할 수 없을 때, 욕망(慾望)을 억제하는 것으로 물질의 부족분을 메우는 것이 성리학적 질서의 한 부분이라고 소생은 생각한다. '참아야 하는 것'은 의식주만이 아니었을 터이다. 기쁨, 슬픔, 환희, 비탄 같은 감정, 느낌도 억제의 대상이었다. 그렇다면, 인간의 감정을 다루는 배우들이야말로 성리학의 공적(公敵)이 아니었을까. 조선의 중세적 질서가 대한민국의 현대적 질서로 진화했다는 증거 가운데 하나는, 우리가 우리의 느낌과 감정을 부자연스러울 정도로 억압하지 않는다는 사실이 아닐는지. 대한민국 현대사는 기적의 역사다. 중세적 신분사회가 불과 100년 남짓한 시간 동안 근대성과 현대성을 획득하며 숨 가쁘게 달려온 인류사적 기록이다. 무엇보다도 노비가 사라졌고 굶어죽는 사람이 없어졌다. 연극사라고 예외가 아니다. 배우들을 선망하면서도 한편으로는 은근히 낮춰보던 관습이 거의 자취를 감춘 것은 극히 최근의 일이다. 개성이 존중받는 시대, '집단'이나 '가문'보다는 '개인'이 더 중요한 시대가 도래한 이래, 사람들은 더 이상 배우들을 천민(賤民)이라고 하대하지 않는다.

배우들에 관해서라면 풀리지 않는 또 하나의 수수께끼가 있다.

운동경기는 객관적으로 등위가 정해지지만, 예술가에게는 누구나 납득할만한 순위결정방법이 존재하지 않는다. 누가 왜 어떻게 '인기'를 얻었는지를 설명하기는 그래서 쉬운 일이 아니다. 그렇다고, '우연'이 배우들의 삶을 전적으로 좌우하는 것도 아니다. 배우들의 인생을 탐색하다 보면, 이 수수께끼를 푸는 실마리를 한 두 가닥쯤은 찾을 수 있지 않을까. 이 인터뷰를 시작한 이유 중의 하나가 여기에 있다. 우리 시대의 명배우들을 만나서 다음과 같은 질문을 공통적으로 던지고 싶었다. 특별한 재능을 타고난 사람들만 배우가 되는 것인가. 그렇다면 그러한 특성은 무엇인가. 특별한 재능 없이도 배우가 될 수는 없는가. 그렇다면, 어떤 노력이 필요한가. 배우들의 삶은 어떤 방식으로 어떤 시기에 그들을 예술의 길로 인도하는가. 그들에게 연기란, 연극이란 과연 어떤 의미를 지니는가.

갑골문의 대가 시라카와 시즈카(白川 靜 : 1910~2006) 교수는 배우(俳優)라는 글자를 이렇게 풀이한다.

'優의 기원은 무녀가 신을 맞이하며 노래를 부르고 춤을 춘 데에서 시작된 것으로 추측된다. 그러나 신에게 바치는 춤은 후대로 내려오면서 차츰 사람들의 오락거리가 되었고 거기에 익살이나 교훈의 의미가 추가되면서 배우들이 벌이는 기예로 바뀌었다.'(《한자(漢字)의 기원》, 225쪽)

위 문장을 소생은 '배(俳)란 희극, 우(優)란 비극을 연기하는 사람'이라고 새겼다. 어쩌면 희극이나 비극적 상황을 맞았을 때, 사람들의 마음 속 깊은 곳에서 샘물처럼 고이는 느낌이 俳이며 優인지도 모른다.

중요한 점은, 갑골문이 쓰여질 무렵부터 '배우'에 대한 개념이 생겨났다는 사실이다. 그렇다. 배우는 문명의 탄생과 역사를 같이 하는, 인류사의 중요한 부분이다. 세계적인 진화심리학자 서은국 교수의 견해도 인용하자. 서 교수는《행복의 기원》에서 "행복은 결국 뇌가 느끼는 쾌감이며, 인간이 행복감을 가장 많이, 자주 느끼는 원천은 '인간'이다"라고 단언한다. 생존과 번식은 어느 누구든 결국 타인의 도움을 받아야 수행할 수 있는 일이기에, 타인과 정서적 교분을 나눌 때 '행복한 느낌'이 증가하는 것이 인간의 본성이라는 이야기다. 타인과 관계를 맺는 첫 단계는 의사소통, 즉 커뮤니케이션이다. 인류의 커뮤니케이션은 몸짓언어로부터 음성언어, 문자언어를 거치며 진화해 왔다. 이 모든 소통방식은 지금도 우리 곁에서 살아 움직이며 '현역'으로 기능한다. 사람들은 자신이 처한 상황과 사정에 따라 몸짓, 음성, 문자같은 여러 종류의 의사소통 방식을 섞어서 활용하며 다른 사람과 이해의 폭을 넓힌다. 그런 점에서도 배우는 소중한 존재다. 인류가 사용하는 모든 커뮤니케이션 수단을 한 몸에 체화(體化)하고, '다른 사람과 가장 잘' 소통할 수 있는 샘플을 보여주는 존재이기 때문이다.

이 책은 2013년 10월부터 2014년 말까지 월간조선에 연재했던〈배우열전〉을 모은 인터뷰집이다. 열다섯 분 배우들을 만나고, 그 분들의 인생과 철학을 다만 한 부분만이라도 담아내고자 노력한 흔적이다. 연재의 기회를 주셨던 분들 모두에게 감사의 인사를 전한다. 흔쾌히 인터뷰를 허(許)하고, 자신들의 진솔한 이야기를 가감 없이 들려준 '우리시대의 명배우들'에게도 고개 숙인다. 그 분들의 이야기를 듣는 것 자체가 소생에게는 커다란 인생공부였다. 인터뷰에 모시고 싶었던 다른 배우들과도 언젠가는 인연이 닿기를 소망한다.

스승 서연호(徐淵昊), 리처드 알렌 케이브(Richard Allen Cave) 두 분 교수님과 자식의 글은 무엇이든 찾아 읽으시는 부모님께 큰 절 올린다. 아내와 보경(輔瓊), 현준(玹準), 보현(輔玹) 삼남매는 소생이 존재하는 이유다. 북앤피플의 김진술 선배께는 또 신세를 졌다. 거듭 감사할 따름이다.

2015년 겨울,

장원재

차례

〈정도전〉에서
이인임 역으로 주목받았던

박영규

- “정현민 작가가 드라마를 통해 대한민국 현실정치에 훈수를 둔다는 느낌을 받을 때도 있다”
- “좋은 배우는 인생의 가장 밑바닥에서 로 앵글(low angle)로 세상을 바라보는 인간”
- “존경하는 배우는 신구, 힘을 빼고도 잘 들리고 편안한 대사와 연기를 하는 배우 되고 싶다”

"**이인임 역**은 먼저 간 아들에게 **내가 주는 선물**"

정도전(鄭道傳)이 역사 밖으로 걸어 나왔다. 청년부터 노년층을 가리지 않고, 거의 전 세대의 남성들이 열광한다. 시청률 고공행진 중인 KBS 대하사극 〈정도전〉 이야기다. 이성계(李成桂)가 나라를 열어가던 시절의 이야기는 그 자체가 극적이어서 영화와 드라마로 여러 차례 만들어졌다. 이번엔 다르다. 단 한 번도 부각되지 않았던 인물이 시청자의 눈길을 잡아끈다. '고뇌하는, 그러나 냉혹한 현실주의자' 이인임(李仁任)이다. 이른바 '이인임의 명대사'가 SNS망을 통해 널리 퍼지고 있다. 소문보다 빠른 속도다. 대표적인 대사 몇 대목만 인용해 보기로 하자.

"정치하는 자에겐 오직 두 부류의 사람들이 있을 뿐이네. 하나는 적 그리고 다른 하나는 도구."

"내가 상대를 찾아가는 게 아니라 상대가 날 찾게 만들어야 하네. 그게 정치일세."

"정치에 선물이란 없네. 혹시 모를 나중을 위해 주는 뇌물이 있을 뿐.”

“힘없는 자의 용기만큼 허망한 것도 없지요.”

“전장에서 적을 만나면 칼을 뽑아야 하지만 정치판에서 적을 만날 땐 웃으세요. 정치인의 칼은 칼집이 아니라 웃음 속에 숨기는 겁니다.”

이인임의 대사는 어쩌면 고려(高麗)가 아니라 현대 대한민국에 더 들어맞는 표현이 아닐까. 사람들은 이인임의 캐릭터에서 ‘악당(惡黨)’이나 ‘권신(權臣)’이 아니라, ‘경세가(經世家)’ 혹은 ‘진정한 애국자’의 모습을 발견한다. 정도전이 아니라, 이인임이 주인공 같다는 이야기도 그래서 나왔다. 이 화제의 중심에 배우 박영규(朴榮奎)가 있다. 이인임 역을 맡은 그가 아니었다면, 이인임이 이렇듯 대중의 환호를 받으며 역사로부터 되살아날 수 있었을까?

“처음엔 이인임이 누군지도 몰랐다”

“이인임 역을 맡아달라며 대본이 왔는데, 처음엔 이인임이 누군지도 몰랐어요. 여말선초(麗末鮮初) 때의 인물이라야 이성계, 최영, 정도전, 역사적 사건으로는 위화도 회군, 이 정도만 어렴풋이 알고 있는 정도였죠. 3회차까지 대본이 나온 상태였는데, 읽어볼수록 감이 오더라고. 이거다. 이 나라에서 어떤 연기자로 살아야 할지에 대한 제 고민, 좀 거창하게 말하면 제 삶의 철학을 구현한 듯한 대사가 곳곳에 박혀 있는데…. 물어보니 작가가 국회의원 보좌관을 10년 정도 한 분이더군요. ‘공짜도 반복되면 권리가 됩니다. 처음엔 고

박영규는 KBS 사극 〈정도전〉에서 고려말의 권신 이인임역을 맡아 열연했다.

마뭐하다가 두 번째부턴 당연하게 여기고 세 번째에 이르면 불만을 터뜨리게 되지요. 그렇게 되면 고려는 망합니다' 같은 대사는 작가 자신의 정치철학이 빙의(憑依)된 것이라는 느낌이 들었습니다. '이 배역은 현대와 역사를 넘나드는 역할이다. 내 평생의 이정표가 될 수도 있겠구나'라는 결론을 내렸죠. 바로 연락했습니다. '하겠다'고."

-어떤 연기자로 살아야 할지에 대한 고민을 하고 있던 차에 운명처럼 이 작품과 만났다? 고민이라면 어떤 것이었는지요?

"제가 막 예순을 지났잖아요. 어려운 시대를 살아온 깊이랄까, 흔적이랄까, 그 시대를 살고 견뎌온 사람들의 이야기를 관객과 시청자들에게 보여주고 싶었던 겁니다. 그렇다고 싸구려로 가기는 좀 뭐하고…. 싸구려로 보이는 건 싸구려로 인생을 살았기 때문인데, 저희 세대를 그런 식으로 그릴 수는 없잖아요. 역사적 사실에 기초한 사극(史劇)에 등장하는 거물급 정치인…. 그렇다면 제가 하고 싶은 얘기를 이 캐릭터에 실어서 전달하는 것도 가능하겠구나 생각한 겁니다."

박영규가 그리는 이인임은 어떤 경우든 목소리를 높이는 법이 없다. 항상 나지막하게, 속삭이듯 말을 건넨다. 그 나지막함이 오히려 커다란 울림을 만든다.

"대본을 읽으면서 역사를 공부했습니다. 작가의 의도에 덧붙여서, '내가 만약 그 시대, 그 상황에 처했더라면 어떻게 문제를 풀어갔을까' 고민하기도 하고…. 개인적으로는, 이성계가 정도전이 아니라 이인임과 손잡고 개국(開國)을 했더라면 나라가 달라지지 않았을까 라고 생각합니다. 그만큼 심모원려(深謀遠慮)가 있는 인물입니다."

"〈정도전〉 속 이인임은 균형 잡힌 인간"

– 직접 연기해 보니 이인임은 어떤 인물이던가요?

"균형 잡힌 인간이죠. 고뇌하는 인물이고. 정치나 사업이나, 항상 이상적(理想的)으로만 풀리는 경우는 거의 없잖습니까? 원(元)나라가 망하고 명(明)나라가 흥하고, 이건 나중에 결과를 알고 보니까 확실한 거지, 당대를 산 사람들에게는 얼마나 불명확하고 절실한 문제였겠습니까.

'당신, 원나라 편이요, 명나라 편이요?'라는 질문에 이인임이 '중국이 영원히 원나라와 명나라로 갈라져서 싸웠으면 좋겠다'고 말하는 장면이 나옵니다. 고려의 국익(國益)을 극대화하는 길이 그 길이라는 거죠. 국익을 생각하지 않았다면 나올 수 없는 말 아닙니까? 국제정세와 국력의 차이를 제대로 파악하고 정교하게 대응해야지 그러지 않았다간 명분론에 휩쓸려 나라가 아예 망할 수도 있다고 본 겁니다. 주어진 여건 아래에서 최선책을 찾아가는, 그러나 이상주의자들한테는 '비겁하다'고 욕을 먹을 수밖에 없는, 그래도 좌고우면(左顧右眄)하지 않고 자기 소신을 관철해 가는 인물이 바로 이인임이 아닌가 생각합니다."

박영규는 "정현민 작가가 드라마를 통해 대한민국 현실정치에 훈수를 둔다는 느낌을 받을 때도 있다"고 했다. '정치를 오래 하려면 잘 들으시오. 세상은 한번에 쉽게 바뀌는 것이 아니오' '권좌를 갖기 위해서는 딱 한 사람을 다스리면 됩니다. 자기 자신이오' 같은 대사는 박영규 자신에게 하는 말처럼 들리기도 했단다. '힘이 없는 이상(理想)은 허망하며, 힘이 없으면 남을 위해 헌신하는 것 자체가 오만'이라는 말도 가슴에 새겨두었다. 드라마 초기, 이인임의 후손들로부터 걸려오던 항의전화는 요즈음 '격려와 성원'으로 성격이 바뀌었다. 정 작가가 박영규의 이인임을 위해 써주는 듯한 대사도 부쩍 늘었다.

"단칼에 선악(善惡)을 나눌 수 있나?"

"진보와 보수에 대해서도 생각을 많이 합니다. '진보'가 하는 이야기는 무리수인 경우가 많죠. 그럴듯해 보이지만 현실에 적용하기는 쉽지 않은, 그래서 정리와 숙성이 필요한…. 그렇다고 진보의 아이디어를 무시하면 곤란하죠. 보수가 진보의 혁신적 아이디어를 받아들여서 한쪽으로 치우치는 일 없이 발전하는 사회가 바로 성숙한 사회 아니겠습니까.

좌파 성향의 분들 얘기를 들어보면 '절대선(絕對善)' 같은 말씀을 하시는데, 아니 단칼에 선악(善惡)을 명쾌하게 나눌 수 있는 경우가 동서고금(東西古今)에 얼마나 되겠습니까. 저는 선한 가운데 악이 있고 또 악한 가운데 선이 존재하는 것이 세상 이치라고 봅니다.

정주영(鄭周永) 회장님이 돌아가실 때 '나 때문에 상처받은 사람들에게 미안하다'고 했다던데, 물론 정 회장님 때문에 개인적으로 좋지 않은 일을 겪은 분들에게는 그분이 악(惡)이겠지만, 국가적으로는, 나아가 세계 시민한테는 그분과 현대그룹의 기여가 지대한 것 아닙니까. 저는 이석기(李石基)의 삶도 역설적(逆說的)으로는 역사에 공헌한 바가 있다고 생각합니다. 일단 국민들이 다 같이 공분했으니까요."

-현실정치도 관심 깊게 보고 계시군요. 이인임의 눈으로 보기에 이석기는 어떤 사람입니까?

"영웅심리로 움직이는 사람? 사회생활을 하기보다는 스스로에게 가치를 좀 높게 부여하는 사람들이 모여서 과격하고 위험한 이야기를 나눈 것 아닙니까? 그것도 나름 상당히 진지하게. 제가 보기에는 비슷한 분들이 모여서 미망(迷妄)에 빠진 겁니다. RO 모임에서 했다는 이야기도 국민 평균 수준보다 좀 못한 것 같고…."

-그래도 어떤 분들은 이인임을 기득권(旣得權)을 지키려 했던 권력의 화신(化身)으로 봅니다.

"기득권이라는 게 무서운 겁니다. 노조(勞組)만 해도 기득권 지키려고 저렇게 난리를 치는데, 더구나 한 나라의 기득권을 가진 정치가보고 당장 나가라고 하면 그게 바로 죽으라는 얘기죠. 프랑스에서도 부자들 세금 확 올리니까 다들 거주지 외국으로 옮기고, 결국 정부가 손들었잖습니까. 그렇다면 그 현실적 힘을 공동체를 위해 제대로 활용할 방법이 무엇인가를 고민해야지, 단칼에 환부(患部)를 다 도려내겠다는 식으로 접근하는 건 최선의 해결책이 아니라는 겁니다. 이인임 대사 중에도 나옵니다. '한순간에 세상을 뒤집으려고 하지 마시오. 세상은 한번에 쉽게 바뀌는 것이 아니오'라고."

이인임은, 박영규는, 정현민 작가는 '과격한 해결책은 심정적으로 통쾌하지만, 예기치 못한 2차, 3차 효과를 불러일으킨다'는 이야기를 하고 있는 걸까? 그렇다면 이 대하사극이 만들어내는 사회적 현상의 정체는 뭐란 말인가.

초등학교 6학년 때부터 신문 배달

박영규는 1953년 부친 박순용(朴順用)과 모친 연봉례(延鳳禮) 사이에서 태어났다. 충청남도 대덕군 구증면 전민리가 그의 고향이다. 밑으로 여동생이 있는, 3남 1녀 중 3남. 1911년생인 부친과 1917년생인 모친은 이미 유명을 달리했다.

-어떤 인터뷰를 보면 고향이 대전이라고 나와 있습니다.

"제가 아기 때 부모님이 대전으로 이사하셨어요. 두 분 다 못 배우고 학력도 변변찮았거든요. 자식들 글이라도 남들 반만이나마 가르치시겠다고 결단을 내리신 거죠. 제가 살던 집은 '판잣집'이었는데, 철로변이어서 기차 지나가는 게 다 보이고, 비가 오면 잠자다 말고 일어나 빗물 받고 그랬죠. 두 분 다 일용직(日傭職) 종사자였습니다. 날품도 팔고, 포장마차도 하고 여름엔 냉차 장사, 참외 장사, 수박 장사, 참 다양했습니다. 저도 수박·참외 리어카 한참 밀고 다녔죠. 대전 시내 곳곳을 누비면서…."

박영규도 일찍이 직업전선에 뛰어들었다. 초등학교 6학년 때부터 신문 배달을 하며 가계(家計)를 도왔다.

"제가 조간(朝刊), 석간(夕刊)을 다 뛰었다니까요. 조간은 《조선일보》, 석간은 《경향신문》. 당시 제가 받은 급여는 조선 500원, 경향 400원이었습니다. 《경향》이 짰던 것이 아니고 조간은 새벽에 일찍 나와야 하니 급여가 좋았던 겁니다. 중학교 1학년 때 신문 돌리다 세퍼드에게 엉덩이를 물려서 기절한 적도 있습니다. 충남도청 관사 근처에서. 그 개가 저를 도둑인 줄 알았나 봐요. 신문은 길바닥에 다 흩어지고, 병원으로 놀라서 뛰어온 어머니한테 '신문 마저 다 돌려야 되는데…'라고 말해 하염없이 울게 만들고…. 중앙일보사(社) 앞에 신문 배달 소년 동상을 조그맣게 만들어 놓았잖아요? 그 동상 볼 때마다 옛날 생각 많이 합니다. 하루에 연탄 두 장 살 수 있는 날은 행복한 날이었어요."

대전 신흥초등학교, 중앙중학교, 대전공고 전기과, 서울예대가 그의 학력이다. 공고 전기과에서 예대로 진학?

-배우가 되려고 결심한 동기나 계기가 있습니까? 어려서부터 '끼'가 있었나요?

"어려서부터 명절노래자랑 나가서 1등 하고 양은냄비를 상(賞)으로 받아오고 그랬지요. 동네 약장사가 들어오면 천변(川邊)에다 포장 치고 창극(唱劇)을 하는데, 클라이맥스에서 딱 공연 끊고 약을 파는 거라. 저한텐 약 파는 시간이 너무 긴 겁니다. 빨리 나머지 이야기 계속 봤으면 좋겠는데. 남들보다 훨씬 더 예민했던 거죠. 나훈아·남진 리사이틀 하면 다 가서 보고, 〈엘비스 온 스테이지(Elvis on Stage)〉라고, 엘비스 프레슬리의 공연실황을 담은 1970년판 영화가 있었는데 열 번 이상 봤습니다.

고등학교 때는 살짝 건달 비슷하게 지내기도 하고, 응원단장도 했습니다. 학교에 배구부가 있어서…. 지금도 만나는 기둥회라는 고교동창 모임이 있는데, 그때 친구들이 하나같이 저보고 배우를 하라고 그랬어요. 딱 그 길이라고. 배우나 가수가 네 천직이라고. 그 말이 그냥 하는 소리로 안 들리는 겁니다. 그 작은 모임을 할 때도 남들 앞에서 사회 보고 '숟가락마이크' 잡고 노래하고, 저 자신을 드러내는 게 너무 좋은 겁니다. 친구들은 환호하고 연방 앙코르 요청하고."

결단의 시간(?)은 고등학교 졸업 무렵에 찾아왔다. '내 갈 길을 가겠다'고 결심하고 국가공인 면허시험을 치지 않았다. 학교와 집 양쪽에서 다 난리가 났다.

"전기과 3급면허 시험이었죠. 양원식이라는 제 친구하고 둘이서만 시험을 안 봤어요. 결과는 우리 반 57명 중 55명 합격. 통행금지가 있던 시절인데, 어머니께서 포장마차 리어카 끌고 오다 그릇들을 길바닥에 팽개치면서 통곡을 하시고, 아버지는 '그래도 어디 가서 밥벌이 못 하겠냐. 걱정 마라'고 위로하시고…. 큰 형님은 대전공고 나와서 엔지니어 하고 작은 형은 대전상고 졸업하고 서울은행에 취직했거든요. 다들 자기 밥벌이는 하면서 살게 된 거죠. 그런데 막내아들이 엇나간 거잖아요.

나중에 제가 유명해지고 나서 '그때 시험 안 보길 잘했죠?' 물었더니 어머니께서 '그때 합격했으믄 몸이 날랬으니께 지금두 워디 돌아댕기메 전봇대 오르락내리락 하구 살았겄지 뭐' 하며 웃으시더군요."

삯곡꾼 노릇했던 어머니

-어머니께서 유머가 많은 분이었습니까? 말씀이 상당히 재미있습니다. '배우 박영규'를 기른 자양분 가운데 하나가 어머니의 유머감각일 수도 있겠다 싶어서 드리는 질문입니다.

"직접 이야기하지 않고 에둘러서 뜻을 전하는, 전형적인 충청도식 화법(話法)이죠. 어머니께서 하시던 아르바이트 중에 삯곡꾼이 있었습니다. 왜, 남의 장례식 가서 돈 받고 대신 울면서 분위기 슬프게 잡아주는 사람 있잖아요. 문상객들 대접한다고, 빈소(殯所)에는 음식이 많으니 저를 꼭 아르바이트(?) 장소로 부르시는 겁니다. 막 우시다가 저를 보시면 '왔냐. 어여 밥 먹고, 머리 고기 눌러 논 것도 한 접시 먹고, 일루다 한 상 좀 차려줘유' 그러시고 또 얼른 가서 서럽게 우시고. 당신 설움도 섞어서 손짓, 발짓, 몸짓 다 하시면서 쓰러지기도 하고 엎어지기도 하고…. 어머니의 이 모습이 제게는 보고 들은 것 중 '최고의 연기(演技)'입니다. 슬픔과 반가움, 생사(生死)

를 수시로 자유롭게 넘어선다는 면에서요."

고등학교 졸업 후 취직을 했다. 유성온천 만년장호텔(현 리베라호텔) 웨이터였다. 다들 먹고살기가 바빴던 탓에 식구들은 별다른 간섭을 하지 않았다. 그래도 '무대의 꿈'을 버릴 수 없어 혼자 연습하고 참가한 1973년 연말 대전 KBS 노래콩쿠르. 조영남의 '떠나는 마음'이란 노래로 덜컥 1등을 했다. 이 계통의 일을 직업으로 삼으라는 계시라고 생각했다. 기왕 하려면 좀 더 본격적으로 배우고 제대로 해보자 싶어 대학을 가기로 결심했다. 예비고사에서 떨어지고, 신문광고를 보고 응시한 끝에 합격한 곳이 서울예전 영화과다.

엘비스 프레슬리 흉내로 무대에 서

"말하자면 재수를 한 거죠. 서울예전 74학번입니다. 동기생으로는 선동혁, 양희경, 이도경 등이 기억납니다. 전 나중에 연극과로 옮겼는데, 그땐 학과도 영화과, 연극과, RT(라디오/TV)과 딱 세 개였고, 학생 전체가 가족처럼 어울려 지냈어요."

기회는 우연히 찾아왔다. 1학년 봄 소풍 장기자랑 시간에 부른 엘비스 프레슬리의 '스위트 캐롤라인'. 얼마 후 누군가 그를 찾는다는 전갈이 왔다. 탄광에 갇혔다 16일 만에 생환한 양창선 사건을 극작가 윤대성(尹大星) 선생이 극화한 〈출세기(出世記)〉 캐스팅. 작품 중간에 광부 양창선이 텔레비전 오락프로그램에 출연한 장면이 있고, 엘비 김이라는 가수가 나온다. 윤대성의 원고엔 '엘비 김-서울예대 학생 중에 있음. 봄 소풍 때 노래 부른 친구'라고 적혀 있었다.

코미디언 故이주일. 박영규가 지방무대를 돌던 시절 사회를 봤다.

-공연 당시 이 장면이 상당한 화제를 모았다고 들었습니다.

"'저 배우 한국 사람 맞냐, 어디서 데려왔냐' 난리가 났죠. KBS에서 제가 출연한 대목만 녹화해서 방송하기도 했으니까요. 이 일이 계기가 돼서, 이창성이라고, 뉴코리아쇼 단장을 하던 분 권유로 방학 때 용돈 정도의 개런티를 받고 전국을 돌아다니기도 했습니다. 영등포, 미아리, 대구, 부산, 광주, 제주도까지, 전국 곳곳 안 가본 데가 없습니다. '라스베가스에서 귀국한 지 얼마 안 된, 엘비~~킴!' 이라고 소개하면 엘비스 옷 입고 구레나룻 붙이고 나가서 노래하는 거죠."

당시 사회자가 지금은 고인이 된 이주일 선생이다. 백설희, 박노식, 최무룡 같은 스타들이 출연하기 전에 무대 안팎의 분위기를 띄우는 것이 그의 역할이었다.

"인생을 늘 정식으로만 사는 것도 좋은 건 아니잖아요. 그땐 객석 한가운데 연탄난로 피워놓고 난방을 하던 시절이었습니다. 이때 겪은 서민 관객들의 리액션이 저한테는 나중에 큰 자산이 되었습니다. 무대를 알게 되었다는 생각도 들고….

한편으로는 〈출세기〉가 한번 쉬어가는 계기를 만들어 준 측면도 있습니다. 당시에 학생이 기성(既成)무대에 선다는 건 상당히 예외적인 일이었거든요. 갑자기 주목을 받으니 세상을 다 가진 것 같고 살짝 건방져지기도 했고, 슬럼프가 찾아왔습니다."

극작가 오태석과의 인연

슬럼프를 극복하기 위해 박영규는 1976년 3월 23일 육군에 입대했다. 그리고 강원도 인제군 포병 333관측대에서 작전병으로 3년을 보낸다. 제대 후 본격적으로 배우의 길을 가겠다고 결심하고 연극, 영화, 문화 기사를 빠짐없이 스크랩해서 '달달 외우며' 치열하게 공부했다. 1978년 말에 제대를 하고, 1980년 공간 사랑에서 〈1980년 5월〉이라는 공연을 연출하던 오태석(吳泰錫)과 재회했다. '저분에게는 뭔가 배울 것이 확실히 있다'는 평소의 느낌을 행동으로 옮긴 것이다.

"사실은 제 입학시험 때 면접관이 오태석 선생이셨어요. 오 선생님은 제 은인이죠. 단언컨대, 오태석을 만나지 않았다면 지금의 박영규는 없는 겁니다. 그 작품에서 소품 담당 심부름을 하고, 6월에 드라마센터에서 〈태(胎)〉를 공연할 때 사육신(死六臣)의 한 사람으로 출연했습니다. 본격적인 인연이 시작된 거지요."

연극학계에는, 극작가와 연출가를 겸하며 자기만의 문법(文法)을 창조한 연극인들을 지칭하는 영예로운 표현이 있다. 프랙티셔너(practitioner)다. 전 세계의 연극학자들은, 오태석(1940~)을 이러한 칭호를 받을 만한 예술가라고 기꺼이 인정한다. 유럽의 문화유산과 한국적 전통을 버무려 '자기만의 독창적'인, 세계인과 즉각적인 공감대(共感帶)를 형성할 수 있는 연극을 창조했기 때문이다.

박영규에게 평생의 멘토인 극작가 오태석.

-오태석 선생은 어떤 분입니까? 특히 젊었을 때의 모습이 어땠을지 궁금합니다.

"배우들을 매료시키는 마력(魔力)이 있는 분이죠. 인간이 가지고 있는 상상력의 한계, 그것을 뛰어넘는 예술가입니다. 오태석 선생이 주재하는 극단 목화의 배우들이 강한 이유가 뭘까요? 오 선생이 만드는 '생략과 비약'을 배우가 상상력으로 메우는 훈련을 계속하기 때문입니다. 오 선생은, 작가가 그리는 세계를 빨리 자기화(自己化)할 수 있도록 배우들을 도와주는 명인(名人)이죠.

예컨대 셰익스피어를 한다, 그러면 여기에 오태석의 재(再)해석이 들어갑니다. 훈련할 때 배우들이 정말 힘들어요. 왜? 오 선생 마음 속에 있는 '만족할 만한 그림'을 그려내야 하니까. 셰익스피어와 오태석을 모두 뛰어넘어야 하니까. 그런데 이 과정을 거치면 연기가 몇 단계 발전합니다. 글자 그대로 확 늘어요. 자주 하시던, '꽃망울이 확 피어날 때 튀어 나가는 느낌으로 연극을 하라'는 말씀을 아직도 잊을 수 없습니다."

폐결핵으로 배우 생활 잠시 중단

극단 목화는 배우들의 '연기 사관학교'로 불린다. 한명구, 정원중, 김학철, 손병호, 김병춘, 성지루, 박희순, 장영남, 황정민을 비롯, 수많은 배우가 목화를 거쳐 갔다. 박영규는 극단 목화의 창단멤버다.

"전 오 선생의 '가방모찌'였어요. 주석(酒席)이 파할 때까지 앉아 있다가 사람들이 하나둘 가고 나면 새벽 다섯 시까지 오 선생을 독차지했습니다. 그날 연습을 복기하고 궁금한 걸 여쭙고…. 그만한 공부가 없었지요. 상식적으로 생각하면 맞지 않는 말인데 구체적이고 분명한 논리적 근거가 확실하거든요. 그 틈을 메우려는 노력이 제 연기의 근본입니다. 〈태〉를 연습할 때 오 선생이 '야, 다들 영규처럼 해 봐!'라고 말씀하시는데 온몸에 전율(戰慄)이 흘렀습니다. 너무 좋았어요. 전 오 선생님의 모든 말씀을 노트했습니다. 그걸 집에 와서 다시 반복해서 읽고, 궁금한 사항을 메모해서 다음날 여쭙고…. 배우로서의 DNA를 발견해 가던, 정말로 행복한 시간이었습니다.”

당시 박영규가 기거하던 곳은 이화여대 정문 철길 아래 창고였다. 극단 76을 이끌던 기주봉, 기국서 형제가 그의 룸메이트다. ‘라면 한 개 먹으면 잘 먹은 날’이던 시절이었다. 건강에 문제가 찾아왔다.

“1981년 9월에 〈자(自)1122년〉이라는 작품에서 묘청(妙淸) 역을 맡았는데, 몸무게가 42kg까지 내려갔어요. ‘서경(西京)에 천개(天開)하리라’라는 대사를 하는데 무대 위에 선 채로 10여 초간 기절하기도 했습니다. 제 몰골이 흉해서, 관객들이 눈을 가릴 정도였다니까요. 폐결핵 진단을 받았습니다. 어머니가 대전에서 올라오셔서 몇 년 만에 모자 상봉을 하고, 은평구 역촌동에 방 한 칸 얻어서 어머니랑 둘이 지내면서 투병생활을 했지요.”

그때 박영규가 생계유지를 위해 택했던 직업이 있다. 책 외판원이다.

책 외판원 하면서 투병

“지식산업사에서 간행한 책들을 팔았죠. 제가 외모와 목소리가 좀 되잖습니까. 설득력 있게 말할 줄도 알고. 하하. 톱 세일즈맨이었어요. 김경희 사장님이 사무실 열어주고 나중에는 세일즈맨 교육도 맡기고, 부장까지 승진했습니다.

은행 지점장 한 분이 계셨는데, 17~18회 방문하고도 실적이 없었거든요. 이거 못 팔면 일 접는다는 각오로 들이댔지요. 사무실에서 일단 만났는데, 30분이 지나도 안 돌아오는 겁니다. 화장실에 숨어계셨던 건데, 변기 위에서 계약서 쓰셨어요. 나중에 성공하고 호텔 로비에서 우연히 조우(遭遇)했는데, '삶을 사랑하는 집중력'을 높이 사서 책을 사주셨다고 말씀하시더군요. 그렇게 번 돈으로 투병하고, 보건소 가서 약 타다가 엉덩이 주사 직접 놓고, 어머니는 뱀, 개고기 섞어서 탕 끓여주시고. 회복하자마자 바로 오 선생께 달려갔지요. 1983년에 〈한만선〉이라는 작품으로 복귀했습니다."

한만선(韓滿線)은 한반도에서 만주를 관통하는 가상의 철도 이름이다. 그는 1986년까지 〈유다여 닭이 울기 전에〉〈자전거〉〈아프리카〉〈메밀꽃 필 무렵〉〈봄봄〉 등의 연극을 오태석과 함께했다. 가히 연극에 '미쳐서' 지낸 시절이다.

MBC 〈베스트셀러 극장〉으로 TV 데뷔

-TV랑은 어떻게 인연이 닿은 겁니까?

"1985년 4월에 문화방송 창사기념 공연으로 〈메밀꽃 필 무렵〉을 문예회관 대극장에서 공연했습니다. 제작비가 엄청났어요. 전 약장사 역으로 출연했는데, 제 아내 역이 윤복희씨였습니다. MBC가 녹화로 방송을 내보냈는데, 영상 연출 책임자였던 표재순(表在淳) 선생님이 저를 픽업했습니다. 그해 MBC 〈베스트셀러 극장 초록빛 모자〉가 제 TV 데뷔작입니다. 시인의 러브스토리였는데 제 상대역이 서갑숙씨였죠. 신문에 '중량감 있는 주연급 배우가 나타났다'는 평이 실릴 정도로 반응이 좋았어요."

이 작품 이후 방송국에서 계속 연락이 왔다. 〈아무렴 그렇지 그렇구 말구〉에서는 이미숙의 상대역으로, 〈윤봉길〉에선 윤봉길 역으로, 단막극 〈바람〉에선 원미경과 공연(共演)했다. 스타급으로 발돋움한 건 1988년 〈내일 잊으리〉에 출연한 이후다.

MBC창사기념공연 〈메밀꽃 필 무렵〉에 박영규를 픽업한 표재순.

"방송에 나가고 나서 집도 사고 차도 사고, 사정이 확 풀렸습니다. 〈초록빛 모자〉를 20일간 촬영하고 당시 돈으로 40만원을 받았는데, 세상에 내가 이렇게 큰돈을 벌다니, 버스 앞자리에 앉아서 상의 안주머니 속으로 몰래 손 넣어서 세고 또 세 보고…. 보증금 100만원 세 살던 시절인데, 보증금 거의 절반을 3주 만에 번 거니까요.

사실은 밤무대도 다녔습니다. 노래 불렀죠. 1990년에는 '카멜레온'이라는 곡으로 음반도 내고. 밤무대는 대중적 인기를 파는 곳입니다. 어렸을 때부터 익숙한 분위기고 대학생 때 쇼단 따라다닌 경험도 있어서 낯설거나 거부감이 들지는 않았습니다. 목돈을 쥘 수 있는 지름길이고 하루에 열두 군데 돌면서 돈 버는 재미가 쏠쏠하기는 했는데, 전체적으로 보자면 그다지 바람직한 시간은 아니었다는 생각이 듭니다."

세 번 결혼

1986년 4월 〈봄봄〉과 5월 〈빵덕어미 굿판〉을 끝으로 박영규는 연극무대를 떠나 TV와 영화에 전념한다. 〈폭풍의 계절〉에선 최진실의 상대역이었고, 〈국희〉〈주유소 습격사건〉등에선 비중 있는 역할을 맡아 강한 인상을 남겼다. 그가 연극무대로 복귀한 건 1994년 1월 오태석이 그를 위해 써준 〈불효자는 웁니다〉라는 1인극을 통해서다.

"오 선생님 숙원이 상설극장을 마련하는 거였는데 마침 대학로 흥사단 건물 지하에 자리가 났죠. 번 돈 다 투자해서 3년 계약하고 '충돌극장 2'라고 간판 걸고 개관(開館) 작품으로 공연했습니다. 권리금을 1억원이나 주고 들어갔는데. 나올 땐 한 푼도 못 받았어요. 지금도 '흥사단'이라면 느낌이 별로인 이유죠."

박영규가 1990년에 낸 음반.

연극의 내용은 박영규의 개인사(個人史)가 절반, 어머니를 그리워하는 불효자의 회고담이 절반이다. 개막 첫날, 무대에 등장하던 박영규는 객석 맨 앞줄의 소년 관객과 눈이 마주치고 움찔하는 모습을 보였다. 공연 중간엔 '너, 지금 뭐 알고 웃는 거니?'

박영규는 드라마 〈국희〉에서 국희의 성장과정을 돌보아주는 역을 맡았다.

라는 즉흥 대사를 던지기도 했다. 필자는 그때 그 소년 바로 뒷자리에서 이 연극을 관람했다. 소년의 이름은 박달(朴達·1983~2004). 지금은 고인이 된 박영규의 유일한 혈육이다.

-결혼을 여러 번 하셨네요?

"세 번 했죠. 첫 결혼은 폐결핵 앓을 때 간병해 주던 서울예대 5년 후배와 했습니다. 〈자1122년〉에 같이 출연하기도 했죠. 1983년에 결혼했는데, 처갓집 반대가 심했습니다. 장인 장모가 이북 분들이었고 평화시장에서 장사를 했었는데, 제가 그 입장이라도 허락하기가 쉽지 않았을 것 같습니다. 양가에서 거의 도움을 받지 못하고 제 자취방에서 비닐옷장 놓고 신접살림을 시작했지요. 결혼 후 아이를 안고 갔는데도 인정을 안 해 주셔서, '보통 사람들이 누리는 따뜻한 행복을 누릴 수 없는 것이 배우의 숙명일까?'라는 생각을 한 적도 있습니다. 아이랑 아이 엄마가 조기유학을 갔으면 해서 둘 다 미국엘 보냈는데, 사실상 별거(別居)나 마찬가지였죠. 심정으로나 실제로나. 1990년대 중반에 이혼하고, 1997년 가을에 만난 패션디자이너와 재혼했지요. 이 사람과는 3년 살고 2001년에 헤어졌습니다. 암에 걸렸어요. '건강할 때도 아내 노릇 제대로 못 했는데 자신 없다. 마음 편하게 투병하련다. 당신 편하게 해주고 싶다'는 것이 고별사였습니다."

아들을 먼저 보내고…

세 번의 결혼에서 그가 얻은 자녀는 박달 군 하나다. 2004년 3월 14일은 박영규에게 잊을 수 없는 날이다. 오토바이 사고로 아들 사망. 미국 대륙횡단 여행을 떠났다가 당한 횡액(橫厄). 출발지는 샌프란시스코였고 사고지점은 메릴랜드였다.

"인간으로 태어나 어떤 일도 극복이 가능합니다. 딱 하나만 빼고. 자식을 먼저 보낸 고통이 어떤 거냐고요? 묵직한 슬픔의 덩어리가 늘 제 가슴에 남아 있습니다. 어떻게 해도 없어지질 않아요. 그날 이후, 전 '감정의 세포'가 죽어버린 사람입니다. 어떤 행복한 일이 있어도 그 즐거움이 제 내면으로 전달되지 않습니다. 뱃속엔 내장(內臟) 말고도 또 다른 우주가 있다는 것이 제 생각인데, 그 우주가 열리질 않는 겁니다. 기쁨으로 가는 회로와 통로가 다 막혀버린 겁니다.

얼마 전에 부산 외대 신입생 오리엔테이션 사고가 있었잖아요? 미친 듯이 울었습니다. 제 아이가 딱 그 나이 때 하늘로 간 거니까…. 전 종교가 없지만 하느님께 원망하는 기도를 드리기도 했죠.

'저를 세상에 내보낸 이유가 뭡니까? 이런 고통을 안 주면 안 됩니까?' 응답이 없으시더라고요. '하느님, 당신은 저를 이해 못 하실 겁니다'라고 소리치고 또 막 흐느끼고…. 그러고 보니 제 아들이 떠난 지도 벌써 10년이 지났네요."

연기 변신 거듭

지금의 아내와는 '전화번호만 알고 지내는 사이'였다. 아들이 사고를 당했을 때, 마침 근처에 거주하고 있었기로 염치불구하고 전화를 넣어 사고수습과 장례를 도와달라고 부탁했다. 그해 12월 친구의 결혼식장에서 우연히 재회했고, 딱 1년 후인 2004년 12월에 식을 올렸다. 이미 여러 매체에 보도된 대로, 박영규의 아내는 배우 이영애씨의 현(現) 남편의 전(前) 부인이다.

"처음엔 첫 남편이 누구였는지도 몰랐고 지금도 신경 쓰지 않습니다. 그런 일에 신경 쓰기보다는 내 삶이 중요하니까요. 그 사람의 삶도 내가 지켜줘야죠. 정말 좋은 사람입니다."

박영규의 인생에서 1998년 작 시트콤 〈순풍산부인과〉를 빼놓을 수 없다. 대중은 아직도 그를 '미달이 아빠'로 기억한다. 신문과 잡지로부터 '우리 문화의 충격. 진정한 코미디가 무엇인지를 보여준 작품'이라는 극찬을 받기도 했다. '멜로드라마 배우'의 이미지가 이 작품으로 인해 '코미디 배우'로 변화했고, 코믹한 이미지는 〈정도전〉의 이인임 역으로 재차 변신에 성공 중이다.

박영규는 지금도 극단 목화의 공연장에 자주 간다. 오태석을 만

시트콤 〈순풍산부인과〉로 박영규는 아직도 '미달이 아빠'로 기억되고 있다.

나고, 후배 배우들을 다 모아서 고기를 사 먹인다. 그 자리에 늘 아내를 데려간다. 후배들과 끼니를 함께하면서 그는 언젠가는 무대 위로 돌아가야 한다는 다짐을 거듭한다.

아들 보내고 마음 추스르는 데 7년 걸려

-아들 생각은 어떻게 정리했습니까?

"아들에게는 미안하지만, 그 고통을 주신 것도 '배우'로서의 그릇을 만들기 위한 시련이었다고 봅니다. 크기가 늘어난 거죠. 이런 식으로 생각하며 견디는 겁니다. 긍정적으로 생각하지 않으면 무너지니까…. 아들을 먼저 보내고 나서 7년 동안 아무것도 못 했습니다. 2011년 드라마 〈보스를 지켜라〉가 제 연기 복귀작입니다. 마음 겨우 추스르는 데 그만한 시간이 걸린 거지요.

비슷한 고통을 겪은 분들께, '저는 이렇게 극복하고 잘 지냅니다. 여러분도 저를 보면서 잘 견뎌주세요. 좌절하거나 실망하지 마시고요'라고 메시지를 던지는 것이 제 소명이 아닐까요. 최근엔 '아빠, 저한테 미안해하지 마세요. 고통의 시간과 경험을 잘 삭여서 사람들에게 용기를 전해주세요'라는 아들의 마음을 느낍니다. 분명히요.

그래서 이인임 역이 제가 아들에게 주는 선물입니다. 삶의 고통을 승화(昇華)해서 연기한다는 느낌이 들고, 또 그런 기분으로 연기하기에 딱 맞는 역할이니까. 하느님은 정답을 바로 알려주시는 분이 아니고, 스스로 그 길을 찾아가도록 하는 분이로구나 하는 생각도 합니다. 천국에서, 아들과 어떤 식으로든 인연이 이어지지 않겠습니까? 그것이 하느님의 뜻이라고 믿습니다. 꿈에, '나'를 태워서, 좀 더 나은 인간의 가치를 만들어내는 배우가 될게 라고 말했더니 아들의 목소리가 들려왔습니다. '콜!'이라고."

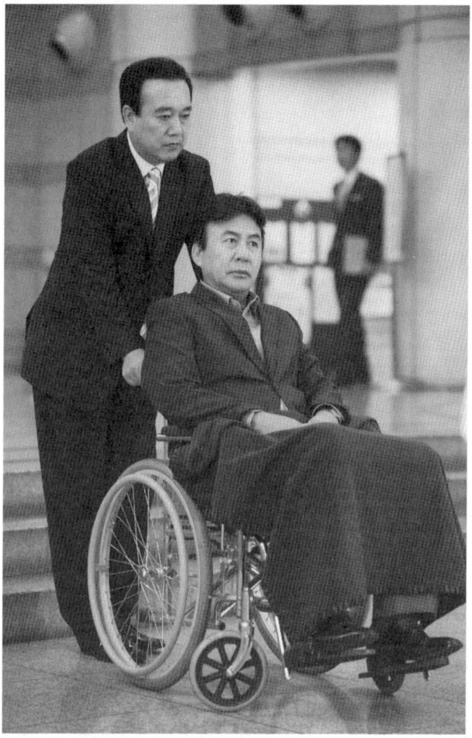

아들을 잃은 후 7년만의 TV복귀작 〈보스를 지켜라〉에서 박영규는 코믹한 재벌회장역을 맡았다.

–좋은 배우란 어떤 존재입니까?

"남들을 진지하게 고민하도록 만드는, 깊고 넓은 화두(話頭)를 던지는 사람, 다양한 삶의 공통분모를 끌어내는 사람이죠. 인생의 가장 밑바닥에서 로 앵글(low angle)로 세상을 바라보는 인간. 사랑하는 사람들의 가슴 속에 들어갔다 나오는 존재. 어느 분야의 사람과도 감정을 공유하고 소통할 수 있는 사람. 그 경지까지 가려면 철학과 연륜을 길러야겠지요. 사관(史觀)도 바로 세우고, 나라가 나아가야 할 길에 대해 고민도 하고, 정치가는 아니지만 어떻게 보면 정치가 못지않은 기여를 할 수도 있는 존재가 배우니까요. 진정한 소통이란 내 생각과 상대방 생각의 차이를 인정하고 토론하는 것 아니겠습니까. 배우는 그 토론이 열릴 수 있도록 정서적 충격을 줄 수 있습니다."

〈불효자는 웁니다〉 다시 하고 싶어

-앞으로 꿈이 있다면?

"배우는 관객, 시청자와 만나는 마지막 예술가잖아요. 학창 시절부터의 제 꿈은 '그 배우의 인생이 국민과 함께 울고 웃었다'는 평을 받는 겁니다. 아직까지는 비슷하게 가고 있다고 생각합니다.

구체적으로는, 〈불효자는 웁니다〉를 꼭 한 번 다시 하고 싶습니다. 지금 희곡을 읽어보면 뭉클한 대목들이 많아요. 초연 때 '영규야, 너 딴 거 할 것 없다. 이 안에 무지개 다 들었다'고 말씀하신 선배가 계셨는데, 제가 놓친 부분이 허다한 거죠.

그때의 공연이 '쇼'였다면, 지금은 진정성 있게 연기할 수 있지 않을까요? 관객과 인생을 나누고 싶습니다. 오 선생님께 제 아들 이야기도 넣어서 각색해 달라고 부탁할 겁니다. 제가, 진짜 불효자니까 정말 제대로 할 수 있어요.

영화를 만들고 싶은 꿈도 있습니다. 〈인생은 아름다워〉처럼, 부자(父子) 사이의, 아버지와 아들의 이야기를 감동적으로 그린 영화. 영화 속에서 아들을 창조하는 것이 제 아들을 다시 만날 수 있는 방법이기도 할 테니까요.

아, 그리고 언젠가는 연기를 가르치는 학교도 만들고 싶습니다. 학원이라도 좋고…. '기능'만 가르치고 끝나는 곳이 아니라, 전인교육(全人敎育)을 통해 바닥이 단단한 배우들을 길러내는…."

-영화 만들면 영화제에도 출품해야겠네요.

"만약 제가 국제영화제나 연극제에서 상을 받게 된다면 이런 이야기를 하고 싶습니다. '가난한 나라 대한민국이 60년 만에 위대한 나라로 성장했다. 대한민국의 현대사가 오늘날의 나를 만들어준 토양이다. 이 상은 내가 아니라 대한민국이 받는 상이라고 생각한다' 라고."

"닮고 싶은 배우는 신구"

-박영규에게도 닮고 싶은 배우가 있습니까?

"물론이죠. 신구(申久) 선배님. 일관성을 놓치지 않는 배우죠. 제 대학 1학년 때, 오태석 연출로 〈LUV〉라는 작품에 출연하셨을 때부터 팬입니다. 인생사의 업다운(up and down)을 연기로 녹여내는 진정성을 배우고 싶습니다. 신 선배님이 힘을 쭉 빼고 연기하시잖아요? 관객들을 정말로 편하게 만들어주는 연기. 사실은, 그게 가장 어려운 겁니다. 제가 요즘 이인임 대사를 힘 빼고 하잖아요. 사극에선 그런 경우가 거의 없었다고 하더군요. 힘을 빼고도 잘 들리고 편안한 대사와 연기를 하는 배우. 신구 선배님을 능가하는 배우가 되는 것이 제 평생의 목표 가운데 하나입니다."

박영규가 닮고 싶은 배우로 꼽은 신구.

인터뷰를 마치고 박영규가 물었다. "대답 제대로 잘했느냐"고. 나는 대답했다. "좋은 인터뷰는 배우가 아니라 독자들이 궁금해할 때 나오는 겁니다" 라고. 그의 눈자위가 살짝 젖어 있었다. 눈물이 흘러내리기 전에, 얼른 악수를 하고 돌아서는 것이 예의인 듯싶어 나는 서둘러 자리를 빠져나왔다. (2014년 4월)

박영규 朴榮奎

- 1953년생. 서울예전 졸업.
- 출연작: 연극 〈출세기〉 〈태〉 〈한만선〉 〈자1122년〉 〈유다여 닭이 울기 전에〉 〈자전거〉 〈아프리카〉 〈메밀꽃 필 무렵〉 등. TV 〈초록빛 모자〉 〈아무렴 그렇지 그렇구 말구〉 〈윤봉길〉 〈바람〉 〈순풍산부인과〉 〈해신〉 〈대망〉 〈오로라 공주〉 〈정도전〉 등. 영화 〈주유소 습격사건〉 〈나는 왕이로소이다〉 〈남자사용 설명서〉 등.
- 수상: 2000 SBS 연기 빅스타상, 2011 SBS 연기대상 드라마스페셜 남자특별연기상.

'2인자의 美學'

鄭鎭珏

정진각

- ⊙ '튀지 않으면서 작품 전체의 중량감을 높여주는 배우'라는 평받아
- ⊙ 40년간 〈아프리카〉 〈부자유친〉 〈살아 있는 이중생 각하〉 등 출연
- ⊙ 〈로미오와 줄리엣〉으로 영국에서도 호평받아
- ⊙ "배우가 자꾸 주려고 하면 관객은 안 받아먹어"

"버릴 건 **버리는 게 좋은 연기**"

그의 모습에는 근대성(近代性)이 스며 있다. 1994년 예술의 전당에서 공연한 오태석 작·연출 〈도라지〉에서 김옥균(金玉均) 역을 맡았을 때, 평론가들은 그가 '구한말(舊韓末)에서 바로 현대로 걸어들어온 듯한 존재감을 보였다'고 했다. 배우 정진각(鄭鎭珏·63) 이야기다.

얼마 전 막을 내린 국립극단의 근대극 재조명 시리즈 〈살아 있는 이중생 각하〉(9월 12~28일)에서도 그는 주인공 이중생 역을 맡아 광복 공간을 살아가는 출세주의자의 모습을 실감나게 연기했다.

그의 존재감은 시대를 뛰어넘어 현실감을 부여한다는 평가를 받지만, 그러나 강렬하게 드러나지는 않는다. 드러나지 않되 결국은 드러나는 것. 그것이 가능한 일이기는 할까? 조연(助演)을 맡아 대사가 몇 마디 되지 않을 때에도, 그가 무대에 나올 때마다 작품 전체의 분위기가 달라진다고 후배 연기자들이 증언한다. 그는 튀지 않으면서 작품 전체의 중량감을 높여주는 배우다. 주연(主演)보다는 조연을 주로 맡아왔기에 일반인에게는 생소할 수 있지만, 연극인이나 관객들에게 그의 이름 석 자가 갖는 의미는 결코 가볍지 않다. '2인자의 미학(美學)'을 보여주는 배우라고 할까.

어쩌면 그의 연기는 대한민국 현대사의 압축판인지도 모른다. 농경사회로부터 현대사회에 이르는 변화를 단 100년 안에 달성한 아찔한 시간을 견디며 적응하고 버텨온, 근현대사를 살아낸 평균적 한국인의 적응력, 그리고 은근과 끈기를 보여준다는 점에서 말이다.

〈살아 있는 이중생 각하〉

-〈살아 있는 이중생 각하〉 잘 봤습니다. "정진각이 아니었다면 40년대 후반의 정서를 이토록 온전하게 그려내지는 못했을 것이다"라는 평가가 많습니다. 포스터도 예쁘게 나왔던데요.

"평생 영광으로 생각하겠습니다. 함께 출연했던 동료 배우들도 '선배님한테 딱 맡는 역할이다', 그렇게 말하더군요."

일제(日帝)시대와 광복 직후, 기회주의적으로 처신하며 재산을 모은 이중생은 경제사범으로 몰려 '재산 몰수'의 위기에 처하자 죽은 것처럼 가장해 '유산 상속'을 꾀한다. 장례식장에서 '살아 있는 이중생'이 문상객(問喪客)이 없을 때 수의(壽衣) 차림으로 돌아다니다 벌어지는 에피소드가 씁쓸한 웃음을 자아내는 포인트다. 이중생의 음모는 강직한 사위에 의해 무산되고, 만사가 수포로 돌아간 것을 깨달은 이중생은 수의를 입은 채 자진하며 '진짜로' 생을 마감한다.

"오영진(吳泳鎭·1916~1974) 선생님이 제목을 참 잘 지으신 것 같아요. 살아 있는 이중생(李重生). '두 번 산다'는 뜻도 있고 한자는 다르지만 '이 중생들아'의 느낌도 들고…. 시대가 바뀌었어도, 지금도 주변에는 이중적으로 살아가는 분들이 더러 계시잖아요. 정치하는 사람 중에도 있고…. 그래서 관객들도 옛날이야기가 아니라 오늘의 이야기 같다고 그러시더군요. 오영진 선생님의 대표작 〈맹진사댁 경사〉도 좋지만, 저는 〈살아 있는 이중생 각하〉의 연극적 구성이 더 정교하다고 생각합니다."

가설극장의 추억

정진각은 1951년 10월 충청남도 논산에서 태어났다.

"아버지는 농사꾼이셨는데 부업이랄까, 아르바이트랄까 다른 일도 하셨어요. 소(牛)의원이라고, 말하자면 무면허 수의사죠. 침도 놓고, 건강 상태도 확인해 주고, 해산하면 가서 밤도 새우시고, 소 팔고 사고 할 때는 가격산정도 하고…. 전문적인 교육을 받은 것은 아니지만, 그때는 사람 고치는 의사도 없는 무의촌(無醫村)이 즐비하던 시절 아닙니까. 하물며 수의사야 말할 것도 없죠. 그나마 제 아버님이 인근 마을을 통틀어 '소에 대해서는 가장 잘 아는 사람'이라 이런 저런 의뢰가 적지 않았습니다. 당시만 해도 소는 농가의 가장 큰 재산이라, 동네 분들이 저희 식구들을 많이 위해 주셨습니다."

-어릴 때부터 연극이다, 혹은 굿판이다 이런 것이 참 좋았습니까?

"그럼요. 시골에서 안택(安宅)굿이라고, 보름날에도 집안 무사하라고 굿하고 세시 절기마다 집안행사에 동네행사가 일 년 내내 이어졌어요. 요즘 말로 하면 축제죠. 풍물놀이도 하고 두레도 있었고,

우리 고유의 정서가 제 몸에 남아 있다면 바로 이런 이유입니다. 영화는 장마당에서 포장치고 가설극장에서 상영하는 걸 많이 구경했습니다. 개구멍이라고 하죠? 몰래 들어가서 쫓겨나기도 하고…. 유성(有聲)영화가 아니라 변사(辯士)가 직접 설명하는 영화였습니다. 어쩌면 그분들이 '마지막 변사'는 아니었을까요? 도회지 다 돌고, 시골까지 와서 다 낡은 필름 돌려가며 상영하는…. 제가 6, 7세 때 기억입니다."

충남 바닷가 출신인 소설가 고(故) 이문구의 글에도 가설극장 이야기가 나온다. 영화 상영 중에 비가 쏟아지고, 필름 끊어지면 기사들이 즉석에서 수리를 하고, 관객들은 본전 생각에 집에 못 가고, 비에 젖어 눈물에 젖어 오돌오돌 떨어가며 영화를 봐도 흉이 아니던 시절의 기록화다.

"어린 시절 가수 흉내 많이 내"

-그때부터 어렴풋하게나마 연극배우가 되겠다는 생각을 한 겁니까?

"굿이나 영화, 곡마단 공연이 너무 재미있기는 했지만, 제가 이 일을 직접 하고 싶다는 생각은 없었습니다. 사실, 저는 내성적인 성격이거든요. 시골에서 자라다 보니까 라디오를 많이 들었고, 그러다 보니 가수 흉내를 간혹 냈어요. 식구들 앞에서, 부모님 앞에서, 둑에다 친구들 앉혀놓고…. 옛날 노래를 지금도 많이 압니다. 신라의 달밤, 사막의 한…. 제가 소풍 때 장기자랑 시간에 부르던 노래들입니다.

정진각은 연극 〈도라지〉에서 김옥균 역을 맡았다. 일본 오가사와라섬에 유배된 김옥균이 혼자서 춤을 추는 모습.

그 당시 유행가 가사 중에 애리조나 카우보이, 별을 보고 점을 치는 페르시아 왕자, 홍콩 아가씨가 나오잖아요. 왜 그때 그런 노래가 유행했을까…. 모두들 어렵고 생활고가 극심하니까 노래를 들을 때만이라도 잠깐 현실을 벗어나고 싶은 생각을 했던 것은 아닐까요? 지긋지긋한 가난을 잠시나마 잊어보자, 그래서 그런 노래들이 대중의 마음을 파고들었을 것이다…. 제 개인적인 생각입니다."

고향마을의 호암국민학교를 나와 중학교는 공주로 유학을 떠났다. 국립 사범대학이 서울대, 경북대, 공주대 단 세 곳뿐이던 시절, 사범대에 교육대까지 있었던 공주는 글자 그대로 교육도시였다.

"공주에 영화관이 두 곳 있었습니다. 길어야 한 작품을 이틀 정도 했나, 혼자서 하숙하고 외로워서 그랬는지, 거의 매일 영화관에 가서 살다시피 했어요. 당시는 극장에서 쇼를 공연하기도 했는데, 쟈니 리, 트위스트 김, 남철, 남성남 이런 분들이 공연하는 걸 열광하면서 봤습니다. 촌놈 눈에는 세상천지가 다 볼거리더라고요."

서울로 시집간 누님을 따라 고등학교는 서울로 진학했다. 누군가가 만사가 자기 뜻대로 움직인다면 그것은 현실이 아니라고 했다. 정진각에게도 '받아들이기 싫은' 현실이 찾아왔다. 대광고를 졸업하던 무렵이다.

연좌제(緣坐制)의 덫

"제가 성적이 좋았어요. 고3 때 해군사관학교 시험을 봤는데 최종시험까지 붙었다가 연좌제(緣坐制)에 걸려 떨어졌습니다. 육촌 형님 두 분이 6·25 때 부역(附逆)을 했거든요. 사상이 그쪽이어서가 아니고, 인민군이 들어오니까 집안 전체를 지키려고 말하자면 대표로 나갔던 건데, 그래도 부역은 부역이죠. 육촌이면 시골에서는 가까운 사이입니다. 할아버지의 아버지가 같으니까요.

시험 보고 나서 제 고향마을에 보안대에서 사람이 다녀갔답니다. '정모라는 사람이 정진각이라는 수험생의 육촌 형님이라는데 이 분이 지금 살아계시느냐'고. 같이 시험 봤던 제 친구는 붙고 저는 떨어졌습니다."

현지신원조회는 예비합격자들을 대상으로 한 최종관문이었다. 조금만 더 분발하면 사관학교 진학이 가능할 것 같았다. 외동아들을 향한 부모님의 기대도 채워드리고 싶었다. 이번에는 공군사관학교에 응시했다. '압도적으로 붙으면 되는 것 아니냐'는 생각으로 열심히 준비했고, 성적도 좋았지만 결과는 또 불합격이었다.

"지금도 군인에 대한 미련이 있습니다. 지방공연 갔다가 해군 함정이 눈에 들어오면 '저거 내 배(船)다' 속으로 그랬죠. 아, 군대는 76년 현역병으로 입대, 경남 마산 문선대에서 근무했습니다."

오태석과의 40년 인연

독자(獨子)라고 서울로 올려 보냈는데, 연거푸 입시(入試)에 실패하고 나니 도무지 부모님 뵐 낯이 없었다. 우체국에서 소인을 찍으며 임시공무원 아르바이트를 하고 있을 때 친구가 '소질을 살려보라'며 입학원서를 사들고 나타났다. 서울예술대학이 서울연극학교이던 시절이다.

"속으로는 배우나 가수를 하고 싶다는 생각이 있었지만, 용기를 못 낸 겁니다. 촌놈이고 문외한이라는 생각에 대학의 연극학과 지망은 언감생심이었고. 사관학교 떨어지고 비로소 이 길로 들어선 거지요. 선택의 여지가 별로 없는 상황이었으니까요."

연극학교는 그 당시만 해도 정식 대학이 아니고 '초급대학 과정'이었다. 전체 학생 120명 가운데 1학기 끝나고 절반 이상이 떨어져 나갔다. 먹고살기도 쉽지 않았고, 연극이 화려하거나 쉽게 할 수 있는 일이 아니라는 자각의 결과였다. 2년 과정을 마친 사람은 그래서 30~40명에 불과했다. 1년 후배가 독고영재, 영화 〈바보들의 행진〉에 출연한 하재영 등이다.

–정진각이라면 극작가이자 연출가인 오태석과 40년간 함께 작업한 것으로도 유명합니다. 이 기나긴 인연이 시작된 곳이 바로 남산 연극학교로

군요?

"오 선생이 저보다 열한 살 위시죠. 희곡론 강의를 하셨는데 말을 좀 더듬으세요. 저한테는, 단어가 갑자기 너무 많이 생각나니까, 하고 싶은 말씀이 순간적으로 너무 많이 떠오르니까 선택을 못 하는 것으로 보였습니다. '저분이 뭐가 있는 분이다'라고 생각했죠. 1학기 끝나고 오 선생님이 같이 작업할 사람을 찾으신다며 학교로 올라왔는데 1학년 중에는 제가 유일했습니다. 그때부터 연습한 작품이 〈춘풍의 처〉입니다. 공식적으로는 76년이 초연(初演)이지만, 5년 전부터 〈춘풍의 처〉는 싹이 트기 시작했습니다."

오사단

-거장(巨匠) 오태석의 첫 극단이라고 할 수 있는 오사단의 시작이로군요. 오사단은 남들이 붙여준 별명이죠?

"그렇죠. 하도 뭉쳐 다니니까. 그때는 대관(貸館) 신청이나 공연을 극단 소속원들만 할 수 있었거든요. 오사단 10명 정도가 다른 극단 이름을 빌려 공연할 수밖에 없는데 특정 극단 소속은 아니고, 그런데도 자기들 개성은 뚜렷하고. 그런 사정이 있어, 말하자면 연극계에서 외인구단식으로 '오사단'이라는 별명을 붙여준 겁니다."

한 연출가와 한 배우가 거의 40년을 함께 작업한 것은 전 세계적으로도 흔한 일이 아니다.

"근데 한 두세 번 떠난 적이 있습니다. 첫 번째는 1978년 〈약장사〉라는 일인극을 재공연한 직후입니다. 민속학자 심우성 선생님이 공간사랑 소극장으로 공연을 보러 왔다가 '정진각 좀 빌려다오' 부탁을 했어요. 그때 저는 조연출을 하면서 심부름도 하고 기획 일도 보고 홍보에 포스터 붙이기에 일인다역(一人多役)을 했거든요. 마침 심 선생님께 그런 사람이 필요했던 것이지요.

심 선생님하고 3년 정도 함께 지냈습니다. 여의도에서 열렸던 '국풍(國風) 81'이라는 행사에서 민속제를 기획하고 주관을 했습니다. 전국 각 대학의 탈춤반 다 초청하고, 다른 행사 하면서 우리 민속놀이도 제대로 살펴보고, 많은 공부를 했습니다."

두 번째 결별은 90년대 초다. 오태석의 극단 목화가 충돌극장을 열기 직전의 일이다.

"사람마다 슬럼프라고 할까, 회의(懷疑)에 빠질 때가 있잖아요. 이 일을 계속 해야 하나 말아야 하나, 내가 이 분야에 정말 소질이 있나, 없나, 고민은 산더미 같은데 도무지 답이 안 보이는 겁니다. 극단을 나가면 제 문제가 객관적으로 보일 것 같았는데, 나와서도 몇 개월 못 견뎠어요. 연극을 안 하니까 견디지 못하겠더라고요.

바로 목화로 복귀한 건 아닙니다. 마침 잠실 롯데월드에 롯데극장이라는 뮤지컬 극장이 생겼어요. 목화에서 기획을 보던 친구가 롯데로 갔는데 뮤지컬 〈아가씨와 건달들〉 오디션을 보러 오라는 겁니다. 정진수 교수가 연출이고 복진오씨가 음악 담당…. 극중 노래 두어 곡 부르고 캐스팅됐습니다. 연습까지 포함해서 한 6개월 공연했죠. 다음 작품 〈웨스트 사이드 스토리〉도 출연했습니다. 그런데 뭔가 자꾸 엇나가는 느낌이 드는 겁니다. 마음 한편이 허전하고 영

〈심청이는 왜 두 번 인당수에 몸을 던졌는가〉(2004년)의 연출가 오태석(오른쪽)과 정진각(가운데).

충족이 안 된다고 할까?

롯데랑 재계약을 망설이던 시점에 극단 목화에서 연락이 왔습니다. 〈심청이는 왜 두 번 인당수에 몸을 던졌는가〉라는 작품이 대한민국 연극제에 참가 확정되었는데, 용왕 역을 맡았던 홍원기라는 후배에게 갑자기 사정이 생겼다, 공연이 며칠 안 남았는데 대안이 없다는 것이었죠. 후배들에게 납치되다시피 연습장으로 끌려갔습니다. 납치를 당하면서도 그렇게 짜릿할 수가 없었죠. 다른 배우들 눈도 있고 하니 오 선생이나 나나 피차간에 살짝은 민망한 과정을 거쳐야 복귀가 되는 건데, 그 과정이 그냥 생략된 거니까요."

가끔은 다른 극단과 작업을 하기도 했다. 〈프라이데이〉에서 치아가 부러지는 사고를 당하고도 아무 일도 없었다는 듯 연기를 계속해 제작자 이원승이 눈물을 흘린 이야기는 〈이원승〉 편에서 자세하게 소개하기로 한다.

〈아프리카〉

-본인이 생각하는 대표작은 무엇인지요?

"뭐니뭐니 해도 1984년 극단 목화 창단작품 〈아프리카〉입니다. 이 연극은 실화를 바탕으로 만든 작품입니다. 중동(中東)에 파견 나갔던 근로자가 귀국 직후 정신병원으로 직행한 사건이죠. 사연인즉 비자 문제입니다. 리비아 비자가 '만료 후 3개월 내 재(再)입국은 자동연장'이었는데, 이 기간이 한 달로 줄어든 겁니다. 그래서 국제미아가 되고, 동료들은 다 입국을 하죠. 그런데 중간 기착지인 튀니지의 경비병이 '이 비행기는 리비아 트리폴리를 거쳐서 회항(回航)한다, 너무 걱정하지 마라'고 이야기했는데 '유 고 트리폴리(You go Tripoli)'

정진각이 대표적으로 꼽은 연극 〈아프리카〉. 뒤에 보이는 인형들은 비행기 승객 대역으로 만든 소품이다.

를 '너 유고, 그러니까 유고슬라비아로 보낸다'라고 들은 겁니다. 당시만 해도 냉전 중일 때 아닙니까. '공산국가 가라는 건 죽으라는 얘기다', 이렇게 생각한 이 사람이 혼자 탈출해서 사막에서 야생인간으로 지내다 발견이 돼서 귀국을 한 겁니다.

그때 연습장이 성균관대 근처였는데, 데모가 심해서 최루탄 마셔가면서 연습했어요. 제가 주인공을 맡기도 했지만, 그보다는 제 연극 인생의 갈림길이 되었다는 점에서 저에겐 중요한 작품입니다."

정진각의 꿈은 배우가 아니라 기획자가 되는 것이었다. 기획 전문가가 흔치 않던 시절이라 연극계에 새로운 이정표를 남기고 싶었다.

"연극이 꿈이라면 기획은 현실입니다. 포스터 어디에 붙이고 티켓은 몇 장 팔고, 이 작품은 이런 성향의 관객들과 통하니 홍보 방향을 이렇게 잡고…. 구체적인 성과를 내는 것이 좋았습니다.

그런데 창단공연하면서 그 방향이 틀어진 겁니다. 주인공 지씨역을 누가 맡았으면 좋겠느냐 극단원들끼리 투표를 했는데, 제가 뽑혔어요. 선정 이유는 지씨의 '촌놈' 이미지가 저하고 가장 맞아떨어진다나 뭐라나. 그런데 저는 감당을 못 하는 거죠. 공연 일주일 전까지도 물어봤어요. 진짜 제가 하냐고요. 오 선생이 누군가를 섭외해 놓고 저를 대타로 준비시키는구나, 그렇게 생각했습니다. 공연 전날이 되니까 이제는 도망갈 수도 숨을 수도 없는 것 아닙니까. 오 선생님이 하신 말씀은 딱 하나예요. '웃어라. 아프리카 오지(奧地)에 버려지니까 공포가 밀려올 것 아니냐, 공포가 극에 달하면 웃음으로 변한다, 그러니 웃어봐라.' 제가 그때 4분20초를 쉬지 않고 계속 큰소리로 웃었다는 겁니다. 지금은 숨이 차서라도 그렇게 못 하죠."

대사가 다섯 마디에 불과했던 〈비닐하우스〉

연극인들은 그가 영조로 출연해 사도세자 역의 한명구와 맨몸으로 부딪히던 87년도의 화제작 〈부자유친〉도 잊지 못한다.

"부자(父子)는 서로 친해야 하잖습니까. 그런데 그렇지 않은 경우도 많아요. 저희는 이 작품을 영조와 사도세자, 그러니까 왕과 세자 사이의 이야기가 아닌, 바로 우리의 부자관계로 풀어갔어요. 관객도 사극이 아니라 자기들의 이야기로 받아들였다고 생각합니다. 질려서 박수도 못 치고 굳어버리는 관객이 많았습니다. 묵직한 에너지가 객석에서 무대로 넘어오던 추억을 잊을 수 없습니다."

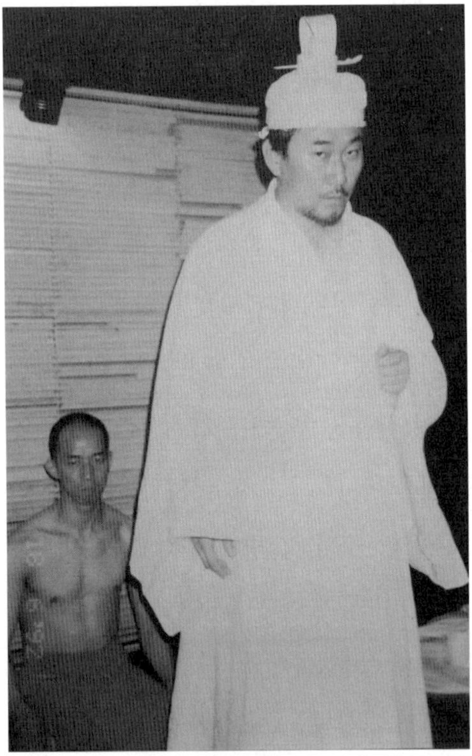
1987년 오태석 작 〈부자유친〉에 영조역으로 출연한 정진각. 뒤에 보이는 배우가 사도사자 역으로 나온 한명구.

-1989년에 동숭아트센터 개관 기념으로 공연했던

〈비닐하우스〉도 저는 기억에 남습니다.

"그렇습니까? 〈비닐하우스〉는 사실 제 대사가 네 마디인가 다섯 마디에 불과합니다. 제 역할이 관리인이었는데 오 선생님께 '이 대사, 안 해도 될 것 같습니다'라고 말하면서 핵심만 남긴 겁니다."

〈비닐하우스〉는 전쟁, 기아, 질병 때문에 전 세계적으로 혈액이 부족하자, 국가가 '비닐하우스'라는 일종의 국립채혈기관을 설치하고 참석자들을 먹이고 재우며 그들 사이에서 벌어지는 행태를 관찰한다는 내용이다.

-그때 맡으신 역할 '관리인'은, 어수룩해 보이지만 실제로는 비닐하우스에서 벌어지는 모든 일을 꾸미고 관찰하는 숨은 실세 이거 아니었습니까?

"당초 오 선생님 의도와 제 해석이 일치했습니다. 그렇다면 많은 대사를 할 이유가 없는 것 아닌가요? 실세는 가급적 몸을 감추고 자신을 드러내지 않으니까."

"김옥균의 애매함을 표현하고 싶었다"

-정진각이라는 배우가 평론가들에게 잊지 못할 배우라는 인상을 남긴 작품으로는 김옥균의 일대기 〈도라지〉(1994)가 있습니다.

"김옥균이 역사적으로 어떤 업적을 남겼는지를 생각해 봤습니다. 제 결론은 '상당히 애매하다'입니다. 갑신정변(甲申政變)도 사실 어떻게 보면 성급하게 일을 꾸민 것 아닙니까. 그렇다고 왕정(王政)을 폐지하자는 주장을 한 것도 아니고, 하여간 김옥균이 주창한 개혁이라는 것이 참 애매합니다. 일본에 망명(亡命)해서도 거의 혼자 지내고. 그런 애매함을 표현하고 싶었습니다. 일반 관객 가운데서도 제가 해석한 김옥균이 마음에 남는다고 한 분들이 많이 계십니다."

정진각은 오태석이 번안한 〈로미오와 줄리엣〉(1995년 초연)에서 로렌스 신부로 출연했다.

-오태석 연출로 공연한 셰익스피어 작품, 예컨대 〈템페스트〉나 〈맥베스〉 〈로미오와 줄리엣〉 같은 작품들은 외국에서 상당한 호평을 받았습니다. 본고장 영국에서도 극찬을 받았고요. 문화를 뛰어넘어 관객과 공감했다는 뜻인데, 그 비결은 무엇일까요?

"〈로미오와 줄리엣〉의 극단 목화 초연이 1995년입니다. 처음에는 원작을 발췌해서 군더더기를 들어내고 이 대사들을 우리 말 구어체로 바꾸는 정도였습니다. 원작 반 각색 반이었죠. 20년 넘게 공연을 거듭하면서 이 비중이 바뀐 겁니다. 어느새 한국화한 〈로미오와 줄리엣〉이 나타난 셈이죠, 숙성을 거쳐서.

영국 사람들은 '아, 셰익스피어의 작품을 이렇게도 해석할 수 있구나, 그야말로 독창적이다', 그래서 열광을 하는 건지도 모릅니다.

원작의 뼈대를 허물지 않고도, 말하자면 재건축을 했는데도 원작의 정취와 핵심이 살아 있으니 말이죠. 극적 논리와 일관성이 딱딱 맞아떨어지고 수백 년 동안 자기들이 생각하지 못한 것을 무대에서 보여주니까요."

-오태석은 어떤 분입니까?

"잠시도 머물러 있지 않는 분입니다. 만약 그분이 어느 순간 멈춰 버렸다는 생각이 들었다면 제가 먼저 떠났을 겁니다. 지겨웠을 테니까. 그런데 항상 나아가요. 나가고 있는 모습을 보면서 '나도 같이 저 항해에 동참해 보자, 오태석이라는 작가 겸 연출가의 세계로 들어가 보자', 호기심이 생기는 겁니다. 같이 연구를 하자는 생각도 들고, 그 과정 자체가 배우들에게는 어마어마한 공부입니다. 그러니까 공부를 하면서 '배우인 내가 할 일이 뭔가, 오 선생님의 표현에 내가 뭘 해야 하는가'를 느끼는 겁니다. 스스로 느껴서 연구를 하니 발전 속도가 빠르고, 리더가 머물러 있지 않으니 구성원들도 끊임없이 움직여야 합니다. 극단 목화가 배우들의 사관학교라는 평가를 받는 데는 다 그럴 만한 이유가 있습니다. 정체 없이 모두 함께 더불어 발전하는 거죠."

-좋은 배우란 어떤 배우입니까?

"말을 꾸미지 않고 깨끗하게 그대로 관객에게 전달해 주는 배우입니다. 이게 쉽지 않아요. 감정이나 억양을 만들거나 꾸미지 않고 그냥 편하게 대사를 해야 하는데, 배우들은 무언가를 자기가 표현해야만 한다는 강박이 있습니다. 저는 배우가 100% 감정을 다 드러내지 않고, 어느 정도 암시만 주고 나머지를 관객이 상상하며 메우는 연기가, 그런 연극이 좋은 연극이라고 생각합니다."

"우리의 생활 자체가 연극적"

-간단하고 단순한 연기 말고 또 어떤 연기가 좋은 연기인가요?

"뭐든지 일류가 되면 동작이 단순해집니다. 태권도 고수든지 중국무술 고수든지 배구선수든지 농구선수든지. 딱 필요한 동작만 하는 거죠. 연기도 가장 절제된 움직임과 필요한 말만 깨끗하게 전달하면 나머지는 관객이 알아서 채웁니다. 모든 관객이 각자 자기의 연극을 만들어서 극장을 나서는 거죠. 버려야 합니다. 배우가 자꾸 주려고 하면 안 받아먹어요. 버릴 때 먹습니다, 관객들은. 그러니까 어려운 겁니다. 배우는 자기를 표현하기 위해 많은 것을 전달하려고, 먹여주려고 애쓰는데 그것이 통하지 않는다면, 아, 그런 상황은 정말 아득하고 괴롭죠. 툭툭 버리는 맛을 들여야 합니다.

예를 들어 대사가 '저놈 나쁜 놈'이라면 단어 하나하나, 글자 하나하나를 또렷하게 발음하는 것이 의미전달에 유리할 것 같잖아요? 그런데 제 경험으로는 슬쩍 지나가듯이, 들릴락말락 하게 대사를 하는 편이 오히려 관객에게 더 잘 먹힙니다. 버리면 관객이 주워 먹습니다. 줄 때는 정확히 주고 그러나 버릴 건 버리고, 그것이 제가 생각하는 좋은 연기입니다."

-마지막 질문입니다. 정진각에게 연극은 무엇입니까?

"제 생활 자체죠, 뭐. 생활의 모든 걸 연극과 연관 짓습니다. 예컨

정진각은 TV드라마 〈불멸의 이순신〉에서 낙안군수 신호로 출연했다.

대 지나가면서 재미있는 광경을 보잖아요. 그럼 저걸 어느 작품 어디에 활용하면 좋겠네. 저도 모르게 생각이 그렇게 가는 겁니다.

또 하나, 우리의 생활 자체가 연극적이잖아요. 예의, 에티켓이라는 게 뭡니까? 자기 속마음을 그대로 드러내지 말고, 절차와 제도에 따라 표현하라는 이야기잖아요? 그렇다면 속마음과 예의 사이의 간격을 메우는 행위가 바로 연기 아닐까요?

이런 관점에서 보면 '연극이란 뭐냐?'라는 질문이 이상한 겁니다. 다들 이미 다 생활 속에서 연극을 하고 있는데, 집에서도 다들 연극을 하고 있는데 말이죠."

공자는 학즉불고(學則不固)라고 했다. 필자는 이 말을 '배운 사람은 고루하지 않으며 따라서 유연한 사람이다'라고 새겼다. '버려야 산다'는 정진각의 연기론은, 말하자면 유연한 태도를 유지하면서 열린 마음으로 다른 사람의 말과 행동을 받아들이기 위한 선행(先行)장치가 아닐까 하는 생각이 들었다. 내가 모든 것을 만들려 하지 말고 버릴 것은 버려서 관객과 상생하라는 체험담도 연극 외적(外的)으로 쓸모가 많을 듯했다. 버려야 산다. 그는 여전히 테이블 저편에서 하회탈 같은 미소를 짓고 있었다. (2014년 11월)

정진각 鄭鎭珏

- 1951년생. 서울연극학교 졸업.
- 작품: 연극 〈춘풍의 처〉 〈아프리카〉 〈부자유친〉 〈비닐하우스〉 〈심청이는 왜 두 번 인당수에 몸을 던졌는가〉 〈도라지〉 〈백마강 달밤에〉 〈용호상박〉 〈자전거〉 〈로미오와 줄리엣〉 〈템페스트〉 〈맥베스〉 〈3월의 눈〉 〈프라이데이〉, 뮤지컬 〈아가씨와 건달들〉 〈웨스트 사이드 스토리〉, 영화 〈흑수선〉 〈재밌는 영화〉 〈소년, 천국에 가다〉 〈마강호텔〉, TV 드라마 〈백범 김구〉 〈명성황후〉 〈무인시대〉 〈불멸의 이순신〉.
- 수상: 2011년 대한민국 연극대상 남자연기상.

비현실적 카리스마의 배우

金學喆

김학철

- ⊙ 無名 시절 버스에서 옥편 장사, 카페 경영
- ⊙ 연극 〈태〉 〈춘풍의 처〉 등 출연, TV 사극 〈왕건〉으로 이름 알려
- ⊙ “대본 쓴 작가의 심정 느끼기 위해 지금도 셰익스피어 대본 筆寫”
- ⊙ “김학철은 카멜레온 같은 배우” (운군일 前 SBS 드라마제작국장)

“**좋은 배우**란 남의 연기를 **잘 받아들이는 배우**”

압도적인 현장감(現場感)을 보여주는 배우가 있다. 얼굴과 목소리와 몸짓의 총합이 독특한 카리스마와 비현실적 존재감을 내뿜는다. 연출가들은 그를 ‘역사의 현장에서 막바로 걸어나온 듯한 배우’라고 얘기한다. 김학철(金學喆) 이야기다.

-1959년 대전 출생이네요. 부모님은 어떤 일을 했습니까.

“대전에서 가게를 하셨죠. 제가 4남2녀 6남매의 막내입니다. 초등학교 5학년 때 식구들이 서울로 이사를 했습니다. 경동시장 한쪽에 경동극장이라는 영화관이 있었는데, 그 앞에서 일용직 목수도 하시고 노점상도 하시고…. 나중에 돈을 벌어서 대전상회라는 건어물 가게를 하셨죠. 지금도 경동시장에 가면 ‘누구누구 아들 아니냐’고, 알아보고 반갑게 인사 건네는 상인들이 몇 분 계십니다.”

예술가의 생애를 더듬어 가면, 유년시절의 기억이나 특별한 경험이 그의 생애 전반에 막대한 영향을 끼치는 경우가 적지 않다. 이것은 우연을 가장한 필연이다. 누구에게나 찾아오는 ‘마법’이 아니고,

예술가 내면에 이미 깃들어 있던 어떤 자질이나 가능성이 알맞은 때와 장소를 찾아 살짝 모습을 내비친 것이기 때문이다. 그래서 작가론(作家論)을 연구하는 학자나 비평가들은 예술가들의 어린 시절에 각별한 관심을 갖는다. 그렇다면, 김학철이 유년을 보낸 대전(大田)은 어떤 기억으로 남아 있을까.

영화 〈빠삐용〉 보며 펑펑 울어

"도농(都農)이 공존하던 곳이죠. 대전역 앞 번화가가 있고 거기서 조금만 가도 바로 논밭이 나오고. 대전역 앞 중앙시장에 대전극장과 아카데미극장이 있었는데, 어머니가 영화팬이셨어요. 어머니 치마꼬리 잡고 자주 다녔죠. 〈꼬마신랑〉과 〈미워도 다시 한 번〉이 제 유년의 영화입니다. 서울 와서는 청계천 아세아극장, 오스카극장, 대왕극장이 제 단골 출입처였죠. 중3 겨울방학 때 〈빠삐용〉을 보고 마지막 장면에서 통곡을 하듯 펑펑 울었습니다."

-그렇게 영화관이 떠나가도록 울면 같이 갔던 친구들이 민망해하지는 않던지요.

"혼자 다녔어요. 혼자 가야 영화를 제대로 볼 수 있다는 것이 제 생각입니다. 영화를 보면서 집중을 해야 하거든요. 저만의 세계를 스크린 이쪽에서 혼자 짓고 허물고, 나름대로 반응하고 때로는 대응도 해야 하니까."

부모님이 하던 가게 옆에 극장 관계자들이 영화 포스터를 붙이고 갔다. 사례는 '포스터권'이라 불리던 초대권 2매. 그래서 김학철은 국

김학철이 가장 인상적인 영화로 기억하는 김승호(왼쪽) 주연의 〈마부〉.

내 개봉한 거의 모든 영화를 두 번씩 다 봤다.

"다른 형제들이 다행히(?) 영화에 큰 관심이 없었습니다. 오히려 제 연기(?)를 더 재미있어했어요. 아주 어렸을 때부터, 보고 온 영화를 식구들 앞에서 재연(再演)하곤 했거든요. '이번 일이 잘되면 다이아가 문제가 아냐. 마담, 심심한데 우리 뽀뽀나 할까?' 제가 허장강(許長江) 선생님 연기를 흉내 내면 다들 박수치고 좋아하고. 초대권 독점부터 밥상머리 재연극(再演劇) 관객 동원(?)에 이르기까지, 제가 막내의 특권을 좀 많이 누렸습니다."

"내 인생 최고의 영화는 〈마부〉"

-그렇게 영화를 많이 보았다면, 김학철이 꼽은 '내 인생의 영화'는 어떤 작품입니까.

"방금 이야기한 〈빠삐용〉(1973)과 〈뻐꾸기 둥지 위로 날아간 새〉(1975)입니다. 〈뻐꾸기 둥지 위로 날아간 새〉는 교도소에 수감된 범죄자가 정신병원으로 이감(移監)되면 좀 편할 것 같아서 일부러 미친 척하는 이야기잖아요? 그런데 정신병원에서는 제대로 된 의사소통이 불가능하고…. 그 상황이 현대사회에 대한 강력한 풍자 같았습니다. 수간호사는 빅브러더(big brother)고 주인공 잭 니컬슨은 우리 자신이고.

하지만 제 인생 최고의 영화는 따로 있습니다. 나중에 DVD로 구해 본 〈마부〉(1961)입니다. 김승호(金勝鎬 · 1918~1968) 선생님의 연기를 보면서 탄복했습니다. 저것이 한국적인 아버지다. 시댁에서 쫓겨난 딸한테 '죽어도 시집 귀신이 돼라'고 다시 내쫓잖아요? 그 딸이 말을 못하는 장애인이잖습니까. 그 딸 장례를 치르면서 '야 이년아, 내가 너를 죽으라고 했냐, 잘살라고 내쫓았지'라며 흐느끼는 장면이 있습니다. 애절하죠. 그런데 그 안에 경쾌한 속도와 리듬감이 살아 있는 겁니다. 울다가 말을 내뱉다가 탄식하다가 숨막혀하다…. 그 짧은 순간에 온갖 감정을 다 압축해서 보여줍니다. 슬프지만, 전혀 질척거리지 않아요. 가위 신(神)의 경지에 오른 연기죠. 허장강, 이예춘(李藝春) 선생님의 연기도 제가 흠모하는 모델입니다."

두 분의 자제인 허기호, 이덕화는 그래서 김학철의 팬이다. 자기 아버지의 연기를 기억하고 평가하며 재연까지 해 주기 때문이다.

"나를 배우로 이끈 건 재개봉관의 객석"

"저를 배우로 이끈 건 재개봉관의 객석입니다. 저걸 해야겠다, 중학교 이후에는 늘 배우가 되기를 희망했습니다. 추호의 의심도 없었어요. 연기를 하려면 기초를 닦아야겠다고 생각하고 서울예대 연극과에 입학했습니다."

78학번 선배가 박상원, 79학번 동기가 김혜옥, 80학번 후배가 이휘향, 한명구, 정원중, 홍원기다. 대학에서는 유진 오닐의 〈긴 귀향로(路)〉, 유치진 작 〈소〉, 안민수 연출의 〈병사 보이체크〉 등에 출연했다. 그렇게 하고 싶던 일이었는데, 이내 슬럼프가 찾아왔다.

"연기(演技)의 세계에 들어왔는데, '길'이 보이지 않았으니까요. 만만치 않구나, 갈 길이 아득하구나, 하루에도 몇 차례씩 절망하던 시절이었죠."

한 학기를 남기고 군(軍)에 입대했다. 38사단 원주(原州) 문예선전대(문선대)가 그의 근무지다.

"수백 회 공연을 했습니다. 군의 특성상 별 일을 다 해야 하니까 MC도 보고 드라마 집필도 하고 연출에 연기에 장내 정리까지 다 했습니다. 횡성극장에선 군·관·민 위문공연도 하고 군인가족들만을 상대로 특별공연을 하기도 하고…. 그런데 이 모든 일들이 하나도 귀찮거나 힘들지 않은 겁니다. '이 길이 내 길이 맞는 거로구나', 그런 느낌을 받았어요. 생생한 무대감각도 기를 수 있었고. 이때의 경험은 지금도 큰 자산입니다."

1983년 7월 말 제대를 하고 사흘 만에 학교가 있던 남산으로 올라갔다. 마침 제7회 대한민국 연극제에 참가한 오태석(吳泰錫) 작 김우옥(金雨玉) 연출의 〈자전거〉 연습이 진행 중이었다. 연출의 배려로 '거위집 아버지 한씨' 역을 받았다. 그의 성인무대 데뷔작이다. 김학철은 〈자전거〉와 한 번 더 만난다. 극단 목화의 오태석 연출본 〈자전거〉(1987)에선 황석구 역을 맡아 열연했다.

"참여하고 싶다니까 김우옥 선생님이 바로 대본을 주시며 캐스팅을 해 주셨습니다. '군대 가기 전부터 지켜보고 있었다'면서. 감격했습니다. 즉석 캐스팅은 이미 저를 인정하고 있었다는 증거였으니까요.

같이 공연했던 박영규 선배도 잊을 수 없는 분이죠. 〈자전거〉 끝나고 곧바로 84년에 공연한 동랑레퍼터리 정기공연 안민수 연출의 〈리어왕〉에도 함께 출연했는데 저에게 연극의 열정을 가르쳐 준 분입니다. 버스 타러 남산자락 내려가고 버스를 기다리는 동안에도 '학철아, 오른발부터 옮기는 것이 무게중심을 통제하는 데 유리하다', 이러면서 즉석시범을 보이는 겁니다. 이 두 작품이 저를 연극세계의 '붙박이'로 만들었습니다. 〈리어왕〉에서는 최종원, 윤승원, 이희도, 정승호 등 기라성 같은 배우들과 한무대에 선다는 것이 너무나 행복했어요."

김학철의 성인무대 데뷔는 그 몇 년 전이 될 수도 있었다.

"연기를 체계적으로 배우기는 해야겠는데 그때만 해도 연기학원이 있는 것도 아니어서 마땅한 곳을 찾다가 1978년에 극단 현대극장에 4기 연구생으로 입단했습니다. 재수할 때였죠. 6개월인가, 3개월마다 연구생을 뽑았는데, 1977년 1기 연구생 중에 한 분이 김갑수 선배입니다. 뮤지컬 〈바람과 함께 사라지다〉에서 '말(馬)의 앞다리' 역을 받고 매일 뚝섬 경마장에 출근을 하더라고요. 말의 움직임을 연구하기 위해서. 선배들이 '저 친구는 뭐가 돼도 될 것'이라고 뒤에서 칭찬하던 기억이 새롭습니다."

〈태〉에서 박팽년 역

극단 현대극장과는 1990년 이윤택 연출의 〈청부〉를 하며 '마음의 빚'을 갚았다. 김갑수와는 연극 〈길 떠나는 가족〉(1991)에서 재회했고 KBS 대하드라마 〈태조 왕건〉(2000년 4월~2002년 2월)에서 궁예의 책사 종간(김갑수)과 왕건의 오른팔 박술희(김학철)로 다시 만났다.

극단 목화는 김학철의 출발점이다. 1984년 창단멤버로 입단, 6년간 매일 여덟 시간씩 연습하며 연극에 열정을 불태우던 곳이다. 박영규가 '오태석 선생은 천재다'라며 입단을 권유했다. 김학철은 〈아프리카〉〈필부의 꿈〉〈춘풍의 처〉〈태(胎)〉〈자전거〉〈부자유친(父子有親)〉〈비닐하우스〉〈불의 나라〉 등에 참여했다.

-목화 시절 작품 중 가장 기억에 남는 작품은 무엇입니까.

"〈태〉입니다. 제 역은 박팽년(朴彭年)이었는데, 사극(史劇)의 모든 요소가 다 들어 있는 작품입니다. 제 연기의 자양분(滋養分) 역할을 한 명작입니다.

언젠가 이 작품을 제 방식대로 해석해서 공연하고 싶은 꿈이 있습니다. 예컨대 신숙주(申叔舟)를 동성애자로 묘사하면 신숙주와 그의 친구들인 사육신(死六臣) 사이의 정신적 갈등이 좀 더 선명하게 부각되지 않을까요. 표정은 온화한데 말이 섬뜩하거나 반대로 말은 온화한데 눈빛이 강렬하면 그 불일치에서 오는 대비가 관객들을 긴장시키겠지요. 저처럼 독특한 인상을 지닌 사람이 냉혹한 동성애자를 연기하면 정말 재미있을 것 같네요.

〈비닐하우스〉도 잊을 수 없습니다. 연극을 한다기 보다는 일상생

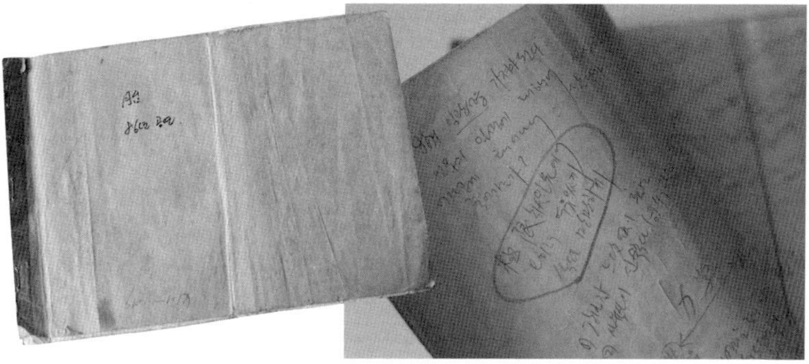

1986년 공연한 연극 〈태〉의 대본.

활을 관객에게 보여주는 희한한 체험이었는데, 역설적으로 연극성이 가장 뚜렷했던 작품이라고 기억합니다."

"단원 모두 상상력을 중시하는 극단 목화"

1989년 3월 동숭아트센터 개관기념으로 공연한 〈비닐하우스〉는 객석에 불을 켠 채 관객들을 맞았고, 배우들이 나름대로 쾌적해 보이는 수용소에 누워 관객들을 전혀 의식하지 않은 채 종이곽을 던지며 한동안 자기들끼리 놀다가 자연스레 이야기 속으로 진입해 들어갔다.

-김학철 연출의 〈태〉는 상상만 해도 흥미진진합니다. 오태석 선생께 이 아이디어를 말씀드린 적이 있나요. 오태석은 어떤 연출가입니까.

"기회가 없었습니다. 오 선생님의 상상력은 제 상상력과는 급과 격이 다르니까요. 족탈불급(足脫不及)입니다. 오 선생님은 존재 자체가 연극적인 분입니다. 술자리 가면 옆 사람을 꼬집으세요. 지금도 그러시는지는 모르겠는데, 아무튼 바로 옆자리는 앉지 마세요. 하

하. '삼천포아가씨'가 애창곡이시죠. 그분 부친이 6·25 때 납북되었는데, 저는 오 선생님의 개인사와 '이제 가면 오실 날짜 일 년이요 이 년이요'라는 가사 내용이 자꾸 겹쳐지더군요.

오 선생님의 '진실이 가질 수 있는 치장마저 버려라. 그것이 바로 연극의 원초적인 힘이다. 항상 의외성을 찾아라. 관객들로 하여금 저 인물이 왜 저기서 저렇게 움직이나, 라는 호기심을 불러일으켜야 한다'는 말씀은 지금도 제 배우 생활의 지침입니다."

-극단 목화는 지금 거의 국내 유일의 동인제(同人制) 극단입니다. 목화의 장점이라면 어떤 것이 있을까요.

"단원들 모두가 상상력을 중요시합니다. 연습을 끊임없이 하고, 정말 엄격하게 하고, 공연을 하면 개막 직전까지 대사와 동선(動線)을 고치죠.

매일 공연이 끝나면 오 선생님의 '메모'를 받는데, 목화 배우들은 그래서 결과적으로 매번 '다른' 공연을 합니다. 부분적인 수정으로 그치는 날도 있지만, 아예 결말이 달라지는 경우도 있습니다. 예컨대 형이 동생을 죽이는 이야기가 동생이 형을 죽이는 이야기로, 둘 다 죽는 비극으로, 둘이 화해하는 해피엔딩으로 바뀌는 식이죠. 결론을 바꾸려면 중간의 극적 교차로들도 다 손봐야 하니까, 정신 바짝 차리지 않으면 아차 하는 순간에 돌이킬 수 없는 실수를 하는 겁니다. 실수가 동료들 전체에게 피해를 주니까 깜빡하는 날은 정말 쥐구멍이 따로 없어요. 그런 심정으로 무대 위에서 연극의 나머지 부분을 연기하며 관객들을 상대한다고 상상해 보세요. 두 번 다시 실수를 하려야 할 수 없게 됩니다."

김학철은 오태석을 '최초의 관객으로서 배우들의 모든 행위, 즉 연습과 공연을 즐겁게 진행하도록 이끄는 탁월한 거장(巨匠)'으로 묘사했다.

"〈춘풍의 처〉를 공연할 때 2층 객석에서 선생님이 발을 구르며 폭소를 터뜨리시는데, 배우들이 전부 자신감이 증폭되는 것을 느꼈습니다. 수없이 우리 연기를 지켜본 연출도 저렇게 좋아하는데, 관객들을 만족시키는 건 일도 아니겠다 싶었던 겁니다."

'배우열전'의 또 다른 주인공 한명구는 대학도 목화도 김학철의 1년 후배다.

"대사 외우며 망우리 공동묘지 지나"

제대 후 친구 소개로 중소기업에 다니던 지금의 아내를 만났다. 김학철은 '소박하고, 내 얘기에 엄청나게 웃어 주던 사람'으로 연애 시절을 추억한다.

"공연 때마다 찾아와서 삼계탕 사 주고 삼겹살 구워 주고, 저를 정말 많이 격려해 주었습니다. 제가 들고 다니던 〈자전거〉의 너덜너덜한 대본과 양은도시락을 보고 '이 사람은 성실한 사람이구나' 확신을 했답니다. 도시락밥을 이등분해서 점심·저녁을 라면 국물에 말아 먹던 시절이었는데, 그게 또 그렇게 가슴이 아팠다네요."

처가에서 반대는 없었다. 장녀(長女)가 예비사위를 인정했으니, 그 결정을 존중한다는 분위기였다.

부산 용두산공원에서 아내와. 아내는 너덜너덜해 진 대본을 보고 김학철의 성실함을 믿게 되었다고 한다.

-결혼 전엔 연극에 전념하다가 결혼 후에 가족이 생기고 나면 배우들의 1차 방황이 시작됩니다. 연극배우라는 것이 안정적인 직업이 아닌 데다 전망이 뚜렷한 일도 아니니까요.

"저도 여러 가지 일을 했습니다. 버스에서 옥편(玉篇)을 팔기도 했죠. '기사님의 안전운행을 빌면서 한말씀 드리겠습니다. 수원 사시던 저의 10대조께서 과거에 낙방하시고…' 판소리 사설을 주욱 늘어놓는 겁니다. 버스 소음이 심하면 일부러 입만 벙긋거려서 승객들이 더 쳐다보게 만들었죠. 원가는 950원, 봉투값 50원, 판매가는 2000원이었습니다. 첫날 40권을 팔았습니다.

이태원에서 망우리 신혼집 단칸방까지 걸어간 적도 있습니다. 집에 도착하니 새벽 네 시더군요. 오태석 선생님이 쓰신 뮤지컬 〈메밀꽃 필 무렵〉 대사를 외우며 한겨울에 공동묘지를 통과했습니다. '마누라가 몸 판 돈을 다 써 버렸으니 집에 갈 수도 없고, 에라 이놈의 거, 엽전 두 냥 남은 걸로 약이나 사, 내가 죽는 게 낫지.' 차비도 없는 제 처지와 딱 맞아떨어지는 대사인데, 비참하면서도 눈물 대신 오히려 흥이 나더라고요."

카페 하면서 인간유형 연구

그래도 일단 먹고는 살아야겠기에 친구들에게 100만원씩 빌리고, 일수도 써 가며 카페를 열었다. 불교방송 옆 '유리핀'이라는 가게였다.

"'유리핀'은 '유리로 만든 핀'이라는 뜻입니다. 신데렐라 구두를 상상하면서 지은 상호입니다. 1989년부터 1994년까지, 주방 아주머니 한 분 두고 열심히 일했습니다. 1994년 KBS 주말드라마 〈남자는 외로워〉 이후 수입이 늘면서 카페를 정리했지요."

카페는 김학철에게 인간유형을 연구하는 실험실이었다. 술 취하기 전 점잖던 분들이 취해 가는 과정이 재미있었다. 주인인 그가 온갖 주정을 다 받아줘야 했다. 단골이던 대기업 송(宋) 이사님은 강아지가 죽었다고 밤새워 우시고, 목포백작으로 불리던 조폭은 젠틀했고, 형사반장이 찾아와 사건 에피소드를 들려주는 한편, 불교방송 기자들은 취재 뒷얘기를 털어놓았다.

"취객에는 대략 네 유형이 있습니다. 같은 사람 맞아? 라는 생각이 들 정도의 돌변형, 계속 웃는 실소(失笑)형, 하염없이 우는 낙루(落淚)형, 중언부언형, 이렇게. 취객의 성격과 유형에 맞춰 적절하게 응대해야 단골도 되고 매상도 오릅니다. 저는 거기서 모든 인간유형에 대한 리액션을 배운 거죠. 자기 연기, 즉 액션보다는 남의 연기

김학철은 연극 〈청부〉로 1991년 동아연극상을 수상했다. 뒷줄 왼쪽이 김학철.

에 반응하기, 즉 리액션을 잘하는 배우가 좋은 배우 아닐까요? 저는 카페에서 리액션의 다양한 경우를 실습했다고 생각합니다."

1990년, 연출가 이윤택(李潤澤)이 〈청부〉 대본을 들고 출연을 청했다. 동독(東獨) 극작가 하이네 뮐러가 통일 직전에 발표한, 혁명에 대한 고찰을 담은 작품이다.

〈춘풍의 처〉로 동아연극상 수상

"이 선생이 극단 목화의 〈춘풍의 처〉를 부산으로 초청한 적이 있거든요. 제 연기를 보고 머릿속에 담아 놓으셨답니다. 대본을 보는데 바로 전율했습니다. 아, 이건 평생에 한 번 만날까 말까 한 작품이다. 바로 한다고 그랬죠."

김학철은 이 작품으로 1991년 동아연극상을 받았다. 이윤택과의 인연은 강부자의 아들이자 맞상주로 나섰던 〈오구〉, 손숙의 아들로 출연했던 〈어머니〉, 〈우리 시대의 리어왕〉, 극단 유의 창단공연 〈문제적 인간 연산〉 등을 거치며 6년간 이어졌다.

-이윤택은 한국 연극계에서 자기세계를 완성한 몇 안 되는 연출가 가운데 한 분입니다. 같이 작업하면서 어떤 점이 인상적이던가요.

"연출라인이 확고하고, 잘 고치지 않습니다. 오태석 선생님과는 작업방향이 정반대인 셈이지요. 이윤택 선생은 배우의 잠재력과 장기를 최대치까지 뽑아내는 탁월한 능력이 있습니다. 〈눈물의 여왕〉의 이혜영·전도연, 〈길 떠나는 가족〉의 김갑수, 〈문제적 인간 연산〉의 유인촌, 〈청부〉의 김학철, 다 배우들의 대표작 아닙니까. 제게는 '극 전체의 리듬과 템포, 에너지를 세심하게 배분하라'고 주문했죠. 오태석, 이윤택, 두 분 모두 열정의 화신(化身)이라는 점은 공통입니다."

산울림소극장에서 공연한 채윤일(蔡允一) 연출의 〈불의 가면〉(1993)은 매회 공연 거의 만석을 기록한 작품이다. 극작가 나연숙과 운군일 PD가 우연히 공연을 보러 왔다가 '감동했다'며 분장실까지 찾아왔다. 이 인연으로 김학철의 TV시대가 열린다.

"채윤일 선생은 저의 개성을 존중하고 개성을 마음껏 드러내도록 격려한 분입니다. 대사에 호흡을 섞어서 저미는 호흡을 해 보라, '말 반(半), 공기 반으로 해 보라는 말씀도 해 주시고."

적군파 테러리스트로 오인(誤認)받기도

'개성(個性)' 이야기가 나온 김에 잠깐 말머리를 돌려 보자. 얼마 전 북한의 생활상을 소개하는 모(某) 종편TV 프로그램에서 탈북자들이 김학철을 북한의 인민배우 최창수와 닮았다고 해서 화제가 된 적이 있다.

"북한 영화 〈임꺽정〉인지를 방송국에서 자료화면으로 구해다 보여주는데, 제가 보기에도 형제지간처럼 생겼더라고요. 누구 닮았다는 소리 많이 듣습니다. 일본에서는 테러리스트 조직인 적군파(赤軍派) 수괴와 닮았다고, 다른 단원은 다 입국심사대를 통과했는데 저만 혼자 공항에 억류된 적도 있고, 중국에서는 폭력조직 삼합회(三合會) 보스 아니냐며 공안(公安)이 불러 세워 조사를 한 적도 있어요. 우리나라라고 예외가 아니었죠. 오죽하면 제가 연극상 탄 신문기사 오려서 수첩에 넣고 다니면서, 거기 제 사진도 실렸거든요, 검문 걸리 때마다 '이게 바로 나'라며 자체증명을 했겠습니까?"

극작가 나연숙(羅蓮淑)은 주말극 〈남자는 외로워〉에 전도사 역으로 김학철을 추천했다. 거의 준(準) 주인공 급의 꽤 비중이 있는 역이었다.

-TV는 그 작품이 처음입니까.

"아닙니다. 1985년 MBC 조선왕조 500년 대하드라마 〈임진왜란〉 편에서 '군사2'로 나왔습니다. 대사는 '장군, 피하시오'라는 한마디였습니다. 2001년에 박술희 장군 역을 맡으면서 아내에게 '병졸에서 승진해서 별 다는 데 15년 걸렸다'고 농담을 하기도 했습니다. 1992년 2월 설날 특집극 선우완 연출 〈어두운 손〉이 본격적인 방송 데뷔작입니다. 극본을 쓰신 이환경 선생님이 저를 뽑아 주셨습니다. '저한테 남성적 풍모가 보인다'고 하셨습니다. 영혼과 의식의 자

운군일 전 SBS드라마국장.

이환경 작가.

장영철 작가.

유를 추구하는 도예가 얘기였어요. 도예가인 아버지 전무송의 아들 역이었죠."

이환경과 장영철

이환경 작가는 김학철을 자신이 쓰는 작품에 3회 연속 캐스팅해 준 '은인'이다. 〈야인시대〉의 조병옥 역, 기업인들의 이야기 〈영웅시대〉 등 무려 7~8년을 함께 일했다. '3연속 기용'으로는 〈대조영〉 〈자이언트〉 〈돈의 화신〉에서 연속 기회를 준 장영철 작가도 잊을 수 없다. 작가 말고도 김학철의 연기를 주목한 사람이 더 있다. 운군일(雲君一) 전 SBS 드라마국장이다. 그는 김학철을 이렇게 평가한다.

"역동적이고 카리스마 넘치는, 선 굵은 연기를 하더군요. 1996년에 〈레미제라블〉을 번안한 16부작 〈도둑〉의 박 반장(자베르의 번안)은 한진희씨가 연습 중이었는데, 갑자기 사정이 생겨서 급하게 대타를 찾아야 했습니다. 제가 김학철씨를 추천했지요. 결과가 좋아서 저도 체면이 섰습니다. 이듬해 주말극 〈꿈의 궁전〉에도 자신 있게 천거했는데, 조폭 보스 왕곰 역을 맡아서 기대 이상의 성과를 내 주었어요. 김학철은 제가 보기에 카멜레온 같은 배우입니다. 선악(善惡)을 초월해서 표현이 가능하고, 생활 면에서도 준비와 약속에 철저한 사람입니다. 대인(對人)관계가 좋아서 제작진을 뭉치게 만드는 힘이 있고요. 그래서 처음 봤을 때부터 '아, 이 배우 오래가겠구나'라고 생각했습니다."

〈도둑〉의 열연은 〈태조 왕건〉으로 이어진다. 평균 시청률 40%, 궁예가 죽을 때 60.2%의 기록적 시청률을 찍은 국민사극이다. 궁예의 '안대'가 백화점에서 판매될 정도였다. 여기서 김학철이 맡은 역은 왕건의 오른팔 박술희 장군, 적장(敵將)인 견훤의 여동생 대주낭자와 사랑에 빠지는 인물이다. 김종선 PD가 김학철의 이력서를 들고 사장단을 찾아가 '서류심사' 끝에 캐스팅을 확정했다는 일화가 있다.

〈왕건〉의 박술희 맡으면서 삭발

"박술희가 왕건이 임종할 때 바로 옆에서 훈요십조(訓要十條)를 받은 인물이잖아요. 그런 큰 역을 맡기에는 제 경력이 충분하지 않으니까 김 PD가 윗분들을 설득하신 겁니다. 이분도 제 은인이죠. 오늘 제가 말씀드리는 분들은 다 제 은인이십니다. 오늘날의 저를 만드는 데 다들 적지 않은 도움을 주셨으니까요. 〈태조 왕건〉 대본을 읽자마자 '삭발한 모습'이 떠오르더군요. 처음엔 연출이 반대했습니다. 궁예가 삭발을 했으니까 이미지가 겹치잖아요. 작가에게 허락을 받으면 오케이라길래 이환경 선생님께 말씀드렸더니 '이 드라마

사극 〈태조 왕건〉에서 박술희 역을 맡으면서 김학철은 대중에게 널리 알려지게 되었다.

2년 간다. 삭발하면 다른 작품은 아무 것도 못할 텐데 괜찮겠나?'라 시더군요. '전념하겠습니다'라고 답 드리고 바로 머리 잘랐습니다."

모든 육고기를 좋아하고 개미나 두꺼비도 마다않는 호탕한 식성에 적장의 딸과 사랑에 빠지는 독특한 인물이니 보통의 헤어스타일로는 표현이 어렵겠다고 본 것이다. 러브라인은 처음에 1회용 에피소드였는데 '너무나 재미있는 상황'이어서 길게 갈 것이라고 예측했다. 결과적으로 그의 예상이 맞았다.

"분장팀이 좋아했죠. 주요 배역이 둘이나 삭발을 해서 일거리를 줄였으니까요. 다만 궁예와 구분을 하기 위해 호랑이 수염을 붙였습니다. 박술희 장군의 호방한 웃음은 매일 남산에 올라 연습한 결과물입니다." 드라마가 인기를 얻자 면천 박씨 문중에서 '우리 문중을 빛내 줘서 고맙다'고 연락이 왔다. '병석에 누워 계신 아버님 소원이 김학철 님에게 술 한 잔 대접하라'는 것이었다며 종손(宗孫)이 찾아와 근사한 곳에서 저녁을 사 줬다.

드라마와 현실을 넘나든 지점에서 밥을 사 준 사람이 한 분 더 있다. 이만섭(李萬燮) 전 국회의장이다.

〈야인시대〉에서 조병옥 역 맡아

"〈야인시대〉를 보시고 비서를 통해서 전화를 주셨어요. '조병옥 박사랑 어찌 그리 목소리와 외모가 비슷하냐'시더니 63빌딩 중식당으로 작가와 연출, 주연배우들을 초대해 주셨습니다. '조 박사가 서거 사흘 전에 나한테 국제전화를 하셨다. 그때 내가 동아일보 정치부 초년병 기자였는데, 이봐, 만섭이, 수술 잘 끝났어. 여기 미국이야. 3일 후에 귀국하니 걱정하지 마. 우리 용금옥(추어탕집)에서 한잔하자구, 그러셨거든. 조 박사 서거 후 내가 통곡을 했어요'라며 옛일을 회상하시더군요. 조병옥 박사는 음성자료가 거의 남아 있지 않습니다. 제 몸짓이나 말투가 우연히 조병옥 박사의 동작과 어투와 비슷했던 것이겠지요."

-〈태조 왕건〉이 대중적으로 이름을 널리 알린 첫 작품이죠.

"1회 방송이 나가고 시청자 반응을 살펴보기 위해 남대문 시장에 갔는데 손님, 상인 다 난리가 났습니다. 그전하고 확실히 달랐죠. CF도 다섯 개나 찍고, 상도동에 아파트도 한 채 구입했습니다. 제 노력으로 돈을 벌어서 집을 샀을 때의 감동을 잊지 못합니다. '자식에게 집 사 주지 말자'는 캠페인을 벌이고 싶다는 느낌이 들 정도로

1998년 연극 〈까리귤라〉에서의 김학철 (오른쪽).

좋았습니다."

김학철을 두고 대중들이 기억하는 또 다른 이미지는 〈대조영〉에 나오는, '대조영의 오른팔' 흑수돌이다. 역사에 실존하는 인물은 아니고 드라마의 설정이다.

"그래서 제 별명이 '오른팔 전문배우'입니다. 흑수돌은 유행어도 있죠. '간나쉐끼, 날래 덤비라우.' 작가와 연출이 '대본을 참 맛깔나게 소화한다'며 칭찬해 주셨습니다. 문경(聞慶) 촬영장에 초등학생들이 단체견학을 오곤 했는데 저보고 그 말 한마디만 해 달라는 부탁이 끊이질 않았죠. 귀찮다기 보다, 관객과 공감하는 즐거운 시간이었어요. 연극무대에서 느꼈던 희열을 다시 맛보기도 했고요."

"변학도, 리어왕, 이성계 해 보고 싶어"

-사극에 주로 출연한 이유가 있습니까.

"워낙 사극 이미지가 강해서 그쪽 일이 거듭 들어왔습니다. 현대물도 많이 했어요. KBS 일일드라마 〈우리가 남인가요〉(2001)는 나훈아 가객(歌客)이 생애 최초로 드라마 주제가를 쓰고 직접 부르기도 해서 화제가 되었던 작품입니다. 배종옥씨와 듀엣으로 부른 '아담과 이브처럼'이라는 노래였죠."

김학철은 리액션이 탁월한 배우로 주현(朱玄)을 꼽는다.

"〈우리가 남인가요〉에서 제 형님으로 나오셨습니다. 녹화 끝나고 거의 매일 어울렸어요. 밥도 먹고 술도 마시고…. 이분이 월남전에 참전한 장교 출신인데, 옛날이야기를 할 때면 주변인물들의 표정과 동작을 거의 그대로 재현하십니다. 여기에 듣는 사람들의 반응을 보고 던지는 즉흥대사까지…. 그 빛나는 연기력을 꼭 배우고 싶습니다. 제가 정말 인복(人福)이 많은 사람이죠?"

-인복 이야기를 하니까 드리는 말씀인데, 이정재씨가 '나는 김학철 선배에게 연기를 배웠다'고 하더군요.

"〈모래시계〉 끝나고, 이정재씨가 방위병으로 근무할 때 저한테 와서 '연기지도'를 받았죠. 왜? 둘 다 스케줄이 없었으니까. 친해지기는 〈남자는 외로워〉에 같이 출연한 것이 계기입니다. 오태석 선생님 작품 〈자전거〉와 〈아프리카〉 대본을 놓고 편안하게 대사 하는 법에 대해 이야기를 나눴습니다. 나중에 이정재씨가 저 연극할 때마다 티켓을 사 주고, 제가 영화 〈본 투 킬〉을 할 때 의상 열두 벌을 대여해 주기도 했습니다. 〈은행나무 침대〉 시사회 때는 제 옆에 앉

1997년 상연한 러시아 정통극 〈까라마조프가의 형제들〉에서 김학철은 첫째 아들 드미트리 역을 맡았다. 왼쪽부터 김학철, 정경순, 추상미.

아서 관객들 다 들으라고 '여기 병원장님 앉아 계시네'라고 큰 소리로 말하기도 하고…."

-영화는 더 안 하나요.

"하고 싶습니다. 인연이 이어지질 않았을 뿐이죠. 제가 장현수 감독의 〈본 투 킬〉로 1996년 청룡영화상 남우조연상을 받았습니다. 좋은 작품을 더 남겨야 한다는 마음의 빚이 남아 있죠. 영화는 자기 자신을 객관화시키며 보는 즐거움이 있거든요. 인간의 희로애락을 극소(極小)에서 극대(極大)까지 표현하는 역할을 맡고 싶습니다. 〈춘향전〉의 변학도, 〈햄릿〉의 클로디어스, 〈리어왕〉의 리어가 '제 마음속의 배역'입니다. 기회가 주어진다면, 이성계(李成桂)도 한 번쯤은 연기하고 싶습니다."

-김학철에게도 연기가 어렵습니까.

"그럼요. 연기를 쉽게 생각하는 배우는 없습니다. 쉬운 것과 편안한 것은 다르죠. 어머니한테 '엄마, 왜 연기가 잘 안 되지?'라고 하소연한 적도 있습니다. '관객이나 카메라가 엄마라고 생각하고, 엄마에게 얘기하듯이 해 봐. 엄마 앞에서 떠는 사람은 없잖냐'가 대답이셨어요. 진지하게 말씀드립니다. 엄마의 잔소리에 보물이 숨어 있어요. 연기를 잘하려면, 잔소리를 관찰하세요.

또 하나 방법이 있다면, 대본을 손으로 쓰는 겁니다. '작가가 이런 심정으로 이 대사를 썼겠구나'라고 상상하면서. 그 느낌이 인쇄 대본에서 원고지로, 글자를 적어 나가는 손끝에서 머릿속으로 또 가슴으로 흘러드는 것을 느낄 수 있습니다. 저는 지금도 틈이 날 때마다 셰익스피어를 필사(筆寫)하곤 합니다."

"죽을 때까지 연극할 것"

-김학철이 생각하는 좋은 연기란 어떤 겁니까.

"흐르는 물 같은 연기죠. 물살에 내 몸을 맡겨야 자연스러움을 얻을 수 있습니다. 물살을 거스르지도 말고 너무 힘주지도 말고, 그렇다고 너무 잠겨 있어서도 곤란합니다."

-연기에 관한 최고의 조언을 들려주신 분이 어머니시로군요. 어머니는 돌아가셨죠?

"〈대조영〉 찍을 때 돌아가셨습니다. 돌아가신 날 PD가 빨리 가 보라고, 제가 나오는 장면을 '몰아찍기' 해 주었습니다. 지금도 감사하게 생각합니다. 분장도 못 지우고 빈소로 달려갔어요. 배우의 숙명이죠. 대하드라마가 좋은 건, 빈소에 200명 이상 문상을 오더라는 겁니다. 그때 읽던 책이 브레히트의 시집(詩集)이었는데, '어머니'라는 시를 아직도 기억합니다. '그녀는 거의 땅을 누르지도 않았다 / 그녀가 이렇게 가벼워지기까지 / 얼마나 많은 고통을 겪었을 것인가.' 정말 좋은 글은, 연극은, 드라마는 시공과 국적을 초월한다는 걸 느낀 구절입니다."

-한동안 연극을 하지 않았습니다.

"2013년에 명동예술극장에서 〈햄릿〉을 했죠. 12월 4일부터 29일까지 전회 매진이었습니다. 오경택 연출, 제 역은 오필리어의 아버지 폴로니우스였죠. 고향에 돌아온 듯하고 정말 좋았습니다. 저는 죽을 때까지 연극을 할 겁니다. 연극 출연이 뜸했던 건 까닭이 있습니다. 충분한 연습 없이 무대에 오르는 것이 연극에 대한 불경(不敬)이라는 생각이 들었기 때문입니다."

"아버지 역을 잘하는 배우가 롱런한다"

김학철의 다음 프로젝트는 드라마다. 8월 초순에 방영하는 OCN 10부작 드라마(천정명, 김소현 주연)의 김 회장 역이다. 아들을 잃고 복수를 꿈꾸는 사업가다.

-어떤 배우가 좋은 배우입니까.

"액션보다 리액션이 좋은 배우, 남의 연기를 잘 받아들이는 배우죠. 보편적 역을 잘하는 배우도 좋은 배우죠. 남자배우라면, 아버지

역을 잘하는 배우가 롱런한다고 생각합니다."

-마무리 발언 부탁 드립니다.

"제 작은할아버지께서 아직 살아 계신데 105세십니다. 그것을 기준으로 하면, 제 연기인생은 이제 막 반환점을 돌았을 뿐이라고 생각합니다. 터키 시인 나짐 히크메트의 '진정한 여행'이라는 시에 '가장 훌륭한 시는 아직 쓰이지 않았다 / 가장 아름다운 노래는 아직 불리지 않았다/(중략) 최고의 나날은 아직 살지 않은 날들'이라는 구절이 있습니다. 제 생애 최고의 배역은 아직 받아 보지 못했고, 대표작은 미래에 있다고 생각합니다. 더 열심히 정진하겠습니다. 이 인터뷰가 자기점검의 계기가 되었습니다. 감사드립니다."

김학철이 특유의 부리부리한 눈매로 안광(眼光)을 뿜으며, 그러나 부드럽고 살가운 말투로 인사를 건넸다. 105세 작은할아버지시라면 혹시 〈1박2일〉에 최고령 시청자로 뽑혔던 그분? 나중에 전화로 확인해 보니 필자의 추측이 옳았다. 그러고 보니 김학철의 가족 중에 유명인이 두 분이나 있는 셈이었다. 작은할아버지와 그의 둘째 형인 김창수 전 국회의원. 필자는 105세 최고령 현역배우 김학철의 모습을 혼자 상상하며 조용히 수화기를 내려놓았다. (2014년 8월)

김학철金學喆

- 1959년생. 서울예대 연극과 졸업.
- 연극 〈자전거〉 〈리어왕〉 〈아프리카〉 〈필부의 꿈〉 〈춘풍의 처〉 〈태〉 〈부자유친〉 〈비닐하우스〉 〈불의 나라〉 〈청부〉 〈오구〉 〈어머니〉 〈우리 시대의 리어왕〉 〈문제적 인간 연산〉 〈불의 가면〉 〈하물레또〉 〈햄릿〉, 영화 〈까불지마〉 〈주유소 습격 사건〉 〈본투킬〉, TV극 〈돈의 화신〉 〈자이언트〉 〈에덴의 동쪽〉 〈대조영〉 〈영웅시대〉 〈장희빈〉 〈야인시대〉 〈태조 왕건〉 등.
- 수상: 동아연극상(1991) 청룡영화상 남우조연상(1996) 한국연극협회 우수공연상 연기상(1998) KBS 연기대상 남자 조연상(2000).

연극계의 **차세대 에이스**

韓明求

한명구

- 임영웅·오태석 등 巨匠들이 극찬, 놀이성·知的 敍事·진지함 겸비
- 1987년 〈부자유친〉으로 이름 알려
- "똑똑한 자가 살아남는 것이 아니라, 살아남는 자가 똑똑한 것"
- "배우는 인물의 心象을 잘 녹여서 표현하는 사람"

“내게 **연기는 삶,** **숨쉬기**와 같아”

현존하는 한국 연극연출가 가운데 가장 우뚝한 봉우리가 임영웅(林英雄·78)과 오태석(吳泰錫·74)이라는 데는 이견이 없다. 임영웅은 한국 신극사(新劇史)의 정통흐름인 리얼리즘 연출론의 계승자이며 오태석은 연극의 원초적인 놀이성과 신명을 우리 정서에 맞춰 되살리고 극대화시킨 창조적 파괴자다.

이 둘과 작업을 함께 했고 이 둘로부터 모두 극찬을 받는 배우, 놀이성과 지적(知的) 서사(敍事)와 진지함 같은 한 몸에 깃들기가 어려운 요소들을 두루 구비한 배우가 있다. 한명구(韓明求·54)다. 많은 연극평론가들은 한명구를 ‘차세대 한국연극의 에이스’로 꼽는다. ‘차세대’라지만 그도 벌써 50대 중반이다. 얼핏 보아 양립(兩立)하기가 쉽지 않을 듯한 두 거장(巨匠)의 연극세계를 누빈 한명구의 능력과 에너지의 원천은 무엇일까. 그것이 어떻게 가능했을까가 이번 인터뷰를 기획한 배경이다.

–먼저 호적조사를 좀 하겠습니다. 부모님은 어떤 분이었는지요.

"아버지 성함은 한서현(韓瑞鉉), 어머니 성함은 이화용(李花容)입니다. 아버지는 1929년생이시고 2004년에 돌아가셨습니다. 어머니는 1933년생. 어머니는 결혼 전에 초등학교 교사를 잠깐 했고, 아버님은 직업군인이었죠. 육군 장교로 제대하고 오랫동안 재향군인회에서 근무했습니다."

한명구는 군인가족이다. 백부는 소령 제대, 작은아버지들도 다 장교로 복무했다. 부친은 충북대 1학년 재학 중 6·25가 터지자 곧바로 자원 입대했고, 장교학교를 거쳐 수송부대 장교로 전선을 누볐다.

"그래서 어린 시절 제 꿈도 군인이 되는 것이었습니다. 시력이 좋지 않아서 사관학교 시험을 볼 수 없었고, 대학에 가서 ROTC를 하겠다고 생각하고 공대 진학을 목표로 했는데, 재수까지 하고서도 건축공학과 시험에 다 떨어졌죠."

군(軍) 입대 연기하기 위해 서울예전 진학

그렇다면, 연극은 언제 그에게 손을 내민 걸까. 어린 시절의 매혹(魅惑) 없이, 그는 어떻게 이 거칠고 험하며 무엇보다도 불확실하고 가난한 세계로 발을 들이민 걸까.

그가 대학에 떨어지자 부모는 아예 서울로 이사를 했다. 남영동에 있는 정일학원에서 재수를 했지만 또 떨어졌다.

"그때는 3수를 하면 바로 군(軍)입대를 해야 했습니다. 바로 군입대를 하지 않으려면 일단 어디든 대학에 적을 두어야 했습니다. 그래서 입시자료를 다 구해서 보고 서울예대 연극과를 선택했습니다.

합격 가능성이 가장 높을 것이 지원의 가장 큰 이유였습니다."

서울예대 연극과는 2014년 현재 수백 대 일의 경쟁률을 자랑하는, 대한민국에서 가장 진학하기 어려운 곳 중의 하나다. 하지만 그때만 해도 서울예대 연극과는 후기 전문대, 그것도 야간이었다. 공부를 하고 싶은 직장인들을 위한 배려였겠지만, 한명구로서는 경쟁률이 높지 않을 테니 상대적으로 입학이 수월하겠다고 계산했다고 한다. 서울예대 연극과 야간부 동기가 정원중·김병호, 같은 해 주간부로 입학한 동기가 홍원기와 이휘향이다.

–그럼 그 전까지는 정말로 연극을 본 적이 한 번도 없습니까. 다른 배우들은 어린 시절 연극과 만나고 황홀경에 빠져든 마법 같은 순간에 대해 다 얘기를 하셨습니다.

"재수를 마칠 때까지는 연극을 본 적도, 한 적도 없습니다. 영화도 단체관람으로 이소룡 영화 몇 편을 본 정도죠. 굳이 예를 들자면 고등학교 때 교회에서 성극(聖劇)을 한 적은 있습니다. 그것도 나중에 인원이 부족해서 급거 합류한 경우고, 대사도 '그분 오십니다' 딱 한 문장이었죠. 연출하던 선배가 '목소리가 좋다, 연극적이다'라고 칭찬해 준 건 기억이 납니다.

세광고에선 합창반 활동을 하며 4중창단 멤버이기도 했는데, 음악 선생님이 '넌 타고난 베이스다. 성악 한번 해 보지 않겠느냐'고 말씀하신 적은 있습니다. 제가 청주 촌놈이라, 음악은 왠지 여성들이 하는 것이라는 고정관념이 있어서 그냥 흘려들었지요."

한명구는 2011년 제21회 이해랑연극상을 수상했다. 시상식에서 수상자 배우 한명구씨가 조선일보 방상훈 사장으로부터 상패를 받고 있다.

정직한 연극

얼떨결에 진학한 대학이었지만, 서울예대의 수업은 한명구에게 신세계였다.

"지금도 그렇지만, 서울예대는 매 학기 공연을 하거든요. '실기와 결합된 공부'가 그렇게 신나고 즐거울 수가 없는 겁니다. 재수를 하면서 받았던 스트레스가 다 풀리고, 고통이 해소되는 느낌이었습니다. 입학 후에 탈춤반에 가입했는데, 제 몸이 다른 친구들보다 유연하다는 것을 발견했지요. 초등학교 때 육상과 핸드볼 선수를 했거든요. 1학기 때 〈리투아니아〉, 2학기 때 몰리에르 작 〈할 수 없이 의사가 되어〉를 공연하면서 마음이 바빠졌습니다."

양정현·유인형 두 교수가 한명구를 눈여겨봤다. 유치진(柳致眞) 선생의 딸인 유인형 교수는 한명구에 대해 “하나하나 성실하게 계산을 하고 점잖은 목소리로 안정된 연기력을 보여줬던 학생”으로 기억한다. 1984년 졸업작품인 유치진의 대표작 〈소〉를 연출하고 주인공 국서 역까지 맡아서 한 배우라서 잊을 수가 없다고 했다. 한명구에게 유인형 교수의 평가를 들려주자 다음과 같은 대답이 돌아왔다.

“제가 보기에도 재능이 출중한 친구들이 많았습니다. 예고 출신이나 고등학교 때 연극반 활동을 했던 친구들은 저보다 많이 앞서 있었어요. 잘하는 친구들의 연기가 멋있어 보이는데, 제가 바로 그 단계까지 점프하는 건 불가능하잖아요. 그래서 정직하게 연극을 하기로 마음을 먹었습니다. 작품을 더 열심히 분석하고, 연습장에도 가장 먼저 나가고, 발성(發聲)연습·신체훈련 남들보다 조금 더 하고…. 벽돌을 한장 한장 쌓듯이 차곡차곡 공부를 한 겁니다. 튀는 재능도 없고 출발도 늦었으니 모든 걸 성실하게 할 수밖에 달리 길이 없었습니다. 그것이 제 방식이었죠. 교수님들도 그런 점을 좋게 봐 주신 것 아닐까요?”

연극 〈아프리카〉가 준 충격

‘일단 군대를 다녀오고 나서 맘 편하게 제대로 연극을 해 보자’ 생각하고 해군에 지원했는데 ‘안경 쓰고 수영하는 해군 봤느냐’는 한마디에 뜻을 접었다. 전투경찰은 지원병이라 바로 입대가 가능하다는 말을 듣고 망설이지 않고 원서를 냈다. 서울 근무를 희망했는데, 제주도에 남제주 서귀포 전경대가 새로 창설되면서 제주도로 발령

1987년 서울연극제에서 신인연기상 수상 후 동기들과 (오른쪽에서 두 번째).

이 났다. 북제주군 전경대에서 해안초소를 경비하며 31개월을 지내는 동안 연극에 대한 그리움이 깊어졌다. '배우의 몸'을 만들어 제대하겠다는 생각으로 몸관리 열심히 하면서 생활했다.

1983년 12월에 제대를 하고 이듬해 복학을 했다. 제대 후에는 집에도 가지 않고, 거의 학교에서 살다시피 하며 연극에 빠져들었다. 방학 때도 탈춤반에서 하루 종일 춤추고 공연도 했다. 졸업작품을 제대로 해 보고 싶어서 미리 적역이다 싶은 배우들을 섭외해서 〈소〉를 공연했다. 한명구는 이 작품으로 서울예대 학생이라면 누구나가 선망하는 '예술의 빛' 상을 받았다.

-오태석과의 만남은 졸업 이후가 되겠군요.

"고등학교 때 제 목소리가 좋다고 칭찬했던 성극 연출가가 KBS 성우 김태웅 선배입니다. 집에다 '졸업 후엔 안정된 직장을 찾겠다'

고 약조를 했거든요. 방송국 성우 시험을 봤습니다. 최종까지 가서 낙방했는데, 잘됐다 싶었죠. 최선을 다하고 떨어진 거니까 집에다 드릴 말씀도 있고, '이제는 연극을 마음껏 해도 되겠구나'라는 안도감도 들고.

졸업 전에, 당시 목화 단원이었고 지금은 아동극을 하는 탈춤반 1기 송인현 선배가 동아리 방으로 찾아왔습니다. 1984년 12월에 공연한 극단 목화의 창단 공연 〈아프리카〉의 티켓을 팔았어요. 공연 보고 '와, 이런 연극이 다 있구나'라는 충격을 받았습니다. 비(非)사실주의 연극이 이렇게까지 내 상상력을 자극할 수 있다니! 졸업하고 반드시 극단 목화에 들어가겠다고 결심했습니다. 지금은 마임을 하는 유홍영 선배에게 연락하고 졸업식 직전에 홍원기와 둘이서 목화 연습실을 찾아갔습니다."

지금은 극작가이자 배우로 활동하는 홍원기는 입학 후 바로 군대를 다녀온 3수생 출신의 복학생으로, 당시 직책은 탈춤반 반장이었다. 목화의 연습실은 서초동 삼익상가 5층에 있었다.

MBC는 창사 30주년 기념 프로젝트로 두 가지 공연을 기획한다. 하나가 1930년대 소설을 뮤지컬로 꾸미는 것. 또 하나는 전통의 현대화. 전자(前者)는 오태석에게 의뢰해서 2년에 걸쳐 〈메밀꽃 필 무렵〉과 〈봄 봄〉으로 이어졌고, 후자(後者)의 결과물인 마당극은 주관 단체가 바뀌기는 했지만 30년 넘게 꾸준히 공연을 거듭하고 있다.

오태석이 이때의 연출료로 마련했던 공간이 지금은 재개발로 헐려 없어진 서초동 삼익상가 5층의 연습실이다. 한마디 덧붙이자면,

바로 아래층인 4층을 빌려 처음 포교를 시작했던 '도심 속 사찰'도 훗날 크게 번성한다. 능인선원이다.

한명구와 홍원기는 오태석에게 즉석에서 캐스팅된다.

"1985년 2월 〈아프리카〉 재공연 때 일인다역(一人多役)으로 출연한 것이 제 성인무대 데뷔입니다. 〈메밀 꽃 필 무렵〉에서는 나귀 뒷다리와 앙상블. 다리 하나에 사람이 들어가서 직접 생동감 있게 움직이는 것이 제 역할이었죠. 뒷다리니까 뒷발차기도 하고.

그해 9월에 대한민국 연극제 참가작인 〈필부의 꿈〉에서 오 선생님이 단독 신을 하나 주셨습니다. 몸 파는 여자 셋을 거느린 포주에 한량 역이었죠. 1986년 5월에 대학로 바탕골 소극장 개관작으로 〈춘풍의 처〉를 공연했는데, 나중에 TV사극 〈왕건(王建)〉에서 박술이 장군 역을 맡아 유명해진 김학철과 부자(父子)로 출연했습니다."

〈춘풍의 처〉

고전과 현대물, 몽환적 실험극을 넘나들면서 한명구는 오태석에게 다시 한 번 매료된다.

"〈춘풍의 처(妻)〉는 고전소설 〈이춘풍전(李春風傳)〉을 각색한 작품입니다. 제가 이해하기로는 '바람 피운 남편을 직접 잡으러 가는 여자이야기'입니다. 시대배경은 조선인데 이야기는 지극히 현대적인 거죠. 이 충돌을 '놀이'로 풀어 가는 모습이 놀라웠습니다. 풍류가 있고 해학이 있고, 배우들도 장면 장면이 바뀔 때마다 끊임없이 변신해야 합니다. 춤과 노래도 옛 가락과 현대적 색채를 섞어야 하고.

이 충돌을 왁자지껄하게 그러나 신명나면서도 무리없게 이끌어 가는 건 아무나 할 수 있는 일이 아니라고 생각했습니다. 오 선생님의 다른 모습을 본 거죠."

그해 9월 8일부터 12일까지 극단 목화는 대한민국 연극제에 〈태(胎)〉를 가지고 참가했다. 한명구의 배역은 사육신(死六臣)이었다. 9월 20일부터 10월 12일까지는 바탕골 소극장에서 〈춘풍의 처〉를 앙코르 공연했다. 공연이 끝나는 날 사단이 터졌다.

"종(終)파티 때 조상건(趙相虔) 선배가 상을 엎었죠. 빡빡한 일정이 이어졌으니 다들 신경이 날카로웠고, 가벼운 의견차이가 소동으로 번진 겁니다. 목화는 뜻을 같이하는 사람들이 모인, 일종의 생활공동체 같은 동인제(同人制) 극단이라 서로 계약으로 묶이거나 그런 관계가 아니거든요. '야, 이거 잘못하면 이대로 극단이 깨지겠다' 싶었습니다. 저랑 홍원기, 김학철 셋이서 김학철의 신혼 단칸방으로 몰려가 울분을 달래면서 밤을 새우다 새벽녘에 겨우 눈을 붙였습니다."

그들을 깨운 건 한 통의 전화다. 한 신문사에서 대한민국연극제 무대미술상을 받았다고 연락이 왔다.

"장난인 줄 알았죠. 선배들이 '야, 너 MBC 드라마에 주연으로 캐스팅됐다' '연극제 신인상 받았다는데?' 뭐 이런 식으로 평소에 농을 건넸거든요. '학철이 형, 이거 또 선배들 장난이야'라고 답했더니 '아냐, 진짜가 봐. 우리들 한자(漢字)이름 불러 달래. 진지해' 그러는 겁니다. 술이 확 깼습니다. 학철이 형이 가판대에 가서 스포츠 신문을 사 왔는데, 거기 기사가 나왔더라고요."

조상건은 남자연기상을 탔다. 극단의 위기가 다 해소되고 오히려 조직력이 단단해졌다. 세 청년은 각자의 '취업한 친구'들에게 부탁해 3일 연속 소주집에서 축하파티를 했다.

"오태석 선생님이 원래 미대(美大) 지망생이었습니다. 그림을 참 잘 그리세요. 무대 디자인도 직접 하시고. 저희 셋은 선생님 하라는 대로 염색도 하고, 세트도 꾸몄을 뿐이죠. 형식과 규정을 따라야 하니까 대한민국 연극제 참가신청서에 미술담당으로 이름을 올린 건데 그것이 수상(受賞)으로 이어질 줄은 몰랐습니다.

사실 그 무렵까지도 제 재능을 스스로 의심하고 있었습니다. 열정과 재능은 다른 것이잖습니까. 무엇보다도, 연극배우는 미래가 불투명한 직업이고. 그래서 3년 내에 주인공을 하지 못하면 연극을 사랑하되 직접 하지는 않는 생활인으로 살자고 생각하고 있었습니다."

〈자전거〉로 첫 주연 맡아

그런데 거짓말처럼 주인공 역할이 주어졌다. 1987년에 공연한 〈자전거〉다. 〈자전거〉는 한국연극사를 대표하는 명작 가운데 하나다. 자전거를 몰고 퇴근하던 길에 소에 받혀 쓰러져 보름 남짓 출근하지 못한 시골 공무원이, 결근계를 작성하기 위해 동료와 '그날 밤' 기억을 회상하는 가운데, 그의 의식의 흐름을 따라 6·25의 집단학살과 그날 밤에 일어났던 방화(放火)사건, 밀도살, 피해자 가족들의

한명구가 처음으로 주연을 맡은 〈자전거〉. 한명구는 이 작품에서 윤서기역을 맡았다.

위령비 건립, 제삿날이 같은 마을 곳곳의 풍경이 절묘하게 중첩되는 걸작이다.

“1983년에 김우옥(金雨玉) 연출이 초연이고, 작가 자신인 오태석 연출로는 그 공연이 처음이었죠. 주인공 배역은 맨 마지막에 발표했는데, 아무리 지나도 제 이름이 불리지 않더군요. ‘주인공은 밖에서 데려오시는구나’라고 생각하던 참에 ‘명구는 다른 역 할 것이 없어, 윤서기밖에’라고 오 선생님이 발표하시더군요. ‘다른 단원을 무마하려고 선생님께서 그렇게 에둘러 말씀하시는 거로구나’, 순간적으로 그런 생각을 하며 전율했습니다. 더구나 윤서기와 대화상대인 구서기를 하나로 묶은 큰 역을 받은 거니까요.”

–주인공을 맡으면 어떤 점이 달라집니까.

"두렵죠. 단역만 하다가 생애 처음으로 주인공을 하는 거니까요. 중간배역을 거치고 올라가는 과정이 생략된 것이라 연습장 갈 때부터 바짝 긴장하고 스트레스도 엄청나게 받았습니다."

〈자전거〉는 상당한 호평을 받았다. 그리고 그해에 한명구는 배우로서의 자신감을 획득하고 곧이어 잊지 못할 '생애 최고의 작품'을 만난다.

TOGA 연극제 참가

"스즈키 다다시가 인구 600명의, 폭설이 내리기로 유명한 일본 산골 마을에 연극촌(演劇村)을 만들고 1982년부터 동계·하계 연극제를 개최합니다. 이것이 세계적인 명성을 얻은 TOGA 연극제입니다. 공연만 세계 각국에서 초청하는 것이 아니라, 관객들도 여러 나라에서 몰려듭니다.

극단 목화는 87년 8월 7일부터 이틀간 〈춘풍의 처〉를 공연했습니다. 제 역할은 주인공 이춘풍 역이었고요. 저로서는 이때가 첫 해외방문입니다. 설레었죠. 무엇보다도, 세계 수준에 오른 여러 나라의 연극을 아주 가까이에서 밀착해 관찰하고 제작과정도 살펴볼 수 있는 기회였으니까요. 작은 마을에서 각국 배우와 연극인들이 다 함께 숙식하며 지내거든요. 밥도 기숙사에서처럼 같이 먹고, 서로서로 공연도 다 보러 다니고."

먼저, 외국 관객들이 극단 목화의 공연에 열광했다. 그래서 자신감을 얻었다. 다른 공연을 보면서, 우리의 연극과 연기가 세계 수준에 그다지 뒤처져 있지 않다는 확신이 생겼다.

"결국 연기는 인물의 심리를 묘사하고 마음을 드러내는 것이잖아요? 한국 배우들이 정서적 표현에 뛰어나고 무엇보다도 디테일에 강하다는 판단이 섰습니다."

TOGA 연극제 참가가 배우로서의 자신감을 키워 준 계기라면, 그 해 9월 29일부터 10월 7일까지 문예회관 소극장에서 초연한 〈부자유친(父子有親)〉은 한명구에게 '예술가의 확신'을 가져다준 작품이다.

사도세자에 빙의(憑依)

"일본 다녀와서 일주일 휴가를 받고 청주 집에 내려가 있었죠. 제 대학 입학 후에 부모님이 다시 이사를 했거든요. 2년 정도 묵은 여성지를 보는데, '비운의 사도세자, 야차(夜叉)는 영조(英祖)였다'라는 기사가 있더군요. 부제(副題)가 '400년 만에 발굴한 비사(秘史)-현장을 드나들던 사관(史官)의 기록'이었습니다. 사관의 후손들이 독에 묻어 놓았던 자료를 발굴했다는 내용이었죠. 단숨에 읽고 스크랩을 했습니다. 극단 연습을 재개하는데 오 선생님이 대한민국 연극제 참가작으로 〈부자유친〉을 내놓으신 겁니다. 영조와 사도세자 이야기였습니다. 우연도 이런 우연이 없는 거죠. 술술 읽혔어요. '사도세자(思悼世子)는 나다, 성격분석이고 뭐고 할 것도 없다'는 감이 왔습니다. 빙의(憑依)가 실재한다면 바로 이런 느낌이겠구나 싶었다니까요."

간절한 바람대로 사도세자 역이 그에게 주어졌다. 사도세자라는

〈부자유친〉에서 한명구는 사도세자 역을 맡아 광기 어린 열연을 했다.

인물을 이미 가슴속에 담고 있었기에 친숙하고 편안하게 연습을 했다. 연습기간 틈틈이 사도세자의 묘도 가 보고, 《한중록(閑中錄)》도 읽고, 잘하고 못하고를 떠나서 신나게 연기했다.

오늘의 한명구를 만든 〈부자유친〉

"운명처럼 다가온 작품입니다. 무대를 경사지게 꾸며 놓은 데다 80분 내내 춤추고 봉술(奉術)에 과격한 춤사위까지, 매일 상처를 달고 살았습니다. 그래도 아픈 줄 몰랐습니다. 황홀했죠. 사도세자가 저였고 제가 곧 사도세자였으니까요."

필자 역시 이 공연을 관람했다. 한이 많은 여인인 혜경궁 홍씨(정원중 역)는 얼굴을 백지로 가린 무표정으로 연기해 섬뜩한 느낌을 자아냈다. 영조(정진각)와 사도세자는 마치 '병원 폐기물 처리용 쓰레기통'처럼 생긴 뒤주를 사이에 놓고 정신병자처럼 광기 어린 몸싸움을 벌였다.

관객들은 이 파격에 잔뜩 긴장해서 아무런 반응도 보이지 못했고, '절반 쯤 질린 침묵'이 객석을 지배했을 뿐이다. 공연이 끝나고 배우들의 커튼콜도 없이 그대로 나가 버려서, 관객들은 한참을 기다리며 눈치를 보다 웅성웅성 퇴장했다.

"그것도 설정이었죠. 왕과 세자라는 사람들이 사각팬티만 입고 광기(狂氣) 어린 에너지를 토하는 동안 관객들, 특히 남성 관객들이 이 연극을 다들 자기들 얘기로 받아들이고 있다는 느낌이 드는 겁니다, 그것도 아주 생생하게. 부자지간이라는 것이 도대체 어떤 물건이기에 갈등이 저 지경까지 가나? 이런 질문을 관객들 스스로가 자기 자신에게 던졌던 것은 아닐까요? 체력소모가 극심했지만, 〈부자유친〉은 오늘날의 한명구를 만들었고, 저를 배우로 평생 살도록 해준 잊을 수 없는 작품입니다."

배우사관학교 극단 목화

한 평론가가 '〈부자유친〉에 왜색(倭色)이 보인다'고 평을 했다. 이른바 '왜색시비'다. 배우들은 분노했다. 직접 가서 따지자는 이야기도 나왔다. 연극제 대상 수상 소식이 전해지면서 항의계획은 유야무야됐다. 한명구는 신인연기상을 받았고, 평론가는 연말에 다른 지면을 빌려 '진의는 그런 것이 아니었다'며 유감을 표했다. 이 작품의 막내가, 군대 가기 전 휴학한 틈에 출연한, 지금은 영화배우로 널리 알려진 성지루다.

박영규, 정진각, 김학철, 김세동, 정원중, 김병옥, 손병호, 정은표, 김병춘, 성지루, 황정민, 박희순, 장영남 등 숱한 배우들이 극단 목화를 거쳐 갔다. 오태석이 주재하는 극단 목화는 그래서 배우사관학교로 불리기도 한다.

-극단 목화의 특징이라면 어떤 것이 있을까요.

"치열한 곳이죠. 치열함에서 오는 무서운 분위기가 있습니다. 13시부터 22시까지 매일 연습하면서도 풀어지지 않고 버티게 만드는 힘이 있습니다."

-아주 가까이서 지켜보신 경험에 기대서 말하자면, 극단 목화를 주재하는 오태석은 어떤 예술가입니까.

"연극에 미친 분이죠. 연극을 하지 않았더라면 무얼 하고 사셨을까 의문이 들 만큼 연극에 흠뻑 빠지신 분입니다. 바로 그 점이 그 분의 천재성을 배가(倍加)시키는 듯합니다. 어떻게 저런 상상을 하지? 기발하고 때로는 기괴한 상상은 그 자체로도 재미있는데, 나중에 그 상상을 형상화한 뒤에는 사소한 조각들이 다 보편성을 가진 설득력 있는 이야기가 되는 겁니다. 마법의 현장에 직접 참가하는 느낌이죠.

선생님이 먼저 새 작품 구상을 마치고, 배우들과 스토리에 대해 편하게 말을 나눕니다. 인물의 일관성이나 재미있는 요소에 대해 배우들이 의견을 내면 오 선생님이 그걸 구체적으로 작품에 녹여 넣습니다. 95%는 선생님이 만드시고, 나머지 5%를 배우들이 장식하는 정도?

오 선생님은 하나의 '단서'를 연극적으로 완성시키는 능력이 탁월한 분입니다. 생각을 하나하나 작품으로 빚어 내는데, 가끔 미완성 대본을 가지고 연습할 때가 있거든요. 내일은 무슨 이야기가 어떻게 펼쳐질까가 너무 궁금해서 잠이 안 올 때도 있을 정도였죠. 5층 연습실에서 지하 수퍼마켓까지 심부름을 다녀올 때는 그 사이에 무슨 재미있는 이야기가 나올까 봐 100m 달리기하듯 뛰어다녔어요. 하루에 스무 번도 넘게 왕복달리기를 한 적도 있습니다."

"오태석은 세계 최고의 배우훈련가"

-연극계 일각에서는 오태석의 연극은 실험정신이 충만해서 배우들이 소화하기가 쉽지 않을 것이라는 선입관이 있습니다.

"전혀. 인물을 정서적으로 이해하지 않고는 표현을 제대로 할 수 없다는 것이 배우의 숙명이죠. 표면이 실험이라도 내면적으로는 배우와 '인물' 사이에 '정서적 공감'이 있어야 합니다. 오 선생님은 인물과 상황의 정서를 배우들에게 전달하고 설명하는 데 천재적인 재능이 있습니다.

'극도의 슬픔과 극도의 기쁨이 엇갈리는 상황을 생각해 봐라, 6·25 때 죽은 아기를 등에 업고 남편 시신을 찾아다니던 반(半)미치광이 아낙이 있는데 시신을 찾고 나서 웃고 박수치고 난리가 난다, 그러고는 온전해 뵈는 목소리로 말한다, '나 이제 죽어도 돼. 저승

가서 남편 만나면 내 할 일 다 하고 왔어요, 라고 얘기할 수 있거든.'

이런 이야기를, 그것도 새로운 이야기를 매일 듣는다고 생각해 보십시오. 목화 배우들은 그렇게 인물의 심리와 심상과 상상을 에둘러 표현하는 훈련을 합니다. 여기에 연극적 놀이성을 가미하죠. 굳이 표현하지 않아도 되는 요소들을 무대로 끌어내는 겁니다. 그만큼 이야기와 연기술이 깊어진다고 믿습니다. 오태석 선생님은 세계 최고의 배우훈련가입니다."

-아무리 연극이 좋아도, 많은 배우가 생계의 벽 앞에서 좌절하고 뜻을 꺾습니다.

"저는 행운아죠. 서울 살던 고모님이 먹여 주고 재워 주고…. 한동안 그렇게 지냈는데, 나태해지는 것 같아서 독립을 했습니다. 목화 단원이던 고(故) 김명환 선배가 〈태(胎)〉라는 카페를 운영했는데, 거기서 먹고 자고 아르바이트를 하며 23일간 라면만 먹고 지낸 적도 있습니다.

구세주는 친구들이었죠. 청주 출신 친구들이 하숙을 했는데, 직장인이라 하숙집에서 밥 먹을 일이 드무니 비싼 돈 내고 하숙을 하는 의미가 없잖습니까. 제 자취방에서 친구가 10만원 내고 잠만 자고, 저는 그 돈으로 쌀 사고 반찬 사고 살림하면서 지냈죠. 자취방 동료 바꿔 가면서 그렇게 5년을 보냈습니다. 1988년 3월 국립단체이던 88서울예술단이 〈새 불〉이라는 뮤지컬을 공연할 때 객원출연료 60만원을 받은 것으로 또 오래 버텼고."

〈새 불〉은 오태석이 쓰고 연출한 작품이다. 전국 8도의 불을 모

신혼시절 처가에서. 왼쪽 끝이 아내 이미영 현 국민대 무용과 교수.

아다 합친다는 신화적(神話的) 상상력이 들어간 작품인데, 목화의 단원들이 많이 참여했다. 한명구는 여기서 평생의 반려자를 만났다.

"제 처(李美瑛·현 국민대 무용과 교수)가 용왕의 메신저인 제비소녀 역이었는데 발목을 다쳐서 제가 연습 때 대역(代役)을 했습니다. 자리잡고 동선 체크하고, 오 선생님이 대사 발성법도 가르치라고 해서 자연스레 따로 만났죠.

그때 88예술단 단원 중에 후배 남경주가 있었는데, 연습실 시설이 정말 좋았거든요. '30분만 일찍 나와서 한국무용 좀 가르쳐 달라'고 했더니 진짜 전문가가 따로 있다며 강사를 소개해 주는데 그게 또 제 처였습니다."

'대사 발성법'과 '춤'을 서로 가르치다 연애가 성립했다. 한명구는 첫 만남을 1988년 1월 3일, 결혼을 1992년 1월 5일이라고 '정확하게' 기억한다.

"제 처 이야기가, 제 눈빛이 뭐 하나 꼭 할 것 같았답니다. 처가의 반대가 없지 않았죠. 아내는 결혼적령기를 거의 흘려보내는 지공(遲攻)작전을 선택했습니다.

나중에 장인어른이 한번 만나자고 해서 지방공연 중이던 전주에서 처음 뵈었죠. '내 딸 사랑하나? 내 딸도 사랑한다고 했나? 딸에게 확인해 보겠네.' 딱 5분 걸렸습니다. 1주일 후에 전화 주셔서 상견례하고 바로 날 잡았습니다."

임영웅과의 만남

1990년 3월의 〈운상각〉도 잊을 수 없다. 여러 가지 의견이 엇갈려 고참 단원들이 거의 극단을 떠났다.

"목화에서 10년을 채우자는 것이 제 다짐이었습니다. 평론가 한상철 선생님이 '한명구가 대극장을 장악할 만큼 성장했다. 좋은 배우의 탄생을 축하한다'고 기명기사를 실어 주셔서 용기백배했습니다."

이 밖에도 여러 인사들과 연극계가 한명구를 인정해 주었다. 1991년에 공연한 〈백구야 껑충 나지 마라〉는 그에게 동아연극상을 안겨 주었다.

"신혼여행을 제주도로 갔죠. 군 동기들과 술 먹다가 수상 소식을 들었는데, 연극만으로 먹고살 수 있겠다는 용기를 얻었습니다. 처가에 체면도 서고. 2011년 이해랑연극상 수상 소식은 차 몰고 강의하러 가다가 들었는데, 사고 날 뻔했습니다."

1993년 초 연출가 임영웅이 한명구를 찾았다. 2인극 〈우리, 테오와 빈센트 반고흐〉의 출연제의였다.

"목화 후배들에게 길을 터 줘야 한다는 생각도 했고, 스스로에게 자극을 주고 싶었습니다. 연극을 하는 맥락과 환경을 확 바꾸면 다소 느슨해진 긴장의 끈을 다시 조일 수 있지 않을까. 오 선생님께 말씀드렸더니 흔쾌히 허락해 주셔서 바로 연습을 시작했습니다."

〈고도를 기다리며〉

한명구가 생각하는 임영웅의 대표 연출작은 〈고도를 기다리며〉다. 1994년 9월 처음 임영웅 연출의 〈고도를 기다리며〉에 출연한 이래, 한명구는 1996, 1997, 1999, 2000, 2001, 2002, 2003, 2005, 2006, 2008, 2009, 2010, 2011, 2012년의 프로덕션에 참가하며 한국과 일본과 아일랜드와 유럽의 관객을 만났다.

"18년간 저도 고도와 함께한 거죠. '노벨상을 수상한 난해한 작품'이라는 선입견이 있어서 부담감이 엄청났습니다. 처음엔 도무지 대본을 읽을 수가 없더군요. 이야기의 흐름이 있는 것도 아니고, 오지 않는 누군가를 정체불명의 두 남자가 마냥 기다린다는 설정도 납득하기 어렵고, 도무지 해석이 안 되더군요. 막상 몸으로 부딪쳐 보니 어렵지 않았습니다."

-'고도'는 누구입니까.

2005년 〈고도를 기다리며〉을 공연할 때의 모습. 오른쪽부터 연출가 임영웅, 한명구(블라디미르 역), 박용수(에스트라공 역).

"제 '바람'이죠. 몸이 안좋을 때는 건강, 궁핍할 때는 금전, 세월호 사고가 터졌을 때는 안전한 나라. 극 중에서 고도는 오지 않습니다만, 또 고도가 누군지도 분명하지 않습니다만, 고도가 삶의 동력을 만들어 주는 무언가라는 것은 분명하게 말씀드릴 수 있습니다. 오지 않지만, 고도가 오기를 바라는 바로 그 욕망을 드러내는 과정에서 노력을 하게 되니까요. 우리를 자꾸 무엇인가 하도록 만들고, 최선을 다하도록 이끄는 무언가가 바로 제가 생각하는 '고도'죠. 그래서 저는 〈고도를 기다리며〉를 공연할 때마다 인생을 필터링한다는 느낌을 받습니다. 제 존재를 돌아보게 만드는 삶의 씻김굿이죠. 이것이 고도가 저에게 주는 선물 아닐까요?"

"영화는 야유회 가는 느낌"

–임영웅 연출의 특징은 무엇입니까.

"굵고 섬세하다는 점이죠. 오태석 연출의 핵심이 배우들을 정서적으로 고양시켜 스스로 피어나게 하는 것이라면, 임영웅 연출의 핵심은 무대 위에서 벌어지는 정서의 변화를 연출가가 디테일하게 계산한다는 점입니다. 말하자면, 배우가 정서적 훈련을 거치지 않아도 관객들이 정서적 변화를 느낄 수 있도록 설계하는 겁니다.

오태석 선생님이 원초적 놀이성과 흥겨움, 예측 불가능한 돌발적 상황을 가지고 연극적 접근을 한다면, 임영웅 선생님은 끊임없이 작품의 문학적 깊이를 통찰하며 진지하고 무겁게 문학적 접근을 한다고 할까요."

–영화도 몇 편 했죠.

"노효종 감독의 〈인디언 썸머〉(2001)가 첫 작품이고, 임권택 감독님의 〈취화선(醉畵仙)〉(2003)에서는 장승업의 스승인 역관 이응헌, 〈미인도〉(2008)에선 정조 역을 맡았습니다.

영화가 재미있기는 한데, 제 개인적으로는 무대만큼 매력은 없었습니다. 관객들이 보지 않는 곳에서 작업을 하니 매일 야유회 가는 느낌이 들던데요. 연극은, 영화로 치자면 배우가 자신의 능력에 따라 풀 샷에서 클로즈업까지 다 조절할 수 있고, 관객을 끌고 가면서 직접 창작과 소통에 나설 수 있다는 대체 불가능한 매력이 있다고 생각합니다."

"조급해하지 마라"

한명구는 2003년부터 충북 음성의 극동대에서 연극과 교수로 재직 중이다. 용인대에 편입해 학사와 석사를, 성균관대에서 박사를 했다. 그렇다면, 이 변신은 소신인가? 그에게 있어서 교육이란 무엇일까가 궁금했다.

"연기를 잘할 수 있는 방법을 이론으로 정립해 보고 싶은 욕구가 있었습니다. 다른 분들의 방법론에 제 경험을 첨가해서, 일단 제 스스로가 납득할 수 있는 확실한 길을 찾고 싶었죠.

연기에도 유행(流行)이 있고 진화(進化)가 있습니다. 예술가는 현장에 있어야 한다는 제 개인적 소신과, 낡은 것이 아니라 최신 흐름을 학생들에게 가르치고 싶다는 욕구가 합쳐져서 매년 두세 작품씩은 꼭 공연에 참가하자고 스스로에게 약속했습니다.

잘 가르치는 비결은, 제 경우에는 현장을 떠나지 않는 것입니다. 인문학자들이 제자들의 지적인 성취에 흐뭇해하는 것처럼, 저도 제자들이 무언가 성장하는 모습을 보여줄 때 정말 기분이 좋습니다."

인터뷰를 마쳐야 하는 시간이 다가오고 있었다. 그래서 다른 배우들에게 던진 똑같은 질문을 그에게도 건냈다.

-좋은 배우란 어떤 존재입니까.

"인물의 심상(心象)을 잘 녹여서 표현하는 사람이죠."

-한명구에게 연기란 무엇입니까.

"삶입니다. 숨쉬기 같은."

-후배들에게 전하고 싶은 말이 있는지요.

"조급해하지 말라는 이야기를 하고 싶습니다. 똑똑한 자가 살아

남는 것이 아니라, 살아남는 자가 똑똑한 겁니다. 자기를 빨리 드러내고 싶은 것이 조급함의 본질인데, 그런 태도를 가지면 딴짓을 하고 연극을 포기할 가능성이 높아집니다. 살아남는다는 건 긴 시간을 견디는 것이고 그만큼 인물들을 탐구할 수 있다는 뜻입니다."

구도자(求道者) 같은 배우

한명구는 금년 4월에 〈과부들〉을 했고 6월 8일까지 심벌즈 연주자의 이야기인 〈챙!〉을 공연했다. 8월 17일에는 잉그마르 베르히만의 고전 〈가을 소나타〉에 출연한다. 9월에는 〈고도를 기다리며〉의 지방공연이 예정되어 있다.

꽉 짜인 그의 일정표가 구도자(求道者)의 일기처럼 보였다. 어떤 경우에도 흔들리지 않고 꾸준한 모습을 보여주는 류현진, 고등학교 때 비로소 축구를 시작해 국가대표 축구팀의 주전으로 10년 이상을 활약한 늦깎이 선수들의 대부(代父) 조광래, 《논어(論語)》에 나오는 자기수련의 정도(正道) '다잡기[約]'의 장점을 모두 아우른 연극적 표본이 어쩌면 한명구의 삶이 아닐까 하는 생각을 문득 했다. 이 이야기를 건네자 한명구는 손사례를 치며 여전히 안정된 저음(低音)으로 조용히 웃었다. (2014년 7월)

한명구 韓明求

- 1960년생. 서울예대 연극과·용인대 졸업, 성균관대 대학원 연극과(박사). 현 극동대 연극과 교수
- 수상: 대한민국 연극제 남자 신인상(1987), 제1회 김동훈 연극상(2000), 이해랑 연극상(2011)
- 연극: 〈아프리카〉, 〈메밀 꽃 필 무렵〉, 〈자전거〉, 〈춘풍의 처〉, 〈부자유친〉, 〈새 불〉, 〈운상각〉, 〈우리, 테오와 빈센트 반고흐〉, 〈고도를 기다리며〉, 〈메디슨 카운티의 다리〉, 〈나, 김수임〉, 〈흥가에 볕들어라〉, 〈만선〉,
- 영화: 〈인디언썸머〉, 〈미인도〉, 〈취화선〉

연극가족 이룬

전무송

- 1965년 유치진 作 〈마의태자〉로 데뷔, 1981년 영화 〈만다라〉로 이름 알려
- 작년과 금년에 〈세일즈맨의 죽음〉 번안한 연극 〈아버지〉 통해 현대의 아버지상 보여줘
- 아내, 가난했던 시절 연극 그만두겠다는 말을 듣자 "배우 전무송하고 결혼했지, 장사꾼 전무송하고 결혼 한 거 아니다"라며 오열
- "나에게 연극은 인격도야와 품성향상, 그러니까 평생 공부를 하는 도구"

"**내 연극**의
출발점은 **허영**"

대한민국 근현대사와 그 시절을 살아온 한국인들의 마음을 묵직하게 관통하는 단어가 있다. '아버지'다. 가부장적(家父長的) 권위주의, 전쟁 그리고 참전병사, 술주정과 폭력, 가족에 대한 무한책임, 과묵함, 쓸쓸한 어깨, 자식들에게 보내지만 받는 사람들이 잘 알아채기 어려운 의사표시, 어딘지 모르게 서툴고 모호한 애정표현, 연민, 사회적 체면, 웃거나 공공장소에서 감정을 절대로 드러내선 안 된다고 철저하게 교육받은 무표정한 사내들, 진정한 자아(自我)가 무엇인지 알지도 못하고 알려고도 하지 않고 알 방법도 없었던 불쌍한 남자, 앙상한 뒷모습, 앞만 보고 숨 가쁘게 달려온 인생….

그렇다. 이 땅의 '아버지'라는 이름은, 하나하나 뜯어보면 전혀 어울릴 수 없는 느낌들을 한 덩어리로 뭉뚱그려서 모두의 머릿속 가장 깊은 곳에 새겨 넣은 한국인의 심상(心象)이다. 심리학자 김정운 교수는 '아버지'와 '대한민국 대중문화'의 접점을 다음과 같이 명쾌하게 정리한다.

"독일이 '오이디푸스 콤플렉스', 일본이 '아자세 콤플렉스'라면, 우리는 어떨까?

'아버지를 아버지라고 부르지 못하는' '홍길동 콤플렉스'다. 도무지 부정할 만한 아버지조차 없다는 이야기다. 허약한 아버지는 나라를 빼앗기고 식민지로 전락했다. 독립도 남의 도움으로 겨우 가능했다. 그런데 곧바로 형제들끼리 서로 죽이며 싸웠다. 수십 년이 지난 오늘날도 여전히 서로 죽일 듯 째려보고 있다. 도무지 헷갈리는 것은, 한민족이라는데 도대체 서로의 부모가 누구인지 모른다는 사실이다. 우리는 '단군 할아버지'인데, 저쪽은 죽어라고 '어버이 수령님'만 외쳐댄다. 아주 환장한다.

상징적 친부(親父) 살해는 물론, '형제애'조차 꿈꿀 수 없다는 이야기다. 그래서 TV에 부모가 헷갈리는 '막장 드라마'가 끊이지 않는 거다. 막장 드라마는 분단이 남긴 정신분석학적 상처라는 게 내 생각이다. 전 세계에 유일한 이 어처구니없는 분단 현실이 어떠한 집단 심리학적 상처도 남기지 않을 것이라 믿는 것은 심리학자로서 너무 안이한 태도다."

〈세일즈맨의 죽음〉

반드시 존재해야 하는데, 내 마음속에선 존재 여부가 알쏭달쏭했던 사람. 분명히 우리 곁에 있었으되, 마냥 자랑스럽지만은 않았던 누구. 한국 사람들은 미안함, 부끄러움, 옛 시절의 추억, 편집된 기억 등을 조각조각 이어 붙여 '아버지의 이미지'를 만들고, 누군가가 무대에서, TV에서, 스크린 위에서 자기 머릿속의 이미지를 온몸으로 구현해 주기를 기대하고 갈망한다. 그래서 전무송(全茂松·72)이다. 전무송은 연극무대 위에서 피어난 '아버지의 형상'이므로.

1949년 미국 초연, 한국에서는 1983년 초연된 미국 극작가 아서 밀러의 고전 〈세일즈맨의 죽음〉은 배우 전무송이 가장 많이 출연했던 작품 중 하나다. 주인공 윌리 로만은 이미 60세가 넘은 세일즈맨이다. 한때 날리던 시절도 있었으나 지금은 교통비도 건지지 못할 정도로 판매실적이 부진하다. 그의 능력이 쇠잔한 것이 이유의 전부는 아니다. 시대가, 풍습이, 그리고 생활환경이 너무나 빠르게 바뀌어 버린 것이 원인이다. 적응은 누구에게나 쉽지 않은 과업이다. 어려서부터 배운 모든 기술과 관습이 쓸모없는 것이 되어 버렸기 때문이다.

하지만 현실은 냉혹하다. 윌리 로만에겐 아직도 납부해야 할 보험과 월부금이 남아 있다. 예컨대, 집, 의료보험, 그리고…. 활동을 멈추면, 돈 낼 길도 끊어진다. 그래서 일을 그만둘 수도 없다.

어느 날, '누적 판매실적'이라는 숫자앞에서 윌리 로만은 현실을 직시한다. 피할 수도 도망갈 길도 다 없는 막다른 길에서 그는 전직(轉職)을 희망한다. 윌리 로만에게 돌아온 대답은 '해고(解雇)'다. 아들에게 걸었던 꿈도 처참하게 무너진다. 그에게 남은 선택은? 가족이 자신의 사망보험금을 타게 하기 위해 자동차를 몰고 '사고사로 위장한 자살'을 감행하는 것.

전무송과 이순재의 〈아버지〉

2012년 5월, 원작을 한국적 상황에 맞게 번안한 작품 〈아버지〉에서도 전무송은 주인공을 맡았다. 이순재(李純才)와의 더블 캐스팅. 전 문화부 장관 김명곤이 연출한 이 작품은 '한국의 현 시대상을 아프도록 정밀하게 담고 있다'는 평을 받으며 매진(賣盡) 사태를 빚었다. 금년 들어서는 지난 2월 15일부터 6월 15일까지 부산·구리·여수 등 아홉 군데 도시를 돌며 앙코르 공연을 열기도 했다. 공연 내내 객석 곳곳에서 흐느낌이 들려온 건 전국 공통이다. 눈물이 흘러내릴까 봐, 공연 중간부터 천장을 바라보는 남성 관객이 다수 발견되는 점도 마찬가지다.

-많은 관객이 전무송을 통해 '아버지'를 느낀다고 합니다.

"영광이지. 하지만 부담스러워요. 내가 '한국의 아버지상을 구현

〈세일즈맨의 죽음〉을 번안한 연극 〈아버지〉.전무송과 이순재는 각기 다른 한국의 아버지상을 보여줬다.

한 배우가 되겠다'는 거창한 목표를 가지고 연극을 한 것이 아니니까. 다만, 〈세일즈맨의 죽음〉을 할 때 우리 아버지 생각을 많이 했던 건 사실이에요. 최근엔, 내 아이들, 젊은이들 생각을 하면서 무대에 섭니다. 대사를 하는데, 해 드리고 싶은 걸 다 못해 드렸고, 해주고 싶은 걸 다 못해 주었다는 저릿한 슬픔이 실시간으로 자꾸 올라와서 실제로 울컥하기도 해요."

필자 생각에 한국 문학사에서 '아버지'를 형상화한 작가로 세 사람을 꼽을 수 있다. 황순원(黃順元: 1915~2000)과 최인훈(崔仁勳·77), 그리고 이문열(李文烈·65). 급격한 근대화의 와중에서 황순원이 농경사회(農耕社會) 쪽에 방점(傍點)이 찍힌 아버지를 보여준다면 최인훈은 산업화(産業化) 쪽으로 살짝 중심이동을 한, 그러나 여전히 전통적 질서에서 완전히 벗어나지 못하는, 고향과 관습을 차마 밀어내지 못하는 아버지의 모습을 그린다. 이문열의 아버지는 사상과 이념이 부딪치는 정치공간에서 북(北)으로 가 버린 '부재(不在)하는 아버지'다.

황순원이 빚어 놓은 아버지상(像)의 모델은 김승호(金勝鎬·1918~1968)를 통해 최불암(崔佛岩·73)으로 이어지고, 최인훈의 아버지는 김진규(金振圭·1923~1998)를 거쳐 전무송으로 흐른다. 실제로, 전무송과 김진규 사이에는 개인적인 인연이 칡넝쿨처럼 얽혀 있다. 전무송의 얘기다.

대타(代打)에서 주연(主演)으로

"1965년 10월에 유치진 작(作) 〈마의태자〉 공연이 드라마센터에서 있었어요. 등장인물도 화려하고, 무대장치에도 상당한 제작비를 투입한 대작이었죠. 김보애·남미리·신구·민지환…. 그때 '마의태자'로 캐스팅된 분이 당대의 톱배우 김진규 선생이었어요. 나는 김진규 선생이 사정으로 공연하기 어려운 날 대타(代打)로 투입되는 언더스터디였습니다."

-기록에 보면 출연자 명단에 김진규의 이름은 보이지 않는데요.

"공연 며칠 전, 연출가 유치진 선생님이랑 김진규 선생님 두 분이 나를 부르셨어요. 거기서 김 선생이 '이 친구 하는 걸 보니까 썩 마음에 들어. 이 역할, 첫 공연부터 네가 다 해라' 그러시더라고요."

-그때 어떤 느낌을 받았습니까.

"두 가지 감정이 교차했습니다. 멍하고 황홀한 기분, 책임감, 두려움…. 또 하나는 좀 엉뚱한데…, 사실 난 보름 공연하는 동안 김진규 선생님이 거의 다 하시길 바랐죠. 한두 번 기회가 오면 전력을 다해 연기하자는 것이 내 목표였습니다. 당대의 최고 배우와 한번 비교될 기회를 갖는다는 사실 자체가 얼마나 황송하고 짜릿했는지, 다른 사람은 모를 겁니다. 내가 더 잘하겠다, 뛰어넘겠다, 그런 이야기가 아니고, 어느 점이 어떻게 달랐다, 어느 점은 모자랐고 어떤 점은 독특했다, 그런 말을 연출가와 평론가한테 들어보겠구나, 하는 기대…. 그런데, 그런 구상이 다 무너진 겁니다. 물론 좋은 쪽으로. 공연 끝나고 차범석(車凡錫) 선생이 '연극아카데미에서 좋은 배우들이 나올 듯하다'고 신문평을 썼습니다. 그래서 많은 용기를 얻었지요."

은인 김진규

서울예술대학이 '연극아카데미'였던 시절이다. 이 공연이 끝나고, 유치진은 김진규에게 이 유망한 '청년배우'의 앞길을 부탁한다. 충정로 김진규의 집으로 들어가라는 이야기였다. 당장 하루 한 끼 밥 먹는 일이 막연했던 전무송에게, 하루 세 끼와 잠자리가 생긴다는 건 기적 같은 일이었다.

"처음엔, 영화 일로 눈코 뜰 새가 없었던 김진규 선생에게 매니저와 비서를 겸하는 누군가가 필요하구나 생각했어요. 그것만 해도 감지덕지였지. 한데, 이미 그런 인력은 다 갖추고 계시더라고. 나보고는, 연기 연습에만 전념해라, 그 말씀이 다였습니다. 아무런 '의무'도 없었어요. 말 그대로, 식객(食客)이었던 거지. 약수동으로 이사 가실 때도 따라가고, 내가 군대 갈 때까지 그로부터 2년간 김진규 선생 댁에서 숙식을 해결했으니…. 은인도 그런 은인이 없어요. 김보애 여사랑 가족들과도 아직까지 연락하며 지냅니다."

젊은 시절 전무송을 거두어주었던 배우 김진규.

-연기 연습만 했습니까.

"언젠가, 김진규 선생이 〈전장(戰場)과 여교사〉(1966)라는 영화 촬영 현장에 따라나서라고 하셨습니다. 6·25 때 대한민국이 승전한 첫 전투와 여기에 결정적 역할을 한 어느 여교사의 실화를 극화한 영화였어요. 내 테스트 기회까지 마련해 주신 것입니다.

김진규, 엄앵란, 박암, 이경희 등이 출연한 영화인데…, 그날 현장에서 군복 입고 육군소위 역으로 바로 투입됐어요. 대사도 한두 마디 하고. 완성본에서도 내 출연 장면은 살아남았어요. 말하자면, 이 작품이 내 영화 데뷔작인 셈이죠."

이 작품 이후 이런저런 단역(端役) 출연 제의가 이어졌지만, 전무송은 '제대로 훈련을 하고 실력을 기르는 것이 먼저'라는 생각을 굳힌다. 그래서 병역의무를 마쳐야 본격적인 수련이 가능할 것 같아 군에 입대한다. 1967년이다. 병과는 보병이었는데, 가끔 연예병사 비슷한 일도 했다.

1968년 유치진 선생의 추천으로 지방 도시 순회연극에 캐스팅되어 연극을 했다. 이듬해에는 북한 고위층의 실태를 그린 이한구 작 〈이 거룩한 땅에〉에 출연했다. 제대 무렵엔 원주에서 강릉으로 옮겨 복무하고 있었는데, 김진규 선생이 제작한 방첩영화에 캐스팅되어 현역군인 신분으로 영화도 찍었다. 전부 '고뇌하는 지식인' 역할이었다.

-배우가 된 동기가 무엇입니까.

"내 연극의 출발점은 허영입니다. 남들에게 멋지게 보이고 싶다는 기대 말입니다. 말하자면 톱스타들의 화려하게 보이는 삶을 동경한 거지요."

인천중학교 야구부 시절의 전무송 (화살표).

누군가의 삶을 따라가다 보면, 우연처럼 보이는 몇 장면이 본인의 기질, 시대상과 절묘하게 맞물리며 창조적으로 폭발하는 경우가 있다. 우연을 가장한 필연. 전무송의 경우, 소방경찰이던 이모부 앞으로 수많은 영화 초대권이 답지했고, 어린 전무송은 인천 동방극장과 인영극장을 제 집처럼 드나든 것이 '필연'의 서막이다.

"내 생애 첫 영화는 존 웨인이 나오는 〈역마차〉입니다. 6·25 전쟁영화 〈순동이〉〈쿼바디스〉〈애수〉〈진홍의 도적〉 등이 아직도 생생합니다. 인천중 시절엔 야구를 했습니다. 포지션은 2루수였고, 1학년 때 3학년 선배로 투수를 보던 사람이 나중에 동산고에 진학, 1955년, 57년 제10회, 12회 청룡기 고교야구 우수투수상을 수상한 신인식(申仁植)입니다."

고등학교 진학 무렵 가세가 기운 탓에 전무송은 '졸업 즉시 취업'

을 목표로 인천공고에 진학했다. 한데, 거기서 밴드부에 가입하고 클라리넷을 불었다.

연극과 야구와 밴드부 사이엔 공통점이 있다. 모두 신체를 활용한 활동이라는 것. 그리고 남 앞에 자기 자신을 드러내고 싶은 욕구가 강렬한 사람들만이 잘할 수 있는 분야라는 것. 그렇다면, '배우가 되고 싶다'는 유년의 꿈은 아주 사라졌던 걸까?

연극 〈햄릿〉의 전율(戰慄)

"아니죠. 어쨌거나 한양대 연극영화과 1기로 지원했는데 덜컥 합격했습니다. 한데 집에 등록금이 있을 턱이 없었죠. 상심한 나는 쥐약을 삼켰어요. 인생에 아무런 희망이 없다고 생각한 거지. 다음날 새벽에 죽지 않고 깨어났습니다. 알고 보니 내가 먹은 게 쥐약이 아니었어요. 희한한 건, 그렇게 깨어나니 갑자기 기분이 좋아지더라고. '죽어도 죽지 말자' 다짐하고 좋은 자리에 추천을 받아 취

1977년 〈햄릿〉을 번안한 〈하멸태자〉에서 하멸태자역을 맡아 열연하는 전무송.

직을 했는데, 공구로 기계를 깎다가 불현듯 '이 길이 내 길이 아니다'라는 느낌이 왔어요, 일주일 만에."

낮에는 신문배달, 밤에는 서라벌예대에 진학한 친구들과 대폿집에 모여 연극 얘기를 했다. 아예 공연을 하나 해 보기로 작정하고 조심스레 가불(假拂)을 청했다. 거기서, 우연이 다시 손짓을 했다. 인천에 있는 서울신문 보급소 총무가 당시 그의 직업이다. 보급소장의 딸이 남산 드라마센터에서 안내원을 하고 있었던 건 우연이다. 소장은 '그런 일에 관심이 있었느냐'며 연극 초대권 두 장을 내밀었다.

"1962년 4월 13일 드라마센터 개관 공연으로 막을 올린 〈햄릿〉. 극장은 황홀한 공간이었어요. 연극은 황홀한 시간체험을 내게 허락했어요. '아, 이런 세계가 있었구나' 하는 감격이 밀려왔죠. 김동원(金東園·1916~2006) 선생이 햄릿이었고, 장민호(張民虎·1924~2012) 선생이 왕, 황정순(黃貞順·1925~2014) 선생이 왕비로 나왔어요. 연출은 유치진(柳致眞·1905~1974) 선생이었죠."

기록에 의하면, 이 공연은 한반도에서 막을 올린 첫 번째 〈햄릿〉이다.

유치진, "먼저 인간이 돼라"

"나는 뭔가에 홀린 것처럼, 바로 코앞에서 펼쳐지는 배우들의 연기를 넋놓고 지켜봤어요. 표 한 장을 아껴 놓았다가 다음 날에도 인천에서 남산까지 먼 길을 달려갔습니다. 두 번째 관극할 때 구입한 연극 프로그램이 또 내 운명을 바꿨습니다. 맨 뒷페이지에 실려 있던 드라마센터 부설 연극아카데미 학생모집 공고였죠. 망설일 것이 없었습니다. 선반에서 꿀단지를 내리다가 깨트리는 장면을 표현하라는 것이 입학 오디션 과제였습니다. 드라마센터 연극과에 입학했을 때가 1962년 4월 말이었는데, 신구·민지환·이호재·김기수·반효정이 동기들이었습니다."

평생의 스승 유치진 선생.

극작가이자 연출가였던 연극아카데미 원장 유치진은 전무송의 영원한 스승이다.

"연극은 여러 사람이 모여서 작업한다는 속성이 있습니다. 어떤 경우든, 자기 마음에 안 드는 일이 수시로 일어날 수밖에 없다는 뜻이죠. 젊은 시절, 나는 떼도 부리고, 어깃장도 놓고, 무대 위에서 행패 비슷한 짓도 마다하지 않던 배우였습니다. 그 당시엔, 그렇게 하는 것이 배우의 자존심을 살리는 방법이라고 생각했어요."

그럴 때마다 유치진 선생이 그를 호출했다. "배우로서 네 무기는 관객에게 연민을 느끼게 하는 힘"이라는 가르침과 "무대에서 배우가 말을 하는 데 10년 걸리고, 제대로 연기를 하려면 또 10년이 걸린다. 하지만 그보다 중요한 건 먼저 인간이 되는 것"이라는 가르침을 지금도 전무송은 잊지 못한다.

유치진 선생이 그의 예명을 지어 줄 뻔했다는 에피소드도 있다. 졸업 무렵 네 명의 남학생을 호출한 동랑(東朗·유치진의 호)은 '며칠 고민했는데, 전무송, 이호재 너희 둘은 본명을 그대로 쓰라'고 하고, 민지환에겐 '민우공(閔牛公)'이라는 예명을 건넸다. 민지환은 본명 '민승환'에서 한 글자만 바꾼 예명을 쓰기로 가족들과 상의해서 결정했다며 고사했다. 결국 유치진의 그날 작명(作名) 가운데 오래갈 구(久) 자를 집어넣은 '신구(申久)'가 가장 오래 살아남아 널리 쓰이고 있다.

가난한 배우의 아내

어려울 때마다 기적처럼 다가왔던 손길 중에 아직도 그가 잊지 못하는 일이 하나 더 있다. 때는 마지막 학기 등록금을 구하지 못하고 쉬고 있던 어느 날 오후.

"학교에서 졸업시험을 보라고 연락이 왔어요. 누가 등록금을 대신 내준 겁니다. 그 당시 드라마센터에서 미8군악단 오디션을 봤어요. 누군가 내 딱한 사정을 듣고 도움을 주신 거지요. 미8군에서 노래했던 경상도 여자 분이고, 김 아무개로 기억해요. 나중에 KBS 'TV는 사랑을 싣고'를 통해서도 알아보고, 혹시 몰라서 미국 공연 갔을 때 교포신문에 광고도 냈는데, 결국 못 찾았어요. 언제라도 정말 꼭 만나고픈 은인입니다."

전무송은 가족에겐 무능력한 가장이었다. 딸 현아가 태어났을 때 우윳값이 없어서 본가의 신세를 졌다. 아내는 먹고살기 위해 온갖 허드렛일을 마다하지 않았다. 옷감 짜는 공장에서 물건을 받아다

아내 이기순과의 약혼 기념사진.

머리에 이고 다니면서 팔았고, 남대문시장의 도매점에서 날품을 팔기도 했다.

“정말 연극을 그만두려고 한 적도 있었습니다. 나 혼자 살 때는 그나마 버텼는데 결혼은 현실 아닌가요. 8년 연애하고 결혼했습니다. 집사람은 내 여동생 친구입니다. 사실은, 내가 수입이 없으니 혼기가 다 지나도록 나를 무작정 기다려 준 겁니다.

결혼하면서 피아노를 하나 들여놓았는데, 어느 날 아침에 트럭이 와서 그 피아노를 싣고 가 버렸어요. 첫딸 현아를 낳고 얼마 안됐을 때죠. 어떻게 된 거냐고 했더니 ‘빚내서 먹다가 피아노를 팔아서 갚는 거다’라는 대답이 돌아왔어요.

사실 그 피아노는 사연이 많은 물건입니다. 아내가 처녀 시절 우리 단원들한테 밥도 사 주고 그랬는데, 처가에선 왜 월급이 비냐고 하고, 비는 것이 아니라 결혼 적금 붓는다고 둘러대고, 결혼 후에 '그 돈이 이거다'라고 증명할 필요가 있어서 무리를 해서 월부로 들여놓은 것이 바로 그 피아노였어요.

'그걸 팔아?'라며 갖고 있던 대본을 막 집어던지면서 '연극 그만둔다'고 소리를 질렀습니다. '야, 내가 장사라도 나서면 세 식구 못 먹고 살겠어?' 그런데 집사람이 엉엉 울면서 '배우 전무송하고 결혼했지, 장사꾼 전무송하고 결혼 한 거 아니다'라고 해서 무너졌어요."

셋방살이 면케 해 준 영화 〈만다라〉

빈곤을 벗어나게 해 준 것은 한 편의 영화였다. 본인 자신이 승려생활을 하기도 했던 김성동(金聖東·66)의 원작소설을 영화화한 〈만다라〉다. 1981년 단성사 단관 개봉으로 40만명을 동원, 20회 대종상에서 감독상, 남우조연상, 편집상, 조명상, 신인상을 수상했으며, 베를린 영화제 경쟁부문에 진출했던 기념비적 영화다. 임권택 감독 본인이 꼽는 자신의 대표작이다. 2008년 미국 CNN이 봉준호 감독의 영화 〈괴물〉과 함께 역대 최고의 아시아 영화 18편 가운데 하나로 선정한 명작이다.

"어느 날 전화가 걸려 왔어요. 영화를 할 생각이 있냐고. 배우에게 알리지도 않고, 임권택, 정일성, 조명감독 세 사람이 분장실로 찾아왔어요. '공연 잘 봤다'면서 함께 작업하자고 제안했어요. 그때 〈뜨거운 양철지붕 위의 고양이〉에 출연 중이었던 나는 '소설을 보고

전무송은 1981년 영화 〈만다라〉에서 지산 스님역을 맡으면서 널리 알려졌다

결정하겠다'고 답했습니다."

두어 번의 거절 후에, 처음 100만원을 부른 개런티가 300만원까지 올라갔다. 톱스타가 한 편에 300만~500만원을 받고, 국립극단 단원 월급이 10만원이던 시절이다. 집에 수표를 가져다줄 때 손이 떨리던, 빚 모두 갚고 셋방살이 청산하고 전세로 옮기게 해 준 고마운 인연이었다.

각종 영화자료는 〈만다라〉의 줄거리를 이렇게 표현한다.

〈출가한 지 6년이 넘는 법운(안성기)은 아직도 깨달음을 얻지 못하고 영주(방희)에 대한 미련과 번뇌로 방황을 계속하고 있다. 육체적인 고행을 계속하고 있던 그는 승적도 없이 떠돌아다니는 땡중 지산(전무송)을 만난다. 술취한 속세의 잡인 같지만 누구보다 세상과 불교에 대한 논리적 명쾌함을 지닌 지산에게 끌린 법운은 그를 따라 길을 떠난다. 잠깐 머물기로 했던 암자에서 마을로 내려간 지산이 돌아오지 않자 법운은 지산을 찾으러 길을 나선다. 그리고 눈 속에서 쓰러져 있는 지산을 발견한다. 불교와 인간고뇌의 심연으로 번민하다 평온한 모습으로 죽어 있는 지산. 법운은 하산하여 서울에서 어머니와 영주를 찾는다. 그는 지산이 잊지 못하던 옥순을 만나고 인연의 무상함을 깨닫는데….〉

'지산' 스님의 탄생

촬영 첫날, 전무송은 또 다른 인연의 손짓을 느낀다. 임권택 감독이 물었다.

"'영화 처음이냐'고 임 감독이 묻기에 '아니다. 〈전장의 여교사〉라는 작품이 있었다'고 했어요. 임 감독은 '그거, 내가 초년병 시절에 감독했던 작품인데'라고 하는 거예요. 우리는 구면이었던 겁니다."

전무송의 말이다.

"〈만다라〉는 스님들 얘기입니다. 그런데, 그 세계에 대해 뭘 알아야 연기를 하지요. 고민을 거듭하는데 지산의 실제 모델이 서울 어느 절에 계시니 한번 만나 보는 게 어떻겠느냐는 말을 들었어요. 약속을 정하고, 내일이면 만나기로 한 전날 밤 꿈에서 답을 얻었습니다."

-어떤 꿈이었나요.

"승복을 입은 승려가 낡은 바랑을 어깨에 메고 산을 올라가는 이미지였어요. 그건 내가 대본을 거듭 읽어 가며 그리던 지산의 모습이었죠. 그런데, 돌연 꿈속 인물의 복장이 바뀌더라고요. 평상복에 비닐가방을 한쪽 어깨에 걸친 모습으로. 꿈속에서도, 가방 속에 들어 있는 물건들이 무언지를 알겠더라고요. 오전 연습이 끝나면 지하 보일러실에서 연탄불에 끓여 먹을 점심용 라면 한 봉지, 트레이닝복 한 벌, 여섯 개비들이 담뱃갑…. 그 사내가 들어간 곳은 절이 아니고 드라마센터였습니다. 그건 바로 전무송, 바로 나 자신의 모습 그대로였습니다.

꿈에서 깼어요. '바로 이거다!' 지산은 깨달음을 얻기 위해 10년 만행(卍行)을 합니다. 그렇다면, 배우의 길은 만행의 길과 무엇이 다른가, 약속은 정중히 취소했습니다. 누군가를 모방하지 말고, 있는 그대로의 '나'를 보여주자고 마음먹었죠.

촬영을 하면서 가끔 임 감독이 지나는 듯 말했습니다. '이상하다. 다른 등장인물들은 잘 안 보이고 자꾸 지산이만 보인다.'"

지산이 전무송이고 전무송이 지산이었다. 자기 자신이면서 등장인물이기도 한 이미지를 전무송은 그날부터 누에가 실을 뽑아내듯 자연스레 표현하고 부드럽게 구축할 수 있었다. 그가 어떤 역할이든지 무리없이 소화하며 롱런하는 비결이다.

오태석과 이호재

전무송에게는 친구이자 스승 같은 존재도 있다. 극작가이자 연출가인 오태석(吳泰錫·73)과 이호재(李豪宰·72)이다. 그 둘과 어울리며 〈이식수술〉〈LUV〉〈고도를 기다리며〉〈물보라〉〈천 년의 수인(囚人)〉

〈용호상박〉 등 숱한 작품을 함께했다. 〈LUV〉(1971. 2.1~15, 3.27~4.6 드라마센터) 때는 세트의 아내들이 무대 위에 함께 올라 고사(告祀)를 지내기도 했다.

한국적 연출론을 완성한 것으로 평가받는 오태석과의 작업은 처음엔 당황스러웠고 나중엔 한없이 재미있는 경험이었다. 전무송의 말이다.

"오태석은 모든 각도에서 사물과 사건을 바라보는 사람입니다. 시공간을 초월해서 훨훨 날아다니는데, 그것이 무작정 달려가는 것이 아니고 전후좌우의 인과관계가 단단하게 매듭져서 굴러가는 겁니다. 그래서 오태석과 작업할 때면 나 스스로가 연(鳶)이 된 듯한 느낌을 받아요. 아주 자유롭게 하늘을 날고 있지만, 얼레와 실 하나로 단단하게 이어져 있는.

오태석과 나 사이의 공통점이 하나 더 있습니다. 난 본가가 황해도 해주(海州)고 외가가 충청도 서산(瑞山)이에요. 6·25 때 피란 가서 서산에서 한 2년 살기도 했지요. 그때의 정서적 경험이 내 배우생활의 밑천입니다. 그런데, 오태석도 본가 충남 서천(舒川)에서 두어 해 피란살이를 했다고 말하더라고요. 그 경험이 서로 통하는지도 모르죠.

내가 배우가 된 데는 외삼촌의 영향이 큽니다. 농사꾼이었던 외삼촌은 정말 탁월한 이야기꾼이었어요. 그 자체가 한 편의 일인극(一人劇)이던 공포괴담을 주로 했어요. 그 이야기의 박자와 맥락, 정조가 내 몸 어딘가에 남아 있는 것을 아직도 느낍니다."

-이호재는요.

1999년 극단 신협의 창작극 〈툇자 아저씨와 거목〉에서 연기하고 있는 연극계 황금 콤비 전무송(왼쪽)과 이호재.

"내가 다다를 수 없는, 한없이 유연하게 굽이치는 연기를 보여주는 친구죠. 그와 함께 무대에 서면, 나는 늘 말할 수 없는 자극을 받아요."

"소나무 같은 배우"

동년배 연극 평론가인 서연호(徐淵昊·72) 전 고려대 국문과 교수는 전무송과 이호재를 이렇게 비교한다.

"전무송은 존재감이 확실한 배우입니다. 관객들에게 특정한 느낌을 조금도 강요하지 않으면서도 뭔가 모르게 분명한 이미지를 허물지 않는, 그 선을 지키면서 그는 등장인물들을 창조합니다. 자기 쪽으로 모든 작중인물들을 끌어들여 새로운 모습을 빚어 내는 배우죠. 반면에, 이호재는 존재감을 무화(無化)해서 어디든 존재하는 독특한 연기자입니다. 지적인 성직자와 야비한 폭력배를 동시에 연기해도 둘 다 자연스러울 수 있는 배우요. 전무송이 소나무라면 이호재는 물(水)입니다."

연출가 임영웅(林英雄·77)도 소중한 인연이다. 오태석이 시공간을 초월해서, 모든 각도에서 사물과 사건을 바라보는 사람이라면 임영웅은 철두철미하고 정확하게 나갈 길을 탐색하는 지도제작자 같은 연출가다.

"임영웅이 배우들의 발걸음 하나, 심지어는 1, 2초 사이의 시선처리까지 통제한다며 '너무 배우를 옭아매는 것 아니냐'고 불편해하는 배우들이 있습니다. 그와 여러 작품을 함께 해 본 내 경험으로 말하자면, 늘 임영웅이 옳았어요. 등장인물들의 내면과 동기를 낱낱이 분석해서 '이 사람, 이런 상황에 놓인 이런 성격의 인물이라면 여기서는 이렇게 움직였겠구나'라고 판단을 하고 그 자료를 임영웅의 연출 플랜과 비교하곤 했습니다. 내가 내린 결론은 임영웅이 몇 달 전에 말한 내용을 벗어나지 않았습니다. 나는 탐험을 했는데, 신천지라고 생각했던 땅이 사실은 임영웅이 예전에 탐색을 끝내 놓고 구획정리까지 마쳐 놓은 지역이었다는 느낌?"

연극인 가족

전무송은 딸, 아들, 사위가 모두 연극을 한다. 장녀 현아는 극작과 연기, 아들 진우는 연기, 사위 김진만은 연출이 주특기다. 한 번도 아이들에게 연극을 하라고 강요한 적은 없다. 딸이 연극을 하겠

사위 김진만(왼쪽), 딸 현아(오른쪽)와 함께.

다고 결심을 밝혔을 때도 처음엔 반대했다. '아버지도 집안의 반대를 무릅쓰고 연극을 하지 않았느냐'는 딸의 공격에 무너졌다. 대신, '스타가 되고 싶어 연극을 하는 거라면 다시 생각해 보고, 정말 연극이 좋아서 하는 얘기라면, 하고 싶은 일이니 마음껏 하되 그 대신 '제대로 하라'고 기준선을 그었다. 아들은 '누나'의 전례(前例)를 무기로 아버지를 압박했다. 딸과 연극인 사위의 결혼을 허락한 것은 장문(長文)의 편지 공격에 져서였다.

-자녀들이 연극을 하게 된 것은, 조기교육의 영향 아니었나요.

"아이들이 어렸을 때, 아내는 장사하러 나가고, 아이들만 집에 둘 수 없으니 연습장엘 자주 데리고 간 것은 사실이지요. 하지만, 자기들의 적성과 성격에 맞았으니까 이 길로 들어선 것이라고 생각해요. 난 아이들에게 어떤 도움도 주지 않았어요. 연기를 가르쳐 달라고 했을 때도 매정하게 뿌리쳤죠. 자기만의 색깔을 가진 예술인이 되기를 바랐던 것이지요. 내 연기를, 습관을 아들 딸이 모방한다는 건 정말 상상하기 싫었으니까요."

그렇게 매정했던 아버지에게, 딸 아들 사위가 프로젝트 하나를 불쑥 들이밀었다. 2012년 11월, 예술의전당 자유소극장에서 공연한 '전무송 연극배우 데뷔 50주년 헌정공연' 〈보물〉. 딸이 희곡을 쓰고 사위가 연출, 아들은 아버지와 함께 무대에서 연기를 했다. 친구 오영수와 몇몇 후배가 힘을 보탰다. 그 공연에서도 전무송은 '아버지' 역을 맡았다. 한때 정점을 찍었으되 이제는 기억하는 이가 드물어진 노배우.

"나는 무대 위가 정말 편하다"

"난 환갑잔치, 생일잔치 안 챙기고 살았어요. 후배들이 칠순기념 공연을 하자고 했을 때도 손사레를 쳤지요. 나보다 선배도 많이 계시는데…. 〈보물〉은 내 얘기라서 공연을 승낙한 것이 아닙니다. 가족끼리, 일반 공연하듯 작품을 해 보는 것도 재미있겠다 싶어서 시작한 겁니다.

난 아이들에게 '배우' 전무송을 보여준 적이 없다고 생각해요. 그런데 현아가 가져온 대본에 내 평소 습관과 생각이 고스란히 담겨 있더라고요. 입 밖에 낸 적이 없는, '그때 이랬으면 참 좋았을 텐데…' 하는 속마음까지 들어가 있어서 깜짝 놀랐어요. 속절없이 들켜 버린 거니까."

-자, 이제 슬슬 인터뷰를 마무리할 시간이네요. 훌륭한 배우란 어떤 사람인가요? 자식들이 어떤 배우가 되기를 희망합니까.

"작가와 연출가의 의도를 100% 이상 끌어내 표현하는 것이 좋은 배우입니다."

-전무송 연극의 출발점은 허영이라고 말했죠. 지금은 어떤가요.

"나에게 연극은 인격도야와 품성향상, 그러니까 평생 공부를 하는 도구입니다. 연극배우란, 모든 인생을 맛보고, 섭렵해 보고, '실제로' 해 볼 수 있는 매력적인 직업이에요. 나이 먹으면 좋은 일이 하나 있습니다. 타인(他人)의 시선과 평가가 어떤지에 더 이상 민감하게 반응하지 않아도 된다는 사실이죠. 난 무대 위가 정말 편합니다."

6·25의 기억

-후학들에게 들려주고 싶은 말이 있다면요.

"인생은 혼자 살아가는 것이 아닙니다. 수많은 은인들로부터 고비마다 도움을 받고 여기까지 온 내 인생이 그 증거죠. 사람 일은 모르죠. 사실은, 이미 벌어진 일도 잘 모릅니다.

6·25 때, 9·28 수복 다음 날이었어요. 라디오를 듣고 은신해 있던 우익인사들이 다들 읍내로 나왔어요. 근데 좌익들은 어쩐 일인지 방송을 못 들은 겁니다. 우익들은 당연히 좌익들이 도망갈 걸로 예상했는데, 좌익들 입장에선 뜬금없는 일이 벌어진 거지요. 아직 좌익들이 물리력을 장악하고 있던 때라 그 사람들, 우익 인사 하나를 쌀뒤주에 가둬 넣고 톱으로 썰었어요. 안에서 비명소리가 들리

고 피가 번져 나오고…. 다행히 목숨은 건졌는데, 탈출한 우익들이 이웃 군(郡)에서 지프차에 지원병력을 태워 들이닥쳤어요. 그제서야 사태파악이 된 좌익들이 혼비백산 도망치고…. 그걸 다 내 눈으로 직접 목격했습니다. 그때 내 나이가 열한 살쯤 됐을 때예요.

어떤 일을 할 땐 국익(國益)을 먼저 생각해야 합니다. 우리 아래 세대에겐, 삶이 가정이 나라가 뿌리째 뽑혀 흔들리는 불행이 일어나지 않기를 바랍니다. '나'보다 내가 속한 '공동체'의 이익을 먼저 생각해야 해요. 애국(愛國)해야 합니다. 그러면 실수를 많이 줄일 수 있죠."

인터뷰 말미, 노배우의 입에 실려 전해지는 '국익'과 '애국'의 의미와 무게가 묵직하게 필자의 마음을 관통했다. 이건 바로, 우리네 '아버지'들의 육성이요 음성이며 생생한 당부가 아니겠는가.

인터뷰를 요청하는 문자를 넣었을 때, 전무송은 '그대 말씀 거역할 수 없지. 저녁 늦게 전화주시게'라며 답신을 보내 왔다. '끝나고 저녁도 함께 하시죠, 막걸리 한잔 모시겠습니다'라는 회답엔 '좋지 좋아!***'라는 답글이 들어왔다.

평생 자기가 좋아하는 일을 하며 가족의 생활을 책임지고, 딸 아들 사위까지 모두 연극에 입문해서 글자 그대로 '연극일가(演劇一家)'를 이룬 대배우의 건강함이 느껴지는 문자였다. 필자는 그래서 그 문자를 아직 보관 중이다. 전무송은 삶에 대한 긍정과 사회를 바라보는 따뜻한 에너지가 충만한 예술가였다. 전무송은 '아버지'였다.

(2013년 10월)

전무송 全茂松

- 1941년생. 1962년 남산 드라마센터 부설 연극아카데미(현 서울예술대) 1기생.
- 출연작 : 〈춘향전〉 〈하멸태자〉 〈세일즈맨의 죽음〉 〈고도를 기다리며〉 등 연극, 〈만다라〉 〈길소뜸〉 〈아부지〉 〈원효대사〉 등 영화.
- 수상 : 제1회 연극비평가상 연기상(1978), 백상예술대상 연기상(1986년), 이해랑 연극상(2005), 동아연극상 연기상(2006) 등.

연극계의 **영원한 파수꾼**

李豪宰

이호재

- “난 지금도 연극을 직업이라고 생각하지 않아”
- ‘이러다가 연극은 언제 하지?’ 생각에 드라마 그만둬
- “연극인은 가난할 수밖에 없어, 꼭 연극 하려면 결혼하지 마라”

"**진하게** 어울리기엔 **연극이 최고**"

연극 팬들은 전무송 하면 곧바로 이호재(李豪宰)를 떠올린다. 최주봉, 윤문식과 박인환이 같은 묶음으로 다가오는 것처럼. 전무송과 이호재의 이미지에는 근현대사의 격변기를 견뎌온 아버지들의 모습이 있다. 전무송에게 현실에 적응하려 애쓰지만 고뇌의 크기가 작지 않기 때문에 항상 구조적으로 갈등하고 부딪힐 수밖에 없는 '고뇌하는 지식인'의 이미지가 있다면, 이호재에게는 '적응하며 살아가는 아버지'의 이미지가 있다. 순응이 아니다. 적응이다. 농경사회로부터 디지털사회까지 엄청난 속도로 달려온 대한민국의 숨가쁜 변화에 능동적으로 대처하며 중심을 잃지 않는 것. 어떤 상황이 오더라도 무리 없이 주어진 역할을 다하면서도 본인의 개성이나 주의 주장을 가급적 드러내지 않는 것. 그래서 이호재는 물 같은 배우다. '최고의 선(上善)은 물 같은 것이다'라는 말도 있지 않은가.

-호적조사를 좀 하겠습니다. 어린 시절을 보낸 곳은 어디인지요?

"서울 토박이죠. 종묘(宗廟) 건너편, 종로3가에 계속 살았습니다.

저는 3남3녀 6남매의 맏이죠. 아버지는 염료, 안료 상회를 크게 하셨지요. 저희 집 1층 전부를 동사무소로 세를 줄 만큼 건물이 넓었습니다. 동사무소가 신축 건물을 짓고 이사를 간 뒤에는 여관 운영을 하기도 했을 정도니까. 지금은 큰 길가에 면해 있는데 제가 어렸을 때는 도로에서 한 줄 뒤편이었습니다. 6·25 때 이런저런 사연이 있어서 사업이 망했습니다."

6·25의 기억

-외가도 서울인가요?

"아니, 외가는 충북 음성입니다. 일제(日帝) 때 조부(祖父)께서 일본인을 폭행하고 피신을 했던 곳이 바로 거기죠. 덕분에 아버지가 어머니를 만나실 수 있었고. 그래서 지금도 선산이 음성에 있습니다."

6·25는 소년의 생활을 근본적으로 바꿔놓았다. 넉넉하던 살림이 단박에 기울어지고, 고객이며 손님이며 일하던 사람들이며 집 안팎을 오가던 사람들의 통행량이 부쩍 줄었다.

"6·25 때 '서울-청주-대전-서울-대구-부산'이 제 피란 경로입니다. 연출가 오태석은 경무대(景武臺)에서 이승만(李承晩) 대통령의 법무비서관을 하던 아버님이 전쟁 발발 사흘 만에 납북(拉北)돼 그 사건과 6·25 3년의 기억이 자신의 평생을 지배한다고 했는데, 동년배지만 저는 좀 달라요. 피란살이가 재미있었어요. 소풍 다니는 것 같기도 하고. 물론 비행기 폭격이 있는 날에는 엄청난 공포를 느끼기도 했지만…. 기본적으로 우리 식구 중에는 끌려가거나 상한 분이 안 계시거든. 내가 생활전선에 뛰어들지 않아도 호구지책(糊口之策)이 있었단 얘기죠. 그래서 기억의 깊이가 강렬하지 않아요.

다만 청주 인근에서 벌어진 일은 또렷하게 회상합니다. 국군이 이겼다고 마을 사람들이 승전(勝戰)잔치를 했는데 바로 그날 밤에 인민군이 들이닥쳤어요. 마을 사람들이 그런 잔치를 열었다고 누가 밀고를 했겠지. 잔치 주도했던 사람은…. 다음날은 국군이 진군해서 또 사달이 나고…. 그 시대는 그런 시대였습니다."

서울로 돌아와서는 종로국민학교에 다녔다. 입학했던 교동국민학교는 영국군이 주둔지로 사용 중이었다. 현재 현대그룹 빌딩이 자리한 계동의 휘문중, 휘문고는 걸어서 통학했다.

친구들과 어울리다 연극 입문

–보통 배우를 평생 직업으로 삼은 분들을 보면 연극·예술과 운명적으로 만나는 지점이 있습니다.

"소싯적 기억은 없습니다. 전 나이 들어서 연극과 만났어요. 그것도 이걸 꼭 해야겠다, 정말 하고 싶다는 강렬한 의지는 처음부터 없었고…. 지금 생각해 보면, 청년시절에 오태석·전무송을 만났을 때, 그때 작용했던 어떤 힘이 아직도 나로 하여금 연극을 하게 하는 어떤 동력이 아닐까 생각합니다."

의외의 대답이다. 1년 넘어 인터뷰를 진행하는 동안, 배우들은 '이 일을 하지 않으면 견딜 수가 없었기에' 연극에 생애를 걸었다고 했다. 예외가 없었다. 그런데 일가를 이룬 것으로 평가받는 배우가

〈세상을 편력하는 두 기사 이야기〉에서 전무송(오른쪽)과 함께. 전무송은 서울예대 시절부터의 평생 친구다.

'그다지 연극을 하고 싶은 생각이 없었다'라니?

"두 사람을 만난 건 연극학교(현 서울예술대) 시절입니다. 그런데 전 연극학교를 열심히 다니지 않았어요. 흥미가 없었거든. 졸업 성적이 23명 중에 22등이었나? 62년도에 입학을 했는데 학교는 잘 안 나갔고 명동에서 친구들이랑 거의 매일 만나서 술 마시고 놀았습니다. 사람과 어울리는 것이 좋았어요."

-기록에 보면 1963년에 존 스타인벡 원작 〈생쥐와 인간〉으로 데뷔했는데….

"그 공연이 연극학교와는 관계가 없는 겁니다. 학교 안 다니고 술 마시러 다녔다고 그랬잖아요? 음향(音響) 하던 김벌래가 관여하던 극단이 있었는데 그 팀하고 어울리다가 친해지고, 한 번 해보자고 권유를 하기에 그러자고 했어요. 연극이 목적이 아니라, 연극을 해야만 사람들이랑 어울리고 술 마시고 놀 수 있으니까.

제 역할은 팔푼이 거한(巨漢) 레니였습니다. 지금은 말랐지만 그때는 제 체구가 듬직했거든요. 그러니까 '네가 그 역할을 꼭 해야 된다'고 자꾸 얘기하는 겁니다. 이주 노동자인데 나중에 음탕한 주인집 여자랑 관계하다가 황홀경에서 그 여자를 목 졸라 죽이는 역할. 그 당시만 해도 몸집이 큰 배우가 거의 없었어요. 공연을 하고 나니까 연기 잘했다고, 평이 좋았어요. 술 마시면서 연극 이야기하는 것도 재미있고, 연극 자체도 재미있고. 그래서 그 극단과 작업을 몇 차례 더 했습니다."

전무송·오태석과의 만남

연극학교는 가까스로 졸업했다. 출석을 거의 하지 않았으니 시험을 봐도 결과는 뻔했다. 그래서 늘 추가시험을 봤다.

"제 날짜에 시험을 본 적이 없죠. 유치진 선생님의 동생인 유치담 선생님이 당시에 교무과장이었거든. 시험 때마다 소주 한 병 사들고 따로 찾아갑니다. '너 시험 왜 안 봤노?' 그러시고 도서관에 가서 나 혼자 시험 보도록 배려해 주셨죠. 내가 답안지 메꾸는 동안 당신은 술 한잔하시고. '선생님 이거 무슨 말이죠?'라고 물으면 모르는 척하면서 답 알려주시고…. 그렇게 내가 간신히 졸업한 사람이라니까. 23명이 졸업했나? 그중에 22등이 저예요."

23등 졸업자는 현재 상업에 종사한다. 연극학교 1기 동기로는 신구, 전무송, 민지환, 반효정(졸업은 하지 않았다), 극작가 윤대성 등이

연극 〈그대를 속일지라도〉. 전무송 등과 함께 고교 학생을 연기했다.

있다. 배우들은 연기과였고, 연세대를 졸업하고 은행에 다니던 윤대성은 연구과였다. 연구과는 대학 졸업자들이 다니던, 일종의 대학원이다.

-그럼 평생의 인연이 된 오태석, 전무송 선생님과 만나게 된 계기는 어떤 건지요?

"전무송은 나하고 동기고 오태석과는 1971년부터 함께 작업했습니다. 연극학교장이던 유치진 선생님께서 '재주 있는 작가가 있는데 같이하자'고 그러셨어요. 그런데 난 오태석을 전부터 알고 있었거든. 1968년에 국립극장 장막극 공모 당선작 〈환절기〉부터 쭉 지켜보고 있었어요. 능력이 있는 작가라는 건 난 이미 알고 있었던거죠. 뭔가가 있더라고. 오태석은 명동에서 활약하고 있었는데 그 오태석을 남산으로 불러들인다니까 저는 좋았죠.

문제는 당시 연극계 풍토가 극작가들에게 불리했다는 겁니다. 그때는 번역극이 대세이자 주류였으니까. 창작공연이라는 것이 거의 없었어요. 한 해에 한 작품 발표하고 공연하면 다작(多作)이라고 그랬으니까. 그래서 유치진 선생이 오태석에게 극단 기획 일도 맡기고 연출도 시켰습니다. 오태석, 전무송, 이호재가 공동생활을 시작한 거죠."

-세 분이 어떤 면에서 의기투합을 한 겁니까? 동년배라서? 성격이 맞아서?

"내가 일할 수 있는 기본을 만들어 줬으니까요. 배우라는 건 작품 정해지고 자기가 할 역할이 있을 때 힘을 받습니다. 이호재가 들어갈 자리를 이 두 사람이 만들어준 거죠. 성격만 보면 우리 셋은 다 제각각입니다. 제각각이지만 누군가 한 가지 의견을 내놓으면 한데 뭉치지요. 뭉친 듯 보이지만 의견 차이로 갈라지는 집단이 있고, 그 반대의 경우도 있잖아요? 우리는 각자 주장을 하다가도 한곳으로 아이디어를 모아가는 식으로 작업을 했습니다. 의견을 합해가는 과정이 좋은 연극을 만들어가는 토대일지도 모릅니다."

유덕형

오태석, 전무송, 이호재 세 친구는 남산 드라마센터에서 〈잉여부부〉(1971), 〈쇠뚝이놀이〉〈로미오와 줄리엣〉(1972), 〈초분〉(1973), 〈태〉(1974) 등을 함께했다.

"세 사람이 그렇게 만나 운명이 시작되었지만 그 운명이 탄력을 받고 힘을 얻은 건 제4의 인물이 있었기 때문입니다. 유치진 선생님의 아들인 유덕형 선생님이죠. 그분이 우리를 뒤에서 또 강력하게 밀어줬어요. 연출가 유덕형이 미국에서 공부 마치고 돌아와서 본격적으로 작업한 연극이 몇 편 있습니다.

그중에 가장 애착을 가지고 연출한 작품이 내 생각으로는 헤럴드 핀터 작 〈생일파티〉가 아닐까 합니다. 그 작품의 기획이 오태석이고 전무송과 저는 출연을 했죠. 그 작업 이후로 유덕형은 우리 셋의 스폰서가 되었습니다. 경제적인 지원도 했고, 어떤 작업을 하든 우리가 예술가로서의 소신을 끝까지 밀고 갈 수 있도록 튼튼한 울타리 역할도 해줬고. 그 당시엔 어떤 작품을 해도 신이 났어요. 뜻이 맞는 사람들끼리 작업할 수 있고 체력도 받쳐줄 때고. 머리뿐 아니라 육체도 함께 뛸 수 있으니 활력이 있었지요."

-오태석, 전무송, 이호재 세 사람이 부부동반으로 개막 전날 함께 고사를 지냈다는 기록도 보입니다. 〈LUV〉라는 작품을 할 때죠?

"여자 셋이서 함께 기도했지. 지금도 친해요. 가족끼리도 왕래하고."

-유덕형 선생은 나중에 서울예술대학 총장도 했지만, 대학 행정가로 일하면서 연출가로서의 경력이 끊어졌습니다.

"계속 연출을 했으면 좋았을 텐데 학교 때문에…. 요즘도 가끔 만나면 연출 좀 해보라고 내가 권하기는 하는데 본인은 '이젠 어렵지 않겠느냐, 연출하는 사람 도와주는 건 모르겠지만…'이라고 답해요.

유덕형의 전공은 조명입니다. 우리나라에서 '빛과 광선'을 본격적으로 인식한 건 유덕형 이후입니다. 초기 연출 작품의 수준은 당대

아시아의 수준을 뛰어넘는 부분이 분명히 있었습니다."

"유덕형은 완전히 다른 각도에서 의문 제기"

서울예술대학에서 오랫동안 창작론을 강의했던 최인훈의 회상록 장편소설 《화두(話頭)》에도 최인훈과 유덕형 사이에 위와 비슷한 대화가 오간 대목이 있다.

"어느 작품에 어떤 인물이 나온다고 합시다. 우리는 작품 안에서 그 인물을 해석하고 움직이잖아요. 그런데 유덕형은 완전히 다른 각도에서 의문을 제기합니다. 예를 들어 〈생일파티〉를 연출한다, 제 배역이 골드버그고 제 후배가 맥켄 역이었거든요. 유덕형은 골드버그와 맥켄이라는 인물이 아니라 그 뒤의 상징을 보라고 합니다. 골드 메커니즘, 즉 돈이 작동하는 원리가 두 사람의 행동의 근간일 수도 있다는 식이죠. 해석을 달리하니까 작품이 달라지는 겁니다. 오태석 작 〈초분〉도 유덕형 연출이었죠. 이 작품의 시초는 민속학자 심우성 선생이 들려준 풍장(風葬) 이야기입니다. '섬에 땅이 얼마 없으니까 시신을 묻에 모시지 못하고 볏짚을 쌓아 함께 태워 바람에 날려 보낸다.' 그런데 유덕형은 오태석의 원작에 시각적 이미지를 더해서 그물 가져다가 무대 전체를 덮어버렸어요. 스토리뿐 아니라 무대장치, 소도구, 조명 등이 다 자기 역할을 하도록 만든 거죠. 연출가가 배우들의 생각을 뛰어넘어 큰 것을 보면 작품이 아주 풍요로워집니다."

따지고 보면 놓치고 가는 요소가 얼마나 많은가? 〈춘향전〉만 해도 등장인물의 이름을 곱씹어 새겨야 하는 것은 아닌가? 변학도(卞學徒)의 '학도'는 글자 그대로 '글을 배우는 무리'라는 뜻이다. 어쩌면, 이러한 작명에는 '글공부하는 것들은 모두 나쁜 놈'이라는 당대 백성들의 정서가 반영된 것은 아니었을까? 그렇다면 이몽룡(李夢龍)은? '용은 용이되 꿈 속에서나 볼 수 있는 용'쯤 되겠다.

–연극사에서 조금 잊힌 작품처럼 되어 버렸는데 1976년에 삼일로창고극장에서 이호재, 전무송, 조상건, 이윤선, 김형중이 공연했던 〈고도를 기다리며〉 이야기를 하는 올드팬이 많습니다.

"오태석 연출의 출발점이 '등장인물들을 서구의 들판에서 방랑하는 사람들의 이야기'가 아니라 여기, 한국이라는 시공간에 어울리는 이야기로 풀어보자는 것이었습니다. 본인의 할머니가 평생 6·25 때 납북된 아들을 기다렸다는 겁니다. 문밖에 나가 기다리고 정화수 떠다 놓고 기다리고, 혼잣말하시고, 밥 한 공기 아랫목에 퍼 놓고 기다리고…. 평생을 기약없이 기다린 거죠.

이처럼 '기다림'은 우리 민족의 한(恨)과 통하는 정서라고 오태석은 생각했습니다. 우리도 금방 납득을 했고요. 그렇다면 청계천 다리 밑에서 오지 않을 미래를 기다리는 비렁뱅이들의 이야기와 그 이미지를 무대로 옮겨보자고 합의를 한 겁니다. 2막은 그래서 거의 누워서 했어요. 누워 있다는 건 기운이 쇠서 그런 것이기도 하고 무력감(無力感)의 표상이기도 하고, 누워 있다가 일어나면 그 자체가 뭔가 '희망'을 느꼈다는 상징도 되고….

지금 '잊힌 고도'라고 했는데 고인(故人)이 된 이원경 선생님(당시 삼일로창고극장장)은 가장 고도다운 고도라고 극찬을 하셨어요. 국내외에 잘 알려진 임영웅 선생의 〈고도를 기다리며〉하고는 또 다른 〈고도를 기다리며〉죠. 꼭 한 번 다시 하고 싶은 작품 가운데 하나입니다."

1인극 〈약장사〉

아무리 길어야 한 작품의 공연기간이 2주를 넘지 않던 시절, 이호재는 오태석과 한 달 열흘을 공연을 한 적이 있다. 1978년 1월 공간사랑에서 공연한 1인극 〈약장사〉다.

"초연은 76년 5월이었죠. 78년 공연은 사연이 있어요. 그때만 해도 극장 냉난방이 안 되던 시절입니다. 명동예술극장에선 톱밥으로 피우는 난로를 객석에 설치하기도 했어요. 하는 사람이나 보는 사람이나 여름엔 덥고 겨울엔 추워서 공연을 못 했습니다. 그러니까 봄가을 시즌에 몰아서 공연을 하고, 단체는 많은데 극장은 몇 군데 안 되니 어느 작품이건 공연기간을 늘릴 수가 없는 거죠. 그래서 1월 새해가 시작되는데 연극 하는 사람들이 아무것도 못 하는 겁니다. 그래서 공간사랑은 극장이 작으니 좀 견딜 만하지 않겠느냐, 언제까지 우리가 시즌제로 공연을 해야 하느냐, 이걸 개선해 보자 라고 달려들었지요."

-1인극은 정말 그렇게 외로운가요? 다른 연기자들의 도움 없이 혼자서만 무대를 끌고 간다는 건 어떤 느낌입니까?

"초연 장소는 이병복 선생님이 운영하던 카페 떼아뜨르였죠. 매일 레퍼토리를 달리했는데 〈약장사〉는 목요스페셜이었습니다. 고

수(鼓手)는 오태석이었어요. 공간사랑으로 가면서는 안영순씨를 고수로 초빙했지요. 1인극은, 숨을 곳이 없습니다. 아무리 단역이라도 〈오셀로〉의 병사 5 부모는 자기 아들만 보잖아요. 관객이 '볼 곳'을 선택하며 관극하죠. 하지만 1인극은 모든 관객의 시선을 그대로 다 받아야 합니다. 반면에, 혼자서 연극의 흐름을 자유롭게 조절하면서 항해할 수 있지요. 1인극을 끌고 가려면, 중압감을 의식하지 않아야 합니다."

1978년 공간사랑에서 공연했던 연극 〈약장사〉의 포스터.

〈약장사〉를 전후해서 오태석이 자체 극단을 꾸리고, 이호재와의 인연은 자연스레 엮어진다.

'연극적 숨바꼭질'

전무송, 이호재, 오태석이 다시 만난 건 김구의 암살범 안두희가 등장하는 〈천 년의 수인(囚人)〉(1998)이라는 작품에서다. 호환(虎患)을 없애는 굿을 연극으로 만든 〈용호상박〉(2005), 안평대군의 이야기 〈영영사랑〉(2008)에서도 옛정을 불살랐다. 그에게 오태석은 어떤 연출가일까?

"전 자기 주관이 뚜렷했던 젊은 시절의 오태석이 그립습니다. 요

김구 암살범 안두희가 등장하는 연극 〈천 년의 수인〉(1998).

즘은 관객들에게 친절하게(?) 다가가는 것 아닌가요? 자기 주관을 드러내면 소수의 마니아에게 평생의 중독성을 남기는 것이고 친절하게 다가가면 농도는 살짝 흐려지지만 더 많은 사람과 만날 수 있고. 결국은 선택의 문제입니다.

요즘 오태석 작품의 공연 길이가 한 시간 십오 분 내외잖아요? 하고 싶은 이야기를 군더더기 없이 딱 정리해서 가는 거지. 어지간한 자신감 없이는 그렇게 못 합니다. 연출가가 불안하면 자꾸 설명을 하게 되고 설명이 길어지면 지루하고, 그렇다고 설명 없이 가자니 관객이 흐름을 이어가지 못하고…. 오태석은 이 단계를 다 뛰어넘었어요. 득도(得道)를 한 겁니다. 다만 내 개인적인 취향에 근거해서 말하자면, 민족혼이랄지 피(血)랄지, 오태석의 뚜렷한 주관이 조금 더 보였으면 좋겠다는 겁니다."

–그런 요소를 드러내는 게 연극의 기능이라고 보는 겁니까?

"아니 아니죠. 가르치려 달려드는 연극을 요새 누가 봅니까? 오태석은 드러내지 않아요. 그것이 매력입니다. 보여주지 않는데 보이는 것. 전 오태석과 연극적 숨바꼭질을 더 하고 싶습니다. 오태석의 변화가 다음 단계에서는 어떤 모습을 보일지도 궁금합니다. 사람이 변해야지 어떻게 똑같겠어요? 내가 젊은 시절의 오태석이 그립다고 말했지만 한편으로는 20대의 오태석과 70대의 오태석이 보여주는 변화의 과정이 우리 연극의 거대한 성취라고 나는 생각합니다."

오태석은 서른아홉 무렵 일 년간 방황하다 '연극은 내 길이다'라는 확신을 얻었다고 했다. 전무송의 경우도 영화 〈만다라〉 이후 연기 이외의 다른 일에 곁을 내주지 않았다고 했다. 그렇다면 이호재는 어땠을까?

-〈약장사〉를 공연할 무렵부터는 연극이 천직이라는 생각을 했습니까?

"난 지금도 연극을 직업이라고 생각하지 않습니다. 물론 마음으로는 이 일이 내 길이다 생각을 하지요. 하지만 직업이라는 것은 그 일을 행함으로써 어느 정도 생활이 되어야 하는 것 아닙니까. 연극은 생활이 안 돼요. 그래서 지금도 연극을 직업이라고 생각하지 않습니다. 더군다나 천직(天職)이라고 하기엔…. 내가 벌받을 겁니다."

최인훈의 소설에도 역시 비슷한 이야기가 나온다. '소설가로서 내가 벌어들인 수입이란, 수입이라는 말의 명예를 생각한다면, 수입이라고 불러서는 안 되는 것이었다'는 구절이다.

"경제적 문제 해결 못 했다"

-그래도 방송이나 영화를 통해서 생계는 해결하신 것 아닙니까? 10여 년 전에 〈사랑과 전쟁〉에서 존재감을 보이기도 했고….

"방송에서는 저를 잘 안 씁니다. 〈사랑과 전쟁〉도 김흥기씨가 병석에 눕는 바람에 대역으로 출연했던 것이고. 제가 연극 때문에 바빠요. 방송국 입장에서는 언제든지 빠져나갈 사람인 거죠. 20여 년 전에 드라마를 찍는데, 수입이 엄청났어요. 그때는 출연료를 바우처로 줬는데, 매일 바우처를 현금으로 바꿔도 주머니엔 돈과 바우처가 그득한 겁니다. 그렇게 좋을 수가 없었어요.

그런데 어느 날 '아니 이러다가 연극은 언제 하지'라는 생각이 드는 겁니다. 드라마 출연을 단칼에 잘랐어요. 나이 먹은 사람 가운데 누군가는 무대를 지켜야 한다는 생각도 들고…, 난 체질상 연극쟁이들의 수공업적인 제작 방식이 성격에 맞거든요. 사람들이랑 진하게 어울리기에는 아무래도 연극이 최고니까요."

-그것이 바로 연극과 연기에 대한 애정이 아닐까 합니다.

"나 자신에 대한 애정이지요. 그 뒤로는 방송에서 연락을 거의 하지 않습니다. 스케줄을 펑크 낼지도 모르는 배우니까요.

직장생활을 한 적도 있어요. 1975년부터 국립극단에 전무송이랑 입단해서 5년을 생활했죠. 생활이 안정되니까 그렇게 좋을 수가 없는데 한편으로는 내가 먹고살기 위해 연극을 하는 것이 올바른 선택인지 자문(自問)하게 되더군요. '한순간에 월급쟁이가 되고 만 것은 아니냐' 스스로에게 자꾸 물었습니다. 연출하시던 분들이 '너희 둘이 입단해서 국립극단의 이미지가 많이 바뀌었다'고 칭찬을 해주셨

평론가들이 이호재의 대표작으로 꼽는 작품 중 하나인 〈어느 무정부주의자의 사고사〉(1988).

는데, 그 위안에 그래도 5년은 버틸 수 있었습니다."

–자유인의 기질이 있는 거네요.

"우린 또 그거 없으면 꽝이지요."

평론가들은 의도적으로 정신이상자 행세를 하며 경관들을 농락하는 다리오 포 원작의 〈어느 무정부주의자의 사고사〉(1988)나 1980년대 대한민국의 사회상을 정치적 강요 없이 묘사한 정복근의 〈독배〉를 이호재의 대표작으로 꼽기도 한다.

이호재라는 배우는 2000년대 들어서도 꾸준히 존재감을 과시해왔다. 그런데 생애의 대부분을 무대에서 보내고, 그 공로로 훈장도 받고, 후배들에게 '정확한 발성'이 부러운 배우 1호로 꼽히는, 그리고 아무런 대사 없이 그가 무대에 등장하는 것만으로도 공연의 분

이호재 자신이 대표작 중 하나로 꼽은 〈페르귄트〉.

위기가 달라진다는 평가를 받는 이 대배우가 연극은 천직이 아니라니?

-그렇다면 경제적 문제를 어떻게 해결했습니까?

"간단해요. 못 했죠. 보다 정확하게는, 못 하고 있습니다. 생활이 엉망일 수밖에 없어요. 그러니까 내키지 않아도 호구지책으로 틈틈이 방송도 하고 영화도 했죠.

이건 우리나라만 그런 것이 아닙니다. 전 세계적으로 연극 하는 사람들은 다 어려워요. 연극인 복지가 가장 발달한 나라가 네덜란드라는데, 네덜란드 연극인들도 연극만 해서는 못 먹고살아요. 그런데 한국에서?"

"자식 고생시켜 미안"

-그래도 연극을 하고 싶어하는 젊은이들에게 하고 싶은 이야기가 있을 듯합니다.

"하지 말라는 얘기를 해주고 싶지요. 생활을 위해서는 경제력이라는 게 꼭 필요합니다. 산업화시대에 연극은 기계화와 대량생산이 불가능한 숙명을 가집니다. 다른 분야는 뛰어가고 날아가는데 연극인들은 예나 지금이나 가시밭길을 헤쳐가야 하는 거죠. 이런 상태로 10년이 지난다면, 연극인과 사회와의 간격은 더 벌어질 겁니다. 연극인들은 사회에 대해 상대적으로 더 빈곤감을 느낄 수밖에 없어요.

그래도 정말 연극을 하고 싶다면, 결혼하지 마라, 혼자 고생해라 이런 말을 해주고 싶네요. 자식들이라도 고생하지 않도록 해야지, 내가 결혼을 괜히 해서 공연히 마누라랑 자식들 고생시키는 것이 너무 미안할 따름입니다. 내가 아들이 둘인데 둘 다 직장에 다닙니다. 내가 먹여 살리지 못하니까."

-대표작이라고 할 만한 작품은 무엇입니까?

"극중인물의 10대부터 80대까지를 넘나들며 연기했던 국립극단의 〈페르귄트〉가 좋았지만, 2009년에 지금 나를 챙겨주는 회사인 컬티즌에서 제작한 〈뱃사람〉이라

두 아들과 함께한 이호재. 평생 연극을 해온 그는 "아내와 자식들에게 미안하다"고 말한다.

는 연극이 있어요. 공연 내내 무대에서 계속 술 먹고 앉아 있던 작품입니다. 물론 진짜로 음주를 한 것은 아니지만, 나한텐 그렇게 자연스러울 수가 없었지요. 그래서 기억에 남습니다. 앞을 못 보는 시각장애인입니다, 내가. 정동환, 이대형, 이남희, 이명호 등 출연진과도 호흡이 잘 맞고 그러니까 재미도 있고."

적응력이 뛰어난 배우

-인터뷰 내내 느끼는 바지만, 선생님은 연극 자체보다는 연습 과정에서 연극인들과 만들어가는 분위기나 인간관계를 더 좋아하는 것 같습니다.

"그게 있어야 제대로 된 연극이 만들어지니까요. 아무리 재주가 뛰어난 배우라도 각자 따로 놀면 그 연극은 망합니다. 각자의 능력이 조금 부족하더라도 전체가 부드럽게 어우러져서 앙상블을 이루는 연극이 좋은 연극이죠. 대규모 캐스팅을 하고, 이전까지는 별다른 인간관계가 없던 사람들끼리 만들어가는 작품들을 부정하는 것은 아닙니다. 연극은 형태가 다양할수록 좋다는 것이 제 소신이니까요. 이건 제 개인적인 취향이다, 그런 얘기지요. 연극이 좋은 건, 연습기간이라는 게 있잖습니까. 그 기간 동안 많은 시간을 같이할 수 있으니까 서로 친해질 수 있는 것이고, 친해진다는 건 무대 올라갔을 때 서로 의지가 되고 서로 위로가 되고 서로 도와줄 수 있으니까 좋은 것이고. 왜 재즈 하는 분들이 즉흥연주를 할 때 동료 음악인들이 즉석에서 자기의 연주를 따라오면 그렇게 짜릿하다고 그러잖아요? 연극도 마찬가지입니다. 경험 안 해본 분들은 그 느낌 모르실 겁니다."

-이호재는 적응력이 뛰어난 배우다 라는 평가가 있습니다.

"그건 날 너무 잘 본 거죠. 제가 생각하기엔, 사실 개성이라는 것은 자기 혼자 있을 때 개성인 겁니다. 팀을 이루는 순간 그걸 순화시켜야죠. 일반 사회생활도 그런데 연극은 더하죠. 각자 개성이 넘치는 사람들이 모인 분야니까. 그 개성들이 정리되지 않고 마구 드러나면 그게 뭐가 되겠어요?"

"연극은 연극일 뿐"

-좋은 배우란, 좋은 연기란 어떤 겁니까?

"가장 자기를 잘 나타내면서 자기가 아닌 걸 표현하는 사람이 좋은 배우입니다."

-선생님 인생에 있어 연극이란 무엇입니까?

"연극이란…. 연극일 뿐이지요. '연극 하지 마라'는 표현이 있잖아요? 거짓말하지 말라는 뜻으로 쓰이는…. 무엇을 꾸미거나 드러내는 것을 연기의 본질이라고 생각하는 분들이 있는데, 제 생각은 다릅니다. 가장 진실하고 가장 본질에 가까워야 그게 연극인 거죠. 그래서 연극은 그냥 연극이라고 생각합니다. 연극은 그냥 연극이지 뭐. 어떤 단어로써 형상화할 수도 없는 거고 연극이라는 글자만으로 규정지을 수도 없고."

이호재는 2013년에는 네 작품, 2014년에는 한 작품을 공연했다. 꾸준하다. 여전히 현역인 셈이다.

“술자리 좋아하고, 사람 사이의 유대관계가 이어지고, 모나게 살지 않으니까 계속 제의가 들어오는 것 아닐까요? 젊은 친구들에게는 어지간한 각오 없이는 연극을 시작하지 말라고 방금 말했잖아요? 나도 빨리 연극을 그만두고 싶어요. 그만두지 못하는 이유는 간단합니다. 아직 죽지 않았으니까.”

-그 말은 삶이 다할 때까지 연극을 하신다는 말인가요?

“연극 말고는 할 일이 또 없으니까. 죽어서 대사를 못 하면 어쩔 수 없지만 대사할 수 있을 때까지는 무대에 서야죠. 젊어서는 힘 있고 혈기 있는 역할을 주로 했는데 이제 나이가 드니까 그런 역할이 버겁습니다. 능력이 안 돼요. 우리 후배들이 공연하는 연극에서 뒷바라지나 해주고, 나이 든 사람이 하면 어울릴 법한 작은 역할을 맡아 젊은 친구들이 하는 연극을 도왔으면 하는 것이 제 바람입니다.”

무애도인(无涯道人)

그는 오태석을 '득도한 연출가'라고 평했다. 하지만 정작 그 자신이 무념무상(無念無想)의 무애도인(无涯道人)이 된 것은 아닐까 하는 생각이 문득 들었다. 그러고 보니 〈용호상박〉에서 이호재가 맡았던 역할이 산신령이었다. 사회적 책임을 평생 의식하며 삶을 경영하고, 노년에도 일을 놓지 못한 채 자식뻘 손주뻘 젊은이들을 뒷바라지하며, 그래도 여전히 자유로운 영혼을 지닌 배우. 이호재는 대한민국 현대사를 응축한 '우리의 아버지' 가운데 하나였다. (2014년 12월)

이호재 李豪宰

- 1941년생. 서울예대 졸업.
- 출연작: 연극 〈생쥐와 인간〉 〈오셀로〉 〈마의태자〉 〈생일파티〉 〈잉여부부〉 〈쇠뚝이놀이〉 〈태〉 〈초분〉 〈맨발로 공원을〉 〈고도를 기다리며〉 〈약장사〉 〈페르귄트〉 〈어느 무정부주의자의 사고사〉 〈불가불가〉 〈수족관〉 〈천 년의 수인〉 〈용호상박〉 〈영영사랑〉 〈세일즈맨의 죽음〉 〈세상을 편력하는 두 기사 이야기〉 〈쿠크박사의 정원〉 〈뱃사람〉 〈보이체크〉 〈아마데우스〉 〈밤으로의 긴 여로〉 〈모리와 함께 한 화요일〉 〈채권자들〉 〈스카이라잇〉 등.
  영화 〈화엄경〉 〈태백산맥〉 〈리베라 메〉.
  TV드라마 〈부부클리닉 사랑과 전쟁〉 〈궁〉 〈대한민국 변호사〉.
- 수상: 한국일보 연극영화예술상 신인상(1972), 한국연극 대상, 한국일보 연극영화예술상 주연남우상(1977), 서울시 문화상(공연부문·2002), 보관문화훈장(2011).

배우·라디오진행자로 맹활약하는

孫淑

손숙

⊙ "賢母良妻가 꿈이었다가, 1998년 러시아에서 〈어머니〉를 공연한 후 연극과 뒤늦게 사랑에 빠졌다"
⊙ 연극 연출하던 남편이 사업하다 부도 낸 후 라디오 진행 등 하면서 22년간 빚 갚아
⊙ "자기가 행복한 배우가 최고"

"**연극**은
'돌아온 **옛사랑**'"

대한민국(大韓民國) 근현대사는 파란곡절(波瀾曲折)로 얼룩졌다. 중세적 전근대사회와 첨단 정보통신기술(ICT) 강국 사이에 불과 100년의 시간이 가로놓여 있을 뿐이다. 남덕우(南悳祐·1924~2013) 전 총리는 그래서 '20세기를 지낸 한국인들은 문명사적으로 5000년을 산 것과 진배없다'는 이야기를 하기도 했다. 모순(矛盾)이나 부작용(副作用) 없이 발전하는 역사는 없다. 하물며, 다른 곳에서는 수백 년이 지나도 크게 바뀌지 않는 '생활관습과 예의와 풍속의 기준'이 수십 년 사이에 몇 번씩이나 천지개벽(天地開闢)하듯 뒤집어진 대한민국의 경우에서랴.

손숙(孫淑·70)은 '파란곡절'의 이미지를 보여주는 배우가 아니라, 그 자신이 파란곡절한 삶을 견뎌 온 사람이다. 지금의 잣대로 보자면 터무니없을 일들이 '관습'의 미명하에 벌어지던 시절. 딱 한마디로 정리해 보자.

손숙에게는 어머니가 여러 분이다. 한두 분 정도가 아니다. 네 분이다. 마흔 넘어서는 남편의 사업 빚을 혼자서 벌어 다 갚았다. 그것도 무려 22년에 걸쳐서.

-어렸을 때부터 우여곡절이 많았네요.

"뭐, 꼭 그렇지도 않아요. 제가 태어난 곳은 경상남도 밀양의 안동손씨 집성촌(集姓村)입니다. 기와집 많은 양반촌이었는데 8촌까지 한동네에 모여 살았죠. 아랫동네는 하인들이 살아 하인촌(下人村)이라고 불렀고. 보수적이라기보다는 고루할 정도로 체면과 관습을 따지는 분위기였어요. 예컨대, 동네 아저씨들과 잠깐만 놀아도 동네방네 금방 소문이 날 정도였으니까."

떠돌이학교

광복이 되자 좌우가 격렬하게 대립했다. 밀양도 예외가 아니었다. 다섯 살 때 읍내 장에 나갔다가 시신을 목격한 적도 있다. 사람들이 '빨치산의 시체'라길래 할머니께 무슨 뜻이냐고 물었더니 '다음부턴 장에 가지 마라'는 대답이 돌아왔다. 다음 날, 빨치산들이 야밤에 동네에 몰래 내려와 '손씨들을 손보겠다'는 경고문을 붙이고 갔다. 인근에 지서(支署)가 있기는 했지만, 그래 봐야 경찰 한두 명이 근무하는 소규모였다. 그래서 손숙의 식구들은 솔가(率家)를 해서 읍내로 이사를 했다.

"아버지가 천석꾼의 2대 독자(獨子)여서 먹는 걱정은 없이 자랐습니다. 또래들과 비교하면 축복받은 인생이었죠. 그래도 요즈음의 환경에 대면…. 제가 다니던 밀양초등학교가 6·25동란 때 육군병원으로 징발이 되었거든요. '떠돌이학교'라고, 선생님들이랑 아이들이 칠판 머리에 이고, 가마니 들고, 공터 찾아다니며 여기저기서 수업을 들었습니다."

부친 손태목(孫泰穆·1919~2013)과 모친 정남교(鄭南橋)는 1934년에 혼인했다. 두 분 모두 16세 때다. 어머니의 본향은 상주(尙州). 외가가 더 양반 가문이라고 들었는데, 중매 배경은 모른다. 어머니의 외사촌 동생이 고대 영문과 교수를 역임한 연극평론가 여석기(呂石基·92)다.

"아버지는 동래고보(東萊高普) 졸업 직후, 그러니까 혼인하자마자 도일(渡日)해서 교토(京都) 리메이칸(立命館)대학 상과를 다니셨습니다. 거기서 여자 유학생 만나 살림 차리고 4남매를 낳으셨지요."

손숙에게 아버지는 제사 때, 명절 때, 방학 때만 잠깐잠깐 볼 수 있었던 사람이다. 평생 몇 번 만나지 못했다. 결혼식도 아버지 없이 했다.

어머니가 네 명

"대신 할아버지와 할머니의 사랑은 듬뿍 받았죠. 중학교 때까지 할머니 방에서 같이 잤으니까. 할아버지는 그 옛날에 자가용 타고 다니시던 밀양의 대지주셨습니다. 와세다(早稻田)대학을 졸업하셨고.

저는 어머니한테 지금도 농담처럼 말해요. 아버지랑 딱 세 번 주무신 거 아니냐고. 8세 위 언니, 저, 두 살 아래 남동생, 어머니 소생은 이렇게 삼남매니까. 남동생 손용삼은 조선일보 신춘문예에 당선하기도 했습니다. 소설로. 고려대 사회학과를 졸업하고, 지금은 미국에 이민 가서 잘삽니다. 저랑 언니 사이에 새엄마가 낳은 언니 둘이 있고 둘은 제 동생이죠. 호적에는 다 저희 어머니 소생으로 되어 있습니다. 새엄마가 낳은 동생 하나는 용삼이랑 출생시기가 비슷해서, 쌍둥이로 올렸어요."

손태목은 '신여성(新女性)'인 두 번째 부인과 주로 생활을 같이 했다. 손숙은 아버지가 여름방학 때 4남매를 데리고 밀양 본댁에 오곤 했었다고 기억한다. 현 이화여고 100주년기념관 자리에 있던 정동(貞洞)호텔 경영자가 손태목의 직함이다.

–세 번째 어머니는 어떤 분인가요.

"유흥업소에서 일하시던 분이래요. 6·25 때 아버지는 부산으로 피란 가서 남포동에서 카페를 했답니다. 그때 두 분이 함께 지내셨다는데, 사실은 그 전부터 알고 지낸 듯합니다. 저보다 여섯 살 위인, 가수 현미(76) 선생이랑 친구인 언니가 하나 있거든요. 그 언니는 호적에 올리지 않았고, 제사 때 가끔 얼굴을 비치곤 했죠. 미8군 무대 가수였는데 일찍 미국으로 이민을 떠났습니다. 지금도 가끔 미국 가면 이 언니랑 만나서 수다 떨고 놀고 밥도 먹고 그러죠."

네 번째 어머니는 일본 여성이다. 손숙의 부친과는 무려 19살 차. 마스다케(松竹) 영화사 소속 신인 여배우로, 미스 도쿄(東京)였다는 설이 있으나 확인해 보지는 않았다.

아버지, 일본 오가며 영화제작·수입

"아버지가 영화제작도 하고, 일본을 통해 외화도 수입하고 그랬

1978년 서울에 잠깐 다니러 온 아버지와 식사를 함께 하고 있는 연극배우 손숙(왼쪽).

어요. 일본 영화사 입장에서는 아버지가 큰 고객이었으니까, 만찬 자리에 인사 삼아 자기네 영화사 소속 배우들을 동반한 거죠. 그 자리에서, '일본 마마'가 아버지한테 반했다고 해요. 아버지는 호텔만 하신 것이 아니고 무역회사도 같이 했는데, 나중에 무역회사가 망하면서 호텔 경영권도 남의 손에 넘어갔습니다. 그 무렵에 도일해서 돌아가실 때까지 쭉 일본에서 살았습니다. '일본 마마'는 아버지랑 가장 많은 시간을 보낸 분입니다. 슬하엔 아들 둘이 있어요."

영화사료(映畵史料) 수집가인 정종화는 손태목이 관계하던 영화사를 신한문화사라고 증언한다. 1948년 개봉, 1949년 아카데미 영화제에서 2개 부문을 수상한 영국 발레영화 〈분홍신(The Red Shoes)〉을 수입한 회사. 한국 개봉은 1953년 12월 6일이다. 정종화의 평가다.

"〈분홍신〉은 절망에 빠져 있던 당대 한국의 젊은이들에게 희망을 선사한 영화입니다. 젊은 지휘자와 발레리나의 로맨스를 다룬 이 영화를 보고 수많은 미래의 문인들과 음악인들이 영감을 얻었죠. 지금도 이 영화 이야기를 하는 올드팬들이 적지 않을 정도입니다. 흥행이 보장되는 서부극이 수입영화의 90%를 차지하던 시절이었죠. 고상한 취향이 없었다면 〈분홍신〉을 수입하기는 쉽지 않았을 겁니다. 〈분홍신〉 팸플릿에 나와 있는 신한문화사의 다음 수입 작품이 작곡가 헨델의 일대기를 다룬 영화 〈악성(樂聖) 그레이트 미스타 헨델〉입니다. '청년들에게 이런 영화를 보여줘야지, 그래도 누군가는 이런 영화를 보겠지', 그런 사명감을 가지고 전란 직후에 이런 영화들을 수입해서 개봉한 영화수입업자가 있었다는 사실에 영화팬의 한 사람으로서 그저 감사할 따름입니다."

국극(國劇)의 추억

'일본 마마'는 아직 살아 있다. 손숙과는 지금도 가끔 만난다. '남동생'들은 처음 만난 자리에서 '우리들 아버지와 어떤 관계냐'고 묻기도 했다.

"결혼 직후, 그래도 직접 찾아뵙는 것이 도리다 싶어 일본으로 찾아갔습니다. 여권 내려면 이런저런 서류를 수백 장 써 내야 했던 시절이죠. 비행기 안에서 계속 걱정했어요. 내가 과연 아버지를 알아볼 수 있을까. 잠깐이나마 뵈었던 적이 벌써 10여 년 전이었으니까. 그런데, 핏줄이라는 게 정말 신기하죠? 하네다 공항에서 아버지를 바로 알아봤다니까요."

'신여성' 어머니는 아버지 도일 후 재가(再嫁)를 했다. 손숙의 어머니는 그쪽 4남매를 다 거뒀다.

"옛날 분이라 그런지, 혈육은 어찌 되었든 다 거둬야 한다고 생각했나 봅니다."

-어렸을 때의 장래희망은 어떤 것이었습니까.

"버스 차장이요. 하루 두 번 버스가 다녔는데, 차장 언니들 베레모며 돈 받는 가죽가방이 그렇게 멋있어 보이더라고요. 지금 생각해보면, 미지의 세계에 대한 동경이나 호기심 같은 것이 많았던 거죠."

-배우를 꿈꾼 건 아니고요.

"전혀. 다만 1년에 한두 번, 서커스나 여성국극(國劇)이 들어오면 정신없이 구경은 다녔죠. 곡마단이 낙동강 줄기 남천강변에 텐트를 치고 북 둥둥 울리면서 가두선전을 하면 가슴이 두근두근하고 학교도 가기 싫고…. 임춘앵 국극단(國劇團), 김진진 국극단은 읍내의 허름한 공회당에서 공연을 했는데, 어른들이 떼놓고 갈까 봐 문앞에 지키고 섰다가 기를 쓰고 따라나섰어요. 막이 조금 들려 있는 사이로 배우들 다리나 구두가 살짝 보이는데 그것만 봐도 며칠씩 잠도 못 잘 만큼 흥분하고. 초등학교 3학년 때는 서커스단 따라가려고 보따리 싸서 두 시간 가출(家出)한 적도 있습니다. 입단하면 매일 식초를 한 사발씩 먹어야 한다는 소문에 무서워서 얼른 집으로 돌아왔지만. 지금도 혼자만 알고 있는 가출 스토리입니다."

손숙이 초등학교를 마치자 어머니는 손숙과 남동생을 데리고 서울로 올라온다. 1957년의 일이다. 8살 위 언니는 미리 상경(上京)해서 정동호텔 살림채에 머물며 이화여대를 다니고 있었다. 아버지는 이미 일본으로 건너간 상태였다.

"어머니는, 당신이 '신여성'이 아니어서 버림받았다고 생각했어요. 내 아이들은 그렇게 살게 하지 않겠다고 굳게 마음먹고 평생 처음으로 시부모께 대들었죠. 돈암동에서 방 한 칸 얻어 살았는데, 그래도 시골에서 계속 쌀은 올라오고…. 고생은 많이 했지만 적빈(赤貧)은 아니었습니다."

풍문여중에 입학해서는 상처를 많이 받았다. 사투리 때문이다. 입만 열면 바로바로 급우들이 폭소를 터뜨리는 통에 6개월간 말을 할 수가 없었다. 서울에 경상도 출신 거주자가 많지 않던 시절이다. 침묵에 빠진 밀양 최고의 모범생을 구원한 건 급우의 편지다. 중학교 1학년이 끝나갈 무렵, 짝이 편지를 보내 왔다. 세련된 문장이었다.

"너무나 잘 쓴 글이었죠. 저도 바로 답장을 보내고, 편지 왕래를 계속했어요. 주로 책 이야기를 나눴습니다. 말하자면, 선의의 독서 경쟁을 했다고 할까. 둘 다 도서관에 붙박이로 틀어박혀서 한국문학전집, 세계문학전집, 일본문학 단편선을 읽었죠. 이 무렵의 독서가 나중에 제 연극적·문학적 감수성에 자양분이 된 것은 아닌가 생각합니다."

편지를 보낸 주인공은 김연(金燕). 소설가 김광주(金光洲·1910~1973)의 딸이자 《칼의 노래》《남한산성》을 쓴 소설가 김훈(金勳)의 누나다. 손숙은 풍문여고에 진학해서 문예반장을 했다. 고교생 문학반 연합 서클에서 만났던 선후배 인물이 《장길산》의 황석영(黃晳暎), 《난쟁이가 쏘아올린 작은 공》의 조세희(趙世熙), 《갈 수 없는 나라》의 조해일(趙海一)이다.

〈밤으로의 긴 여로〉가 준 충격

고2 때 김연이 연극 티켓을 가져왔다. 남산 드라마센터에서 공연한 유진 오닐 작 이해랑(李海浪·1916~1989) 연출의 〈밤으로의 긴 여로〉. 이해랑이 아버지 역으로, 황정순(黃貞順·1925~2014)이 어머니 역으로, 장민호(張民虎·1924~2012)가 형, 훗날 KBS 드라마 PD로 활약하는 최상현이 동생, 여운계(呂運計·1940~2009)가 하녀로 출연했다.

"충격이었죠. 책에선 느끼지 못했던 직접적인 감동이 너무 컸으니까. 어렸을 때 서커스 보고 국극 구경 다닌 것 말고는 처음 공연을 접한 건데, 뭐랄까, 봉인된 감정이 한꺼번에 차오르는 느낌? 지금도 대사를 다 기억합니다. 소름 돋았어요. 바로 내 얘기 같았으니까."

유진 오닐은 육친(肉親)의 비참한 과거를 스스로 폭로한 이 작품을 '피와 눈물로 점철된 오랜 슬픔의 연극'이라고 불렀고, 사후(死後) 25년간 공개를 하지 말라고 유언하기도 했다. 하지만 그의 타계(他界) 2년 후인 1955년 초연이 이루어졌다. 사후이기는 하지만, 이 작품은 유진 오닐에게 생애 네 번째 퓰리처상을 안겼다. 늙은 연극배우인 아버지 제임스 티론, 마약중독자 어머니 메리, 알코올 중독자인 형 제미, 병약하고 시인 기질을 가진 동생 에드먼드(청년시절의 작가) 등 일가족이 빚어 내는 하루 저녁의 음울한 이야기라는 점에서 〈밤으로의 긴 여로〉는 손숙의 가족사(家族史)와 일부 닮은 구석이 있는 것도 사실이다.

“그때부터 연극에 흠뻑 빠져들었어요. 고3 때 드라마센터에서 전국 고교생 연극 경연대회를 개최했습니다. 남학교는 〈왜 싸워〉, 여학교는 〈춘향전〉이 지정작품이었죠. 너무너무 춘향이를 하고 싶은데 성격상 오디션에 나서지는 못하겠고, 입시도 걸려 있고. 결국 오디션 응모를 안했어요. 잘난 척, 관심 없는 척, 쓸데없이 자존심 세우느라고. 저보다 한 학년 후배인, 나중에 〈모닥불〉〈끝이 없는 길〉〈방랑자여〉를 부른 가수 박인희가 춘향이로 뽑혔고, 저랑 같은 학년이던, 배우를 하다 지금은 국회의원으로 일하는 김을동이 방자 역을 했지요. 그래서 제가 참다 참다 못해서 스태프로 참여하게 된 겁니다. 그것도 연습실 주변을 며칠을 맴돌다가 겨우…. 제 자존심 때문에 정말 하고 싶었던 일을 못하게 된, 평생 굉장히 힘든 기억입니다.”

‘여배우 탄생’

그때 연극을 지도하러 왔던 연출가가 훗날 손숙의 남편이 되는 김성옥(金聲玉·79)이다. 아홉 살 연상의 기성극단 배우였던 김성옥은 손숙에게 ‘조연출 해볼래?’라고 권했고, 손숙은 팀에 합류해서 두 달간 학교에서 합숙하며 연습했다. 공연은 성공리에 끝났다. 김을동이 연기상을 받았고, 손숙은 류길촌(柳吉村) 등의 연극인과 안면을 익혔다.

–대학은 사학과를 갔네요.

“저는 계속 문학을 하겠다고 했는데 학교 선생님께서 ‘정말 문학

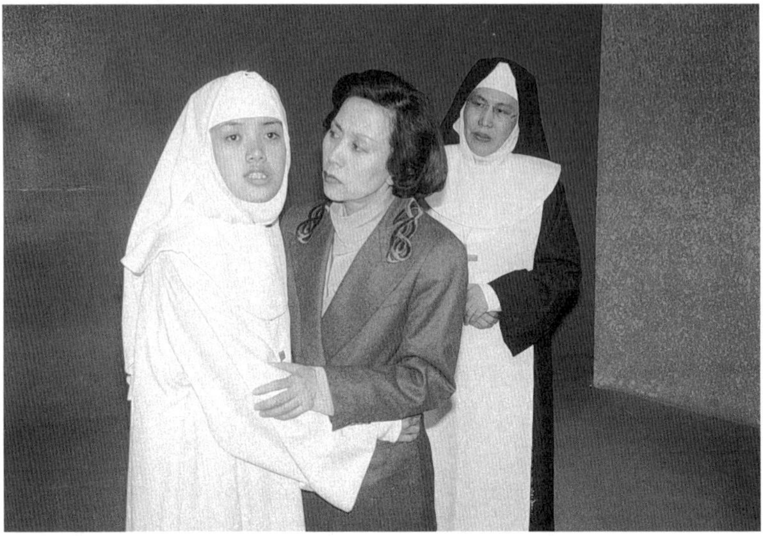
1992년 연극 〈신의 아그네스〉를 연습 중인 신애라, 손숙, 박정자(왼쪽부터).

을 하고 싶다면 먼저 역사와 철학을 알아야 한다'며 국문과보다 사학과를 권했어요. 고대 사학과 63학번입니다.

그 당시만 해도 여학생이 드물던 시절이라 '풍문여고 연극반 조연출이 입학했다'고 소문이 돌았어요. 전 바로 고대 극회(高大劇會)로 납치(?)됐습니다. 그런데 제가 입학한 해에 개교 60주년 기념 선후배 합동공연이 있었습니다. 〈삼각모자〉라는 스페인 코미디인데, 포도 농사 짓는 늙은 농부의 젊은 아내를 시장(市長)이 탐낸다는 내용이었죠. 연출은 서울대를 졸업하고 당시 실험극장 연출로 있던 허규(許圭·1934~2000), 늙은 농부 남편 역이 김성옥, 제가 젊은 아내, 시장에 나영세, 시장 부인이 여운계. 고교시절 저희를 가르치던 그분을 같은 과 선배로, 고대 극회 선배로 다시 만난 겁니다."

과연 연기가 괜찮기는 한 건지 걱정이 많았는데, 연극평론가이자 이화여대 교수였던 김갑순(金甲順)이 손숙을 가리켜 '여배우 한 명이 탄생했다'고 《동아일보》에 평을 썼다. 허규와 김성옥은 친구사이였다. 손숙은 첫 무대에서 주인공을 맡은 자기의 '파격적 캐스팅' 배후에 김성옥의 입김이 작용한 듯하다고 믿는다.

어머니의 반대 무릅쓰고 결혼

-연극계 원로들은 두 분의 사랑이 열렬했었다고 회고합니다.

"전 사랑에 빠지면 아무것도 안 보여요. 그래서 대학 3학년 때 결혼하면서 학교도 중퇴하고, 연극도 그만뒀어요. 〈삼각모자〉 이후 〈바비도〉 〈목장의 새악시〉 등의 대학연극에 출연했거든요."

모친의 결혼반대는 생각 이상이었다. 예비사위와의 첫 상면은 극장 로비에서였는데, 어머니는 김성옥의 분장한 얼굴을 못마땅해했다. 여석기 교수가 평소에 김성옥을 아끼는 걸 알고 있었기에, 손숙은 어머니께 "석기 아저씨께 물어보시라"고 했다. 돌아온 답은 "배우로서는 괜찮은데 뭐할라꼬 그리 시집보내노?"였다.

"어머니가 교육에 한이 많았잖아요. 그래서 딸 아들 구별 안 하고, 딸도 배워야 한다고 늘 말씀하셨어요. 그런데, 사회에 나가서 일하라는 게 아니라 좋은 남자 만나 잘살기 위해서 배워야 한다는 게 어머니의 신념이었던 것 같아요.

6개월 동안, 정말로 말 한마디도 안 하고 냉전(冷戰)했습니다. 이 결혼 하면 당신이 먼저 죽겠다고, 치마끈으로 목을 매기도 했다니까요. '내가 어떻게 너희들을 키웠는데, 네가 그럴 수 있느냐'는 거였죠.

조건만 봐도 하나도 맞는 게 없었잖아요. 나이는 아홉 살이나 차이가 나지, 모아 놓은 재산은 없지, 직업은 불안정하지, 고향도 전혀 다르지. 자식에 대한 기대가 산산이 부서진 거지. 아마 제 딸이 그랬다면 저도 어머니와 똑같은 심정이었을 거예요."

"1년에 연극 두 편만 하게 해 달라"

-언니와 형부의 응원으로 결혼에 골인하셨다고요.

"맞아요. 제가 결혼하기 전까지는 늘 어머니와 애증(愛憎)의 관계였어요. 특히 전 예민했기 때문에, 어머니에 대한 사랑과 미움이 굉장히 심했어요. 당신의 한(恨)을 저희를 통해 풀려고 하는 것이 힘들었고, 도대체 왜 평생을 저러고 사시나 싶었던 거죠. 그래서 결혼을 해서 집에서 빨리 벗어나고 싶었던 건지도 모르죠. 아버지의 부재(不在)를 나이 많은 남자와 결혼하는 것으로 메우려 한 것은 아닌가 하는 생각도 들고…. 돌아가실 때까지도 저랑 어머니는 관계가 팽팽했어요. 안 뵈면 너무 가슴 아픈데, 막상 만나면 화가 나는 그런 사이. 어머니가 돌아가신 뒤에 정말 후회했습니다."

그때까지만 해도 평생의 업으로 배우를 하겠다는 생각은 없었다. 주부로 가정을 지키고 싶었다. 일단 대학을 졸업하라는 남편의 권유에 뭐하러 졸업을 하느냐고 반문했을 정도였다. 계기는 우연히 찾아왔다.

"결혼해서 2~3년 살다 보니 이상하게 무대에 대한 향수(鄕愁)가 저를 아프게 했습니다. 어느 날 명동 시공관(현 명동 예술극장)을 우연히 지나는데 눈물이 핑 돌더군요. 이 느낌은 뭘까 싶은 게…. 게다가 그때는 여배우가 귀하던 시절이라 대학연극에서 이름을 날리던 사람들에겐 프러포즈가 많았습니다.

남편한테 1년에 연극 딱 두 편만 하게 해 달라고 사정했어요. 어렵게 허락을 받아서 시작한 작품이 유진 오닐 작 정일성(鄭一成) 연출의 〈상복(喪服)이 어울리는 엘렉트라〉였습니다. 유진 오닐의 작품이라는 데 깜빡한 거죠."

2003년 연극 〈매디슨 카운티의 추억〉에서 손숙은 중년에 찾아온 '늦사랑'의 여주인공 역을 맡아 열연했다.

〈상복(喪服)이 어울리는 엘렉트라〉

극단 동인극장(同人劇場)이 제작한 이 작품이 손숙의 기성극단 데뷔작이다. 엘렉트라(손숙)의 동생 역으로는 오지명(吳知明)이, 어머니 역으로는 정치인 조순형(趙舜衡)과 결혼한 김금지(金錦枝)가 열연했다.

다음 작품은 김기팔(金起八)이 쓰고 임영웅(林英雄)이 연출한 〈그 여자의 옷을 입혀라〉였다. 손숙의 역할은 유학 중 우울증에 걸린 여

1996년 9월 1인극 '담배피우는 여자' 연습 도중 연출가인 임영웅씨(왼쪽)와 대본을 살펴보는 손숙.

학생이었는데, 반바지에 와이셔츠를 입고 출연해서 '선정성 논란'이 일기도 했다. 이것이 화제가 되고 홍보가 되면서 연극은 대박이 났다. 두 작품 연속 안타를 치고 나니 출연 제의가 끊이지 않았다.

-늘 주인공만 하시고, 배역운이 최고네요.

"저도 그렇게 생각해요. 복 받은 배우죠."

-임영웅 선생을 따라 극단 산울림에 입단하셨네요. 좀 더 직업적으로 연극을 해 보겠다는 의지를 확실히 한 건가요.

"연극을 장기적으로 하려면 소속이 필요하다고 생각했으니까요. 〈헨리8세와 여인들〉〈꽃피는 체리〉〈홍당무〉 등이 산울림 시절 제 기억에 남아 있는 연극입니다."

1969년, 국립극단이 체코 극작가 카렐 차페크의 〈인조인간〉을 공연했다. 오늘날 널리 쓰이는 '로봇'이라는 단어는 차페크가 이 작품을 위해 만들어 사용한 조어(造語)다. 어느 날 장민호 선생이 급히 부르신다기에 달려가 보니 대역(代役) 부탁이었다.

이해랑의 칭찬

"문정숙(文晶淑·1927~2000) 선생이 사정상 출연이 불가하게 되었다, 부탁한다."

개막까지 남은 시간은 딱 보름. 죽어라고 연습해서 무대에 섰다. 이때 연출가 이해랑과 처음 만났다. 며칠 동안의 공연이 무사히 막을 내리자 이해랑이 손숙을 불러 "〈홍당무〉의 주인공 16세 소년 역은 일본에서 유명한 여배우들이 많이 거쳐 간 역이다. 그런데 손숙만큼 잘한 배우가 없더라"고 말했다.

1976년 연극 '홍당무'에 남장을 하고 출연한 젊은 날의 손숙(오른쪽). 이해랑 선생이 이때 그의 연기를 두고 극찬했다.

"산울림 공연을 보셨던 거죠. 대가(大家)한테 인정을 받은 셈이라, 정말 좋아서 많이 울었습니다. 이해랑 선생님은 제 인생의 스승이시죠. 안목, 인품, 카리스마…. 그만큼 책을 많이 읽고, 자존심 지키시고, 예술에 대한 애정으로 충만한 분을 보지 못했습니다."

이 공연이 인연이 되어 손

숙은 1971년 국립극단에 입단한다. 1990년 퇴단할 때까지 이해랑 연출로는 〈들오리〉〈파우스트〉〈바냐 아저씨〉 등을 했고 도쿄예술대 출신인 원로 이진순(李眞淳)과는 〈페르귄트〉〈징비록(懲毖錄)〉〈손탁호텔〉〈산수유〉를 함께 했다. 김정옥(82) 연출로는 〈베르나르 알바의 집〉〈옛날 옛적에 훠어이 훠이〉가 기억에 남는다.

–이해랑, 이진순 선생은 리얼리즘 연극을 평생 동안 추구하신 분이고 김정옥 선생은 총체극(總體劇) 개념을 한국 연극계에 처음 도입하신 분인데, 연출가로서 각각 어떤 장점이 있습니까. 손숙의 예술적 동반자라고 할 수 있는 또 다른 스승 임영웅도 리얼리즘 연극의 거두(巨頭)이시고.

"제가 감히 그분들을 평할 수는 없죠. 다만 이런 얘기는 할 수 있습니다. 우리나라에 신극(新劇)이 도입된 이래 리얼리즘 연극을 정극(正劇)으로, 그 밖의 시도들을 예술적 실험으로 보는 견해가 다수였잖아요? 저는 마당극이나 탈춤 혹은 한국적 요소를 가미한 연극, 예컨대 극단민예나 오태석(吳泰錫) 선생이 주재하는 극단목화의 작품들의 예술적 가치를 존중합니다. 다만 제 취향이 리얼리즘 쪽이라고 할까요?

노래로 치자면, 즉흥연주도 넣고 변주도 하고 즉석화음도 넣고 관객 박수도 유도하는, 그렇게 부르는 가수도 있고, 악보대로 박자 딱딱 지켜 가면서 부르는 가수도 있잖아요? 저는 후자(後者)입니다. 정해진 틀과 규칙을 가급적 벗어나지 않으면서 그 안에서 자유롭게 움직일 때가 가장 편합니다. 신명이나 원초적 연극성보다는, 정제되고 걸러진 형식미가 제 몸에 더 잘 맞는 거죠."

국립극단은 그 위상과 역할을 두고 여러 가지 논란이 많았다. 특히 2010년 6월에 있었던 이른바 '법인화(法人化) 논란'이 하이라이트다. '민영화의 전 단계다'라는 법인화 반대 의견은 '철밥통엔 개혁이 필요하다'는 찬성론과 맞섰다. 예컨대, '수익성을 추구하다 보면 예술성이 떨어지지 않겠느냐'는 의견과 '국립극단은 예술성을 추구하기 이전에 이미 전속단원의 철밥통으로 전락했다'는 의견이 대립한 것이다.

법인화의 핵심은 '예술감독제'다. 급여를 받는 단원들을 내보내 고정비용을 줄이는 대신, 예술감독이 매 작품의 연출가와 배우들을 오디션으로 선발해 공연을 이어 간다는 아이디어다. 선의로 해석하자면, 이 논란은 배우 중심이냐 제작 중심이냐의 철학적 논쟁이기도 하다.

김옥숙 여사에게 국립극단 급여 인상 건의

-이미 법인화 작업은 마무리되었습니다만, 국립극단에 19년 동안 몸 담았으니 할 말씀이 좀 있겠지요.

"저는 왜 국립극단이 명실상부한 기관이 되지 못하나 불평불만이 많았어요. 국립극단은 일반극단이 하기 어려운 고전이나 창작극을 공연해야 한다고 생각합니다. 그야말로 일류들이 모여 문화의 수준을 높이고, 전국 방방곡곡을 찾아다니며 순회공연도 하고. 국립극단은 연극인들의 꿈과 이상을 현실에서 구현한 단체가 되었으면 좋겠다고 생각했지요."

–뭐가 문제였습니까.

"사실 국립극단 단원들이 받았던 처우가 충분하지 않았습니다. 오죽하면 제가 노태우(盧泰愚) 대통령 때 공연 보러 오신 김옥숙(金玉淑) 여사한테 면담 신청을 했겠어요? 그때 급여가 100% 올랐고 그 뒤로는 지금까지 거의 인상되지 않았습니다.

사실 연극계가 많이 어렵잖아요. 그러니까 일부 단원들의 의식수준도 공무원처럼 변해 가더군요. 그래도 고정수입이 있으니까, 창의적이고 실험적인 시도를 하느니 그냥 하던 일을 하자는 식으로요. 예술가가 '실패'를 두려워하고, '고인 물'처럼 머물러 있으면 곤란한 것 아닌가요?"

–해결책은 있습니까.

"장충동 국립극장은 연극 공연장으로는 최고가 아닙니다. 명동예술극장이 오히려 더 나아요. 일단 국립극단에 걸맞은 공연장이 하나 필요하죠. 배우들 문제는, 국립창극단을 보면 인간문화재 제도를 잘 활용하고 있다는 생각이 들더군요. 국립극단도 한 10명 내외로, 정말 대단한 분들만 모아서 종신단원제를 시행하면 어떨까 합니다. 급여는, 많이 달라는 것도 아닙니다. 월 300만원 정도면 어떨까요. 외국에는 왕족이나 퍼스트레이디가 후원회장을 맡는 경우가 많은데, 우리도 그런 전통을 만들어 가면 좋을 것 같고…."

"돈 독이 오른 것 맞아요"

인터뷰 날짜를 잡고 일주일 동안 라디오를 들었다. 월~토 아침

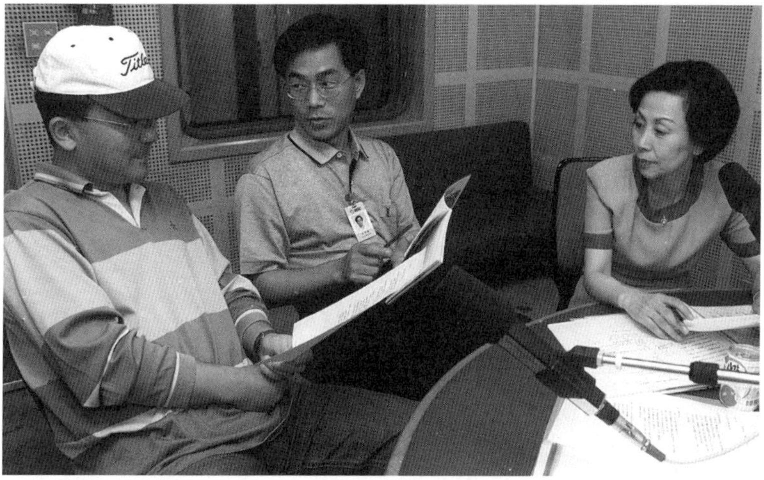

라디오진행은 경제적으로 어렵던 시절 손숙에게 내려온 동아줄 같았다. 사진은 MBC 라디오 〈손숙 김승현의 여성시대〉 신권철 PD(가운데), 김승현(왼쪽)씨와 손숙씨.

9시부터 두 시간동안 방송하는 CBS 라디오 '손숙 한대수의 행복의 나라로'. 손숙의 목소리는 명징(明徵)했다. 뭉그러지는 발음이 없었다.

영상매체 출연자는, 다소 발음이 무뎌도 큰 지장을 받지 않는다. 입술읽기(lip reading)를 통해 시청자들이 출연자들의 말을 따라잡을 수 있기 때문이다. 라디오는 다르다. 오로지 명확한 발음으로만 승부해야 한다. 연극배우도 마찬가지다. 마이크 없이, 저 멀리 3층 객석까지 오직 자기의 목소리로만 대사를 전해야 하는 것이 배우의 숙명이다. 대중에게 손숙은 연극배우보다는 라디오 진행자로 더 친숙하다.

그래서 연극계 일각에서는 '왜 손숙이 연극을 등한시하느냐'며 다소 못마땅하게 생각했던 분들이 있다. 1989년 MBC라디오 '여성시대'로 처음 마이크를 잡은 이래, 손숙은 24년째 라디오 진행을 이어오고 있다. 라디오뿐 아니라 각종 행사에 사회를 보러 다니자 심지어는 '돈 독이 올랐다'는 이야기도 들었다. 손숙에게는 방송 일을 해야만 하는 피치 못할 사정이 있다.

"돈 독이 오른 것 맞아요. 남편이 부도를 냈거든요. 1989년부터 갚기 시작했는데, 2010년인가 2011년쯤에야 그 빚을 다 껐습니다. 얼마인지도 몰라요. 수십억은 되겠죠? 하나를 갚으면 다른 채권자가 툭 나타나고, 그거 갚으면 은행에서, 보험사에서 대출금 상환 통지서가 날아오고, 며칠 있다가 또 세무서에서 세금 내라고 독촉장 보내고…."

독립기념관 화재로 남편 회사 부도

-남편이 무슨 일을 했던 거죠.

"밀랍인형 만드는 사업. 독립기념관에 있는 독립투사 밀랍인형이 제 남편 회사에서 제작한 겁니다. 런던에 '마담 타소'라는 밀랍인형 전시관 있잖아요, 그곳이랑 정식 라이선스 계약 맺고 영국에서 제작 전문가 불러다가 6개월간 저희 집에 숙식을 시키며 인형을 만들었죠. 안마사도 매일 불러다 마사지도 시켜 주고…. 그런데, 독립기념관 화재가 나면서 일이 꼬이기 시작했습니다."

1986년 8월 4일, 준공 및 개관을 11일 앞두고 독립기념관에 대화재가 발생했다. 본관 지붕이 거의 녹아 내릴 정도의 큰 사고였다. 원인은 배선공사 부실이지만, 준공을 1년 앞당기려고 무리하게 서두르다 화재가 발생한 것이라는 비판도 있다.

"인형들을 만들어서 전시장에 가져다 놓았는데, 다 녹아 버렸습니다. 밀랍인형이라 그야말로 초처럼 녹아내렸어요. 장인(匠人)은 이미 출국(出國)했지, 계약상 최종 납품(納品) 후 대금을 받기로 되어 있었는데 준공은 무기연기되었다고 하지, 돈 들어오면 바로 갚겠다고 끌어다 쓴 돈은 많지, 독립기념관 개관 후엔 자동홍보가 될 테니 기업체, 박물관에서 순차적으로 주문을 받겠다는 야심찬 계획이 다 어그러진 거죠. 아, 지금은 없어진 드림랜드에 납품했으니까 딱 두 군데 설치하고 끝난 거네요."

남편은 도피하고, 집으로는 거의 매일같이 청구서가 날아왔다. 국립극단 월급은, 요즈음 감각으로 150만원 정도였다. 남편의 빚보증인이 '손숙'으로 올라 있어서 남편을 고발하지 않는 한 이혼을 한다 해도 '손숙'에게 갚을 의무가 있다고 했다.

마침내, 대구세무서에서 '차압' 고지가 오고 세간에는 '빨간 딱지'가 붙고, 한 달 안에 집을 내줘야 하는 극한 상황이 왔다.

아파트 베란다에서 뛰어내릴까도 생각

"집이 경매로 넘어갔어요. 친구가 도와줘서 미분양 아파트 하나를 겨우 얻었죠. 이사 전날, 정말 죽으려고 생각한 적이 있어요. 그때 아이들이 맘에 걸렸죠. 제가 딸만 셋인데, '내가 죽으면 재들은 어떻게 되나'. 그래서 베란다에서 뛰어내리려다가 참았습니다. 정말 마지막 순간에 겨우…."

아침에 대구에 있는 세무서에 가서 손이 발이 되게 빌고, 허겁지겁 서울로 돌아와서 국립극장에서 공연을 하는 나날이 이어졌다.

"그때, 공연을 계속하지 않았더라면, 아마도 지금쯤 전 살아 있는 목숨이 아니었을 겁니다. 매일 무대에 올라야 한다고 생각하니 정신없이 바쁘고, 그래서 딴 생각을 할 겨를이 없었던 거죠."

그때 이후, 남편과는 '20년째 별거 중'이다. 손숙에게 남편은 '아이들 아빠'다. 서로 잘살고, 가끔 만나고, 소식 듣고 하는 것이 서로를 위하는 길이라고 생각한다. '어쩌면 식구들 먹을 것을 마련해 놓고, 그 후에 하고 싶은 연극을 하겠다는 생각을 그 남자가 했을 수도 있었겠구나'라고 좋게 이해하기로 했다. 그야말로 막판까지 내몰렸을 때, 하늘에서 보내 준 동아줄이 '라디오 진행'이다.

"MBC 라디오 박수현 PD가 편지를 하나 주면서 읽어 보라는데, 슬픈 내용이라 금방 처지가 오버랩되면서 정신없이 빠져들었지요. 며칠 후 박 PD가 '라디오 안 해 보실래요?'라며 연락을 해 왔습니다. 〈봉두완 손숙의 여성시대〉. 라디오 발탁 배경은 지금도 몰라요."

'라디오 진행자' 손숙의 별명은 '수도꼭지'였다. 방송 중간에 너무 울어서 생긴 별명이다. 청취율이 급등했다. '너무 슬퍼서 차를 세우고 울었다'는 편지가 쇄도했다. 강연이든, 원고청탁이든, 신문칼럼이든, 요청이 오면 마다하지 않았다. 절실했으니까.

"제가 어떤 상황이었는지, 아무도 몰랐어요. 나중에 사정을 알고 제 딸들이 '엄마, 그때 어떻게 견뎠어요'라고 했을 정도니까. 겨우 한 군데 빚을 끄고 나면 이전에는 전혀 몰랐던 서류가 또 날아옵니다. 출연료 받은 보증보험에서 차압이 들어와서 자동으로 가져가고, 나머지로 남은 빚 끄고 생활비 쓰고…. 방송국 로비에 늘 누군가가 앉아서 저를 감시했습니다. '아마도 사채업자로구나', 그렇게 짐작했지요. 살아도 사는 것이 아니었어요."

경제적인 문제 말고도 손숙이 라디오에 감사하는 이유가 하나 더 있다.

"라디오를 진행하기 전엔 제 스타일이나 성격이 좀 뾰족하고 자존심 세고 매사 분명하고, 뭐랄까 상대를 불편하게 하는 쪽이었습니다. 라디오 프로그램 진행을 하면서 인생공부 제대로 했지요. 고부(姑婦)간, 부부간 온갖 사연들을 읽으면서 제 스스로 치유가 되고 있다는 느낌이 들고, 이 모든 이야기들이 인생교과서 같다는 생각을 하고…. '라디오에서 제가 무심코 던진 한마디가 위로가 될 수도 있고 비수가 될 수도 있겠다'고 생각하니 조금 더 상대방을 배려하게 되고…."

손숙의 라디오 경력은 SBS 〈손숙 김범수의 아름다운 세상〉 〈김승현 손숙의 편지쇼〉 등으로 단절없이 이어졌다.

-라디오를 하면서 가장 인상 깊었던 일화가 있다면요.

"IMF 때 '회사도 망하고, 친가 처가 다 망했습니다. 이 편지가 제 유서(遺書)입니다'라는 사연을 받았어요. 펑펑 울면서 방송했죠. 제 빚 갚는 얘기도 처음으로 털어놓고. '제발 죽기 전에 나랑 전화 좀 하자', 막 울부짖고.

2013년 대구에서 〈어머니〉를 공연할 때 어떤 신사 분이 딸, 부인

1999년 3월 공연한 〈어머니〉에서 어머니 역을 맡은 손숙이 전쟁 통에 피난지에서 끝내 병사한 아들을 안고 오열하는 연기를 하고 있다.

동반해서 찾아오셨어요. '방송 듣고 다시 살자고 결심했다'고, 자기가 바로 그 편지를 보냈던 당사자라고, '지금은 다 해결했다'고. 분장실에서 붙들고 또 막 울었지요."

〈어머니〉

1990년대 중반부터 그래도 연극을 해야 한다는 생각이 들었다. 그래서 매일 방송국과 극장을 오가는 강행군을 자청하며 〈셜리 발렌타인의 일기〉 〈담배 피우는 여자〉 〈그 여자의 작은 행복〉 〈메디슨 카운티의 다리〉 〈위기의 여자-모노드라마 버전〉 〈엄마, 안녕〉 등을 공연했다.

-중년 여성의 인간선언 같은 작품들이 주류입니다.

"의도적인 건 아니고, 고르다 보니 그렇게 된 거죠. 아냐, 내 잠재의식이 그리로 날 몰아간 걸까? 큰일을 겪고 나니 자유가 찾아오더군요. 예순 무렵에 연두색 비키니 입고 무대에 서고(〈셜리 발렌타인의 일기〉), 딸이 자살한다는데도 '재가 죽으면 나는 어쩌나, 오빠 집에 가 있으랴?'고 자기생각만 하는 이기적이고 철없는 엄마도 연기하고(〈엄마, 안녕〉).

우리 세대의 여성이란 늘 희생하고 배려하고 그런 걸 미덕이라고, 어쩌면 운명이라고 알고 살았는데, 이제는 좀 자기 하고 싶은 대로 하고 살아도 되는 것 아닌가요? 다 내려놓으면 편해집니다."

-어떤 인터뷰를 보니 평생 여러 번 다시 공연하고 싶은 작품으로 이윤택 연출의 〈어머니〉를 꼽으셨더군요.

"1999년에 시작했고, 거의 해마다 공연하는, 제 일생에 잊을 수 없는 작품이죠. 제 어머니가 자꾸 생각나니까. 전 평생 어머니 가슴에다 못질하는 딸이었어요. 계속 뜻을 거스르고 살았으니까. 후회스럽고 죄송하고. 이윤택(李潤澤)은 천재입니다. 대중을 지루하지 않게 만드는 타고난 재능이 있습니다. 제작비라든가 현실적 여건이 조금만 좋아지면 격(格)을 확 높여서 갈 수도 있을 텐데…."

"'어머니'라는 단어는 세계 공통어"

〈어머니〉는 또 다른 의미에서 손숙의 개인사와 얽혀 있는 작품이다. 김대중(金大中) 정부 환경부 장관으로 내정되었던 손숙은 장관 내정 발표 이후 러시아 공연을 갔다가, 무대 위에서 우리나라 기업인들로부터 격려금을 받았다는 이유로 언론의 집중포화를 맞으며 장

1999년 5월 29일 러시아에서 〈어머니〉 공연을 마친 후 김재철 무역협회장(맨 왼쪽)으로부터 격려금을 받는 손숙. 이것 때문에 결국 한 달만에 환경부 장관직에서 하차하고 말았다.

관직을 사퇴했다.

"안 가면 어떨까, 잠깐 고민한 건 사실입니다. 하지만 안 갈 수가 없는 상황이었어요. 국제적인 약속이 다 되어 있고, 대역을 연습시키기엔 절대 시간이 모자랐으니까. 장관 임명 발표가 나고 극단 자유의 이병복(李秉福) 선생님이 전화를 주셨어요. '왜 장관 한다고 그랬니? 그런데, 러시아는 꼭 가야 한다'고. 격려금은 배우들한테 다 나눠주었죠. 그 일이 구설수에 오르리라고는 전혀 생각하지 못했습니다. 지금도 후회 없어요."

역설적으로, 손숙은 배우로서 가장 행복했던 순간으로 바로 그때 그 공연을 꼽는다.

"모든 러시아 관객이 기립박수를 쳤습니다. 제 인생에 그런 찬란한 박수는 처음 받아 봤어요. 내가 배우가 아니라면 어디 가서 어떻게 이런 환영을 받을 수 있을까, 뿌듯한 자부심이 들 정도였습니다. 공연이 끝나고, 관객들이 꽃 한 송이씩을 들고 줄을 쫙 서서 분장실로 들어왔어요.

그래서 제가 '왜 울었냐? 내용은 이해하고 울었냐?'고 물었더니, 그들이 '어머니라는 단어는 세계 공통어다. 우리도 전쟁을 겪고, 어렵게 살았다. 연극의 내용을 충분히 이해했다'라고 대답하더군요. 지금도 힘들 땐 그때 러시아 관객들의 반응을 생각하며 위기를 벗어납니다.

국내 공연 때도 우는 분이 많은데, 관객들이 우는 연극은 배우가 힘들어요. 끝나면 6개월간 온 몸이 아프지요. 아마 에너지가 바닥까지 방전이 돼서 쉽게 지치는 것 아닐까요. '무대 위의 이야기'가 알게 모르게 실제 삶에 영향을 미치는 거죠."

김대중과의 인연

연극 〈어머니〉와 얽힌 사연은 한 가지가 더 있다.

"어머니가 돌아가시고 얼마 후의 일인데, 제가 밀양에 가서 공연을 했거든요. 밀양 공연은 고향 떠나고 처음이었어요. 그런데, 3분의 1쯤 이야기가 흘러갔나 싶은데 객석 중간에 어머니가 앉아 계신 겁니다. 하얀 치마저고리를 입고. 전 생생하게 봤어요. 그날 어떻게 공연했는지 모르겠어요. 넋이 나가서….

공연이 끝나고 연출자 이윤택씨가 와서 '여태껏 공연 중에 최고였다'고 흥분했습니다. 제가 '우리 어머니가 왔었어'라니까 '선생님, 나

김대중 대통령당선자가 1998년 1월 30일 국회 귀빈식당에서 열린 문화예술계 인사 초청 오찬모임에서 참석자들과 악수하고 있다. 가운데가 연극배우 손숙씨.

중에 밀양에서 〈어머니〉 공연하다 돌아가세요'라고 말하는데 하나도 안 섭섭한 거야. 그러고 싶어요. 근사할 거야, 그렇죠?"

-그 공연이 계기가 돼 이윤택 선생이 밀양에 터를 잡은 거로군요.

"그렇죠. 시(市)에서 폐교(閉校)를 내줘서 거기에 연극촌(演劇村)을 만들었습니다. 지금도 연희단 거리패가 상주하면서 작품을 만들고 있어요."

-김대중 전 대통령과는 평소부터 교분이 있었나요.

"그분이 문화에 관심이 많았죠. 직접 북도 좀 치시고. 1987년인가, 1988년엔 누가 동교동으로 인사를 갔는데 '김성옥이랑 손숙은 잘 있느냐'고 묻더랍니다. 제 남편이 목포 출신이잖아요. 그래서 그 뒤로 공연할 때마다 티켓을 보내 드렸죠. 선거 때도 꼭 부부동반으로 구경 올 만큼 연극을 사랑해 주었습니다. 작품에 대해서도 많이 알고 때때로 금일봉도 주시고. 액수는, 배우들 한 끼 밥 먹을 정도."

-김대중 전 대통령을 최초로 노래방에 출입하게 한 주인공이라면서요.

"1992년 대통령 선거에 떨어지고 한참 어려울 때였어요. 영국 다녀와서. 행사 마치고, 그날 제가 사회를 봤거든요. '노래방 가 본 적이 있느냐'고 물었더니 한 번도 없다셔요. '온 국민의 오락인데 정치인이 거길 안 가 봤다면 말이 안 된다'고 하고 그날 저녁에 신촌에 있는 허름한 노래방에 가서 한 시간 반 정도 노래를 불렀습니다. DJ는 첫 선곡이 '목포의 눈물'이었고 이희호 여사는 찬송가 비슷한 노래. 노래방 스타일하고는 좀 안 어울리는 곡이었죠."

"늦사랑이 무섭더라"

-다른 분께도 늘 건넸던 질문입니다만, 손숙에게 연극이란 무엇입니까.

"전 연극이 제 평생의 길이라고는 생각해 보지 않았습니다. 큰일을 겪기 전까지는요. 제 꿈은 현모양처(賢母良妻)였고 연극은 취미나 여기(餘技)였어요. 남편이 그만두라면 그만두는…. 사명감이 없었던 거죠. 그런데, 러시아에서 〈어머니〉를 공연한 후 연극과 뒤늦게 사랑에 빠졌습니다. 늦사랑이 무섭던데요? 연습실에 앉아 있을 때가 너무 행복합니다. 어떤 배역이든 상관없이, 그 자체가 좋아요. 연극은, 저한텐 '돌아온 옛사랑'입니다."

-가족 가운데 연극인은 없는지요.

"손녀들 가운데 예술이 꿈인 아이들이 둘. 큰딸의 딸이 지금 대학교 1학년인데, 호주에서 학교를 다닙니다. 2013년 극단 신시의 〈미

2003년 연극 〈매디슨 카운티의 추억〉에서 손숙은 중년에 찾아온 '늦사랑'의 여주인공 역을 맡아 열연했다.

남이시네요〉에 출연했었죠. 이름은 조민지. 제가 '일단 공부는 마쳐라. 연극은 그 뒤에 해도 된다'고 조언했어요. 둘째가 낳은 외동딸 하예린은 이제 계원예고 2학년에 올라갑니다."

-좋은 배우란 어떤 존재입니까.

"관객과 교감하고 공감할 수 있는 배우가 좋은 배우죠. 혼자서만 잘하는 건 소용이 없어요. 자기가 행복한 배우가 최고입니다. 목적을 가지고, 무엇을 위해서 연극을 하는 것이 아니라, 자기가 좋아서 연극을 하는 배우. 요즈음 후배들은 다 똑똑해서 다들 잘할 겁니다. 김소희·황정민·서은경·이지아, 이런 친구들의 미래가 정말 기대됩니다."

인터뷰는 이렇게 끝났다. 장자(莊子)의 호접몽(胡蝶夢)이 떠올랐다. '연극적'인 것은 그녀가 출연한 작품들인가 아니면 그녀의 인생 자체인가. 온갖 사연으로 점철된 손숙의 생애는, 어쩌면 대한민국 여성들의 고난을 증거하는 실물 샘플인 것은 혹시 아닐까. "인터뷰 초고(草稿)를 보겠느냐"는 말에 손숙은 웃으며 손사레를 쳤다. 다른 사람의 평가에 민감하게 반응하지 않는다는 뜻이었다. 그녀는 진정한 자유인이었다. (2014년 3월)

손숙 孫淑

- 1944년생. 고려대 사학과 중퇴, 제6대 환경부 장관.
- 출연작 연극 〈상복이 어울리는 일렉트라〉 〈그 여자의 옷을 입혀라〉 〈홍당무〉 〈인조인간〉 〈간계(奸計)와 사랑〉 〈옛날 옛적에 훠어이 훠이〉 〈엄마, 안녕〉 〈셜리 발렌타인〉 등.
  라디오: MBC〈여성시대〉 SBS〈손숙의 아름다운 세상〉 SBS-〈손숙, 김범수의 아름다운 세상〉 김승현, 손숙의 편지쇼〉 CBS〈손숙, 한대수의 행복의 나라로〉.
  영화: 〈단지 그대가 여자라는 이유만으로〉 〈개같은 날의 오후〉〈극장전〉.
- 수상: 1986년 대한민국연극제 여우주연상(1986), 청룡영화상 여우조연상 (1991년), 제7회 이해랑연극상(1997년), 제3회 아름다운예술인상 연극예술인상(2013년) .

50년간 한 해도 **공연 거르지 않은**

朴正子

박정자

- "박정자는 입 안에 惡靈이 살아 있는 듯이 대사를 표현한다"(이충걸《월간 GQ》편집장)
- "古典을 텍스트 삼아, 토씨 하나 틀리지 않고 정확하게 관객에게 다가선다는 자세로 發聲연습을 해야 한다"
- "신별로 나누어 찍는 영화의 제작방식이 좀 어색할 뿐이다. 나는 쭉 이어지는 이야기의 '흐름'을 타는 것이 좋다"

“대사(臺詞)는 기도(祈禱)다”

대한민국 현대사는 격동의 역사다. 이 땅에 살던 사람들에게 주어진 건 불확실(不確實)과 불안(不安)이었다. 모두가 당장 내일의 끼니와 생존을 걱정해야 했다. 그래서 갈망했다. 누군가가 중심(中心)을 잡아주었으면, 어떤 고난에도 흔들리지 않고, 어떤 역경을 만나도 묵묵히 자기 역할을 수행해 내는 그런 존재가 있었으면….

그래서 박정자(朴正子·71)다. 관객들은 그녀의 연기가 보여주는 견고함에 감탄하고 그녀의 경력이 증거하는 꾸준함에 탄복한다. 50년이 넘도록 단 한 해도 거르지 않고 공연을 계속하는 집요한 일관성(一貫性), 중성적(中性的)인 음색(音色)에 지나치리만큼 정확한 발음으로 낮게 깔리며 공연장 저 먼 구석까지 흘러가는 목소리, 절제와 자유로운 동작을 오가는 신체연기. 그렇다. 박정자는 ‘이 정도면 우리는 저 배우를 믿고 의지해도 되는 것이 아닐까’라는 생각이 절로 들게 만드는, 묵중하고 압도적인 존재감을 무대 위에서 연기처럼 내뿜는 배우다.

연극배우의 삶을 따라가다 보면 '우연'이 있고 이 '우연'을 '필연'으로 만드는 '적극적 선택'이라는 인생의 변곡점(變曲點)을 만나게 된다. 박정자의 '우연', 그러니까 연극을 처음 접한 계기는 무엇이었을까.

오빠는 영화감독 겸 영화배우

"아홉 살 때 처음으로 연극을 봤어요. 1950년 6·25가 나던 그해 4월, 지금은 부민관이라는 극장에서. 유치진(柳致眞·1905~1974) 작/연출의 〈원술랑(元述郎)〉에 우리 오라버니가 단역으로 출연하셨거든. 황홀했지. 지금도 그때 장면이 다 생각이 나요. 주연 원술랑에 김동훈(金東勳), 원술랑을 따르는 처녀 진달래가 김선영(金仙英), 원술랑의 약혼녀인 공주가 백성희(白星姬). 김선영은 6·25 동란 중 월북한 배우인데 자그마한 키에 목소리가 낭랑하고 키도 몹시 인상적인 배우였어요."

부민관(府民館). 여기서 부(府)는 경성부(京城府)의 '부'다. 1935년 12월에 준공된 한반도 최대의 공연장. 객석 규모 1500석으로, 두 번째로 큰 극장이던 동양극장의 좌석 수가 700석이었다. 부민관을 요즘 말로 옮기면 '시민회관'쯤 되지 않을까. 이 건물의 내력을 이토록 길게 이야기하는 까닭이 있다. 이 건물이 겪은 파란만장한 용도 변화 때문이다. 건국 당시에는 국립극장이었다가 국회의사당으로 쓰이며 4·19를 겪었고 그 뒤로는 세종문화회관 별관이었으며, 지금은 서울시 의회 의사당으로 쓰이는 건물. 〈원술랑〉은 대한민국 국립극단의 창단작품이다. 김유신(金庾信)의 아들 원술의 이야기. 1970년대 후반부터 1980년대까지, 중학교 2학년 교과서에 일부가 실려 있던 바로 그 작품.

박정자의 오빠 박상호(1931~2006)는 영화감독이다. 도금봉이 주연한 1963년 작 〈또순이〉가 대표작이다. 그런데 연극배우?

"오빠는 연세대에 입학한 인텔리였죠. 일본어, 영어를 자유롭게 구사하고 나팔, 아코디언, 피아노를 치면서 중학교 때부터 영화감독을 꿈꾸던, 당시로서는 좀 특이한 청년이었지. 영화를 하려면 연기의 기본인 연극을 할 필요가 있다고 극단 신협(新協)에 연구생으로 입단을 했어요. 나는 오 남매 중 막내예요. 맨 위 오빠와 언니 셋. 나중에 내가 연극을 한다고 나섰을 때 집안에서 아무도 반대하지 않은 건 오라버니 덕분이지."

아홉 살 소녀의 연극몽(演劇夢)이 현실이 되는 데는 12년의 세월이 더 흘러야 했다. 그 시간 속에 6·25가 놓여 있다. 박정자는 그 세월을 어떻게 견뎠을까.

"그때는 다 그랬지, 뭐"

"6·25가 발발했을 때는 강화도 외가로, 1·4후퇴 때는 제주도로 피란을 갔어요. 1·4후퇴 때 얼어붙은 한강을 건넜지. 얼음이 깨지면 거기가 바로 생과 사의 갈림길이었지. 지금 생각하면 그것이 다 한 편의 연극 같다는 생각이 들어요."

–제주도로 내려간 건 어떤 연유였나요.

"인천으로 피란을 가보니, 하늘에 비행기가 막 날아다니는 거예

박정자의 오빠 박상호는 영화감독이었다. 2001년 4월 국립영상자료원에서 열린 '원로감독 회고전'에서. 왼쪽부터 박정자, 배우 안성기, 박상호 감독, 김기덕 감독.

요. 그게 B29 폭격기였어요. 어느 순간 총알이 쏟아지면 길에 엎드리고 밭에 숨고… 뭐 그런다고 안전하지는 않지만 일단 피할 수 있는 데까지는 피해 보는 거지. 그때 함포사격도 대단했어요. 바다에 떠 있는 군함이 육지 쪽으로 포를 쏘니 바다 쪽 월미도로 향하는 피란민 대열이 자연스레 생기더라고. 거기서 미군이 배를 태워줬어요. 지금 생각하면 그 배가 미군 상륙함 LST였어요. 내가 그 배에서 보름을 지냈어. 그래서 난 보트피플의 심정을 이해해. 처음엔 부산에 입항했는데 못 내리고 다음 날 새벽에 '무조건 하선하라'는 방송이 나왔어요. 거기가 제주도 성산포였지. 구좌읍 종달리. 지금도 눈앞에 아스라이 떠오르는, 내 유년의 1년6개월을 보낸 제2의 고향."

박정자는 부친을 네 살 때 여의었다. 부친은 천일상회라는 제법 규모가 있는 잡화상을 하셨다 한다. 어려서 유치원을 다녔을 만큼 상대적으로 넉넉한 유산을 남겼으나 전쟁이 모든 것을 앗아가 버렸다.

-제주도 생활은 어땠습니까.

"과부에 딸 넷. 하지만 그다지 나쁘지는 않았어요. 오빠가 극단 신협을 따라 대구로 피란 갔다가 현지입대해서 군예대(軍藝隊) 요원으로 위문공연을 다녔어요. 군복 입은 사진, 참호 파는 사진도 보내주고…. 군인가족이라고 소소한 혜택이 많았어요. 그래서 버틴 거지. 어머니는 아들이 보고 싶어 목포로, 대구로 다니면서 장사를 하시고. 나도 바구니 이고 사과 장사, 배 장사를 나갔어요. 그때는 다 그랬지, 뭐."

제주도 천막교회

박정자는 "전쟁은 참혹하다, 다 죽는다, 다시는 일어나면 안 된다, 비극이다"를 반복했다. 실제로 몸을 부르르 떨기도 했다. 그러면서 한강 도강(渡江)이, 기약 없는 해상유랑이, 지나고 보니 다 추억이라고 했다. '비극'과 '추억'의 공존? 전쟁에 대한 이러한 '이율배반적 기억'은, 어쩌면 우리의 몸과 마음이 벌이는 필사적인 사투의 흔적이 아닐까. 남아 있으면 생존 자체를 위협하는, 극도의 무력감(無力感)과 허무(虛無)를 걷어내기 위한. 그렇다면 기억은 편집이다.

박정자는 제주도 천막교회(天幕敎會)를 잊을 수 없다. 관객들 앞에서 춤과 노래를 한 첫 무대. 휴전 후 인천으로 돌아와선 주일학교 성극(聖劇)에 출연했다. 이 재미있는 걸 왜 일 년에 한 번 성탄절에만 하나 그렇게 아쉬울 수가 없었다. 그래서 다녔다. 악극단이든 여성국극이든 가리지 않았다. 공연이 있으면 자석처럼 끌려갔다. 인천 최고의 극장 애관(愛館) 무대를 수놓았던 〈햄릿〉〈오셀로〉〈춘향전〉〈윌헤름 텔〉〈마의태자〉 김동원과 유인자가 나왔던 〈처용의 노래〉 영화도 단골이었다. 그 시절의 영화 가운데는 게리 쿠퍼가 주연한 〈우정 있는 설복(Friendly Persuasion)〉(1956)을 잊을 수 없다.

인천 박문국민학교를 다니다 6학년 1학기 마치고 서울 미동국민학교로 전학, 졸업생 대표로 답사를 읽었다. 관객 앞에서 주눅 들지 않는 장점을 담임선생님이 알아주신 덕이다. 진명여중고 시절도 박정자가 기억하는 '황금의 소녀시대'다. 웅변, 합창, 한국무용에 전념했다. 학교에서 하는 행사엔 늘 그녀가 있었다. 자신을 남 앞에 드러내고 싶은 욕망이 강한 존재. 박정자 몸 안의 배우기질이 6년 내내 숙명처럼 그녀를 이끌었다. 불빛과 조명과 박수를 먹고사는 사람.

〈페드라〉로 데뷔

박정자는 이화여대 신문학과 61학번이다. 1년 선배가 대한민국 역사상 주요 일간지 사장을 역임한 첫 여성 언론인 장명수(張明秀) 전 《한국일보》 사장이다. 대학은 3년도 못 다녔는데 그 사이에도 많은 일이 일어났다. 대학 1학년 때, 연극은 일부러 하지 않았다. 아마추어 연극보다는 본격적인 작업을 하고 싶었으니까. 그런데 2학년에 올라가자 연극 생각이 너무나 간절했다. 그래서 오디션을 보고 출연한 작품이 프랑스 극작가 라신의 〈페드라〉다. 목표는 '페드라' 역이었으나 돌아온 건 대사 열여섯 마디의 시녀 '퍼노프' 역. 공연장은 명동 국립극장이었다. 이탈리아에서 갓 돌아온 양동군(1929~2012)이 연출.

"제대로 된 무대에서 한 공연이라 난 이 작품을 데뷔작이라고 말하곤 하죠. 마지막 장면, 독약을 먹고 쓰러지는 페드라를 무릎을 꿇으며 손으로 받쳐줘야 했는데, 타이밍을 못 맞춰서 연출 선생님한테 많이 혼났지. 그때 제대로 콧대가 깨져서 다시는 연습을 소홀히 하지 않아요."

박정자의 목표는 1999년에 현실이 된다. 극단 자유의 〈페드라〉 공연이 있었고, 박정자는 왕비를 연기했다.

박정자는 대학 때 세 편의 연극을 했다. 드라마센터나 명동예술극장을 대관해 쟁쟁한 프로 연출가를 초빙해서 올리는 작품이었다. 3학년 때 허규(許珪·1934~ 2000)가 연출한 〈베르나르다 알바의 집〉에서 80대 노파 역을 맡아 극찬을 받았다. '대학 극이 기성 연극을 위협한다'는 평이 나올 정도였다. 1990년 김정옥 연출로 국립극단이 이 작품을 공연할 때도 같은 배역을 맡았다. 그해 가을, 동아방송이 개국했다. 성우(聲優)를 뽑는다기에 덜컥 응시를 했다. 드라마라면 라디오 연속극이 전국적으로 폭발적인 인기를 끌던 시절이다.

사미자·전원주 등과 동기생

"경쟁률이 150대 1 정도였어요. 사미자, 전원주, 김무생, 박웅 등이 동아방송 성우 1기 동기입니다. 그런데 방송국에서 재학생은 뽑을 수 없다는 거예요. 대학에선 취직은 물론, 결혼도 학칙 위반이던

동아방송 성우 시절의 박정자, 사미자, 전원주, 김무생, 박웅, 김수의, 박웅 등이 동기였다.

시절이었으니…. 미련 없이 성우의 길을 택했죠."

세월이 한참 흐른 뒤에, 이화여대는 박정자에게 명예졸업장을 줬다. 개교 이래 최초로 명예졸업장을 받은 네 사람 가운데 하나가 바로 박정자다. 사실은 성우를 하면서도 학교를 다녔다. 김갑순(1914~2005) 학장의 부탁을 받고 퇴근 후 재학생들과 연극 연습을 하고 무대에 섰다. 1964년 명동 국립극장에서 막을 올린 가르시아 로르카 작 〈피의 결혼〉. 그때 만난 연출가가 평생의 연극 동지 김정옥(金正鈺·81) 선생이다. 박정자는 이 작품도 되새김질했다.

1985년 작가의 고향인 스페인 말라가 국제연극페스티벌 야외극장 공연 때, 자막이 없었어도 관객은 열광했고 현지 신문은 '로르카는 배반당하지 않았다'라고 제목을 뽑았다. '어머니 역을 맡은 배우는 세계적인 배우다'라는 평가에 통역이 흥분하자 김정옥이 말했다, 나지막하게, 그러나 진지하게. "박정자는 이미 세계적인 배우다. 다만, 스페인까지 그 명성이 전해지지 않았을 뿐이다."

여기서 잠깐 엉뚱한 이야기를 해도 괜찮을까. 정주영 현대그룹 회장이 고대(高大)에 건물을 하나 지어주기로 하자 현대그룹 내 연대(延大) 출신들이 조심스레 건의했다. 사학(私學) 양대 명문이니 연대에도 건물을 하나 기증해 주라고. 그러자 "난 고대를 다녔다. 그래서 건물을 지어준 거다"(회장님께서 국민학교만 나왔다는 건 세상이 다 압니다. 그런데 고대?). "고대 도서관 공사를 할 때 내가 건설노무자로 매일 학교에 다녔다"(일동침묵). 그렇다면, 박정자가 이대에 다닌 건 정주영 회장의 케이스에 비해 '보다 대학 본연의 기능'에 가까운 방식이었을 터이다.

– 직장생활과 대학생활(?)을 병행하자면 힘들지 않았나요.

"전혀. 방송국 생활은 재미있지만 괴로운 나날이었어요. 발음부터 시작해 많은 것을 배웠지만 드라마는 별로 하지 못했어요. 목소리가 너무 튄다는 것이 이유였죠."

박정자만이 보여줄 수 있는 연기

내레이션 아니면 할머니, 어머니 역할이 그녀에게 돌아오는 배역이었다. 연극은 갈증을 해소하는 청량제였다. 목소리? 《월간 GQ》의 이충걸 편집장은 "박정자는 입 안에 악령(惡靈)이 살아 있는 듯이 대사를 표현한다"고 했다. 그런데 이토록 오랜 세월 동안 대중의 사랑을 받는 악령이 어디 있는가? 이 말은, 어떤 경우든 너무나 정확하게 발음되어 오히려 두려운, 상상력의 극한을 넘어서는 지점에서 흘러나오는 듯한 박정자의 목소리에 대한 역설적 극찬이다.

"나도 알지. 내 목소리가 무섭다는 얘기가 있다는 걸…. 합창단에서 내 파트는 소프라노였어요. 부드러울 땐 부드럽다는 뜻이죠. 지금 내 목소리가 무서운가?"

－아니, 전혀. 그런데 왜 그렇게 정확한 발음에 집착하나요.

"대사(臺詞)는 기도(祈禱)니까. 기도든 주문(呪文)이든 정확해야 하늘에 닿을 것 아닌가, 대사를 쉽게 생각하면 안돼요. 고전(古典)을 텍스트 삼아, 토씨 하나 틀리지 않고 정확하게 관객에게 다가선다는 자세로 발성(發聲)연습을 해야 해요."

필자는 박정자 목소리 연기의 하이라이트를 기억한다. 1990년에 공연한 마샤 노만 작 〈굿나잇, 마더〉. 딸의 자살을 만류하는 어머니가 박정자였다. 딸이 자살을 예고하고 나누는 모녀 사이의 생애 마지막 대화. 농담인지 진담인지 설마설마 하며 얘기를 주고받는 사이, 딸은 권총을 들고 방으로 들어가 문을 잠근다. 이렇게 안 하면 경찰이 엄마를 의심할지도 모르니까. 잠긴 문 앞에서 박정자는 딸을 달래다, 애원하다, 고함치다, 분노를 폭발시키다, 총성이 울리자 절망하고 쓰러진 채 아들에게 전화를 걸고 상황을 설명한다. 불과 1분 남짓한 시간에, 성격이 판이한 수많은 감정의 극한을 자유자재로 오가는 섬뜩한 독백. 그건, 오로지 전 세계에서 박정자만이 보여줄 수 있는 연기다.

"과찬이에요. 그런데 〈굿나잇, 마더〉는 재공연할 생각이 없어요. 그때보다 더 잘할 자신이 없거든. 그런 경우가 몇 작품 더 있지."

온달의 어머니

50년을 무대에 서다 보니 작품에 대한 평가와 박정자의 개인사(個人史)가 종횡으로 얽히는 작품들도 있다. 최인훈이 쓰고 김정옥이 연출한 〈어디서 무엇이 되어 만나랴〉. 1970년 명동 국립극장 초연 때도 1974년과 1986년 재연 때도 박정자의 배역은 '온달의 어머니'였다. 내내 한마디도 안 하다가 아들인 온달이 전사(戰死)하고 며느리인 평강공주도 반대편 정치세력에게 목숨을 잃은 뒤 혼자 쓸쓸히 무대에 남아 흘리는 독백.

1974년 공연 때는 만삭의 몸으로 무대에 올랐다. 연극 초반에 공주를 만났을 때 바닥에 엎드려야 하는데, '이러다 아이가 입으로 튀어나오는 것 아닌가' 걱정이 될 만큼 태아(胎兒)가 움직이던 공연, 분장실에 누워 가쁜 숨을 몰아쉬다 가까스로 무대에 올라 하루하루를 버티던 공연이었다.

박정자는 1972년 11월 24일에 결혼했다. 당시로서는 매우 늦은 서른한 살의 결혼. 신랑은 네 살 연하였다. 군부대 위문공연을 마치고 돌아오던 길, 추워서 떨고 있는 박정자에게 털모자 방한모를 씌워준 것이 연애의 시작이었다. 창경원과 비원 사이의 돌담길이 두 사람이 즐겨 찾던 데이트 코스. 이지송 소위는 장모의 신임을 얻기 위해 인테리어 사업을 접고 광고 회사에 취직했다. 박정자의 고백에 의하면 이 소위와 박정자는 사실은 알던 사이다. 《여성동아》 기자를 하던 친구 이지선 기자의 남동생. 위문공연도 그 친구의 권유로 나섰던 길이다. '친구'가 '시누이'가 된 건 오로지 '친구' 탓이다.

〈위기의 여자〉

1986년 시몬 드 보부아르 원작 정복근 각색의 〈위기의 여자〉 공연은 우리 연극계의 두 거장 김정옥과 임영웅의 사이가 삐끗한(?) 공연으로 화제를 모았다. 두 분 모두 박정자를 포기할 수 없었기 때문이다. 사연은 이렇다.

1986년 연극 〈위기의 여자〉는 6개월동안 250회 공연이라는 기록을 세웠다.

캐스팅을 도와달라는 부탁을 받고 여러 사람을 추천하다 아예 직접 나서기로 했다. 연출자 임영웅은 박정자의 '강한 이미지'가 이 작품과는 맞지 않는다고 거절하다 '그 이미지를 한번 역이용해 보자'며 작업을 시작한다. 3월 30일 VIP 대상 첫 공연부터 반응이 심상치 않았다. 극단 자유의 이병복 대표가 연출가 임영웅에게 '박정자를 여자로 만들어줘서 고맙다'고 인사했고 다음 날부터 주부관객들이 산울림 소극장에 밀물처럼 몰려들었다. 남편 역 조명남의 대사에 객석은 실시간으로 분개했고, 박정자가 넋두리를 하면 주부들이 흐느꼈다. "〈위기의 여자〉에 '위기의 여자'들이 몰려온다"는 기사가 문화면이 아니라 사회면을 장식할 정도였다.

문제는, 그해 가을에 극단 자유의 창단 20주년 공연이 예정되어 있었다는 것. 여름이 다 가도록 〈위기의 여자〉는 연일 만원사례였다. 공전의 히트작이 오랜만에 나왔는데, 주연배우는 하차(下車)를 고민하며 두 극단 사이에서 방황하고 있었다. 우여곡절(迂餘曲折) 끝에, 박정자는 다시 한 번 온달의 어머니가 되었다. 〈위기의 여자〉는 배역을 교체해서 공연을 이어갔다. 박정자와 눈도 마주치지 않던 김정옥은 첫 공연을 마치고 "역시, 당신은 무대 위에서 빛난다"는 말로 갈등을 봉합했다.

임영웅과 김정옥

필자는 이 공연을 세 번 관람했다. 앞에서 언급한 것처럼, 박정자의 대사는 공연 말미의 몇 마디가 전부다. 그때의 감상을 적어놓은

1971년 〈슬픈 카페의 노래〉를 공연할 때의 이병복(오른쪽), 김정옥(가운데)와 함께 한 박정자 (왼쪽).

메모가 있다. "보이지 않는 투명 보자기가 객석에 펼쳐져 있다. 박정자라는 보자기다. 공연 내내 대사가 없던 노파가 허공에 대고 말을 던진다. 그때 갑자기 압도적인 존재감이 발생한다. 투명 보자기가 객석 전체를 한 보퉁이로 꽁꽁 묶고, 관객들이 미처 적응을 못한 사이에 조명이 꺼지고 배우들이 퇴장한다."

– 김정옥의 한마디에 그토록 감격한 이유는요.

"그분은 내 예술적 등대(燈臺)니까요. 극단 자유는 우리나라 최초로 집단창작(集團創作·total theatre)을 추구했던 극단이죠. 줄거리만 있는 텍스트를 놓고 연출가와 배우들이 연습을 하며 살을 붙여 나가는 겁니다. 프랑스에서 공부한 김정옥 선생은 배우들이 스스로 작품 속으로 들어오기를 원했어요. 디테일한 요구는 일부러 하지 않았죠. 배우들 각자가 자유로운 상태에서 스스로 생각해서 만들어가는 동선, 그걸 관망하면서 커다란 방향만 잡아주셨으니까 '등대'인 거지. 극단 명칭 자유(自由)도 절묘한 작명이라고 생각해요."

- 임영웅 선생은 그 반대라고 알려져 있는데요.

"미세동작, 시선, 발걸음 하나하나를 체크할 정도로 치밀한 분입니다. 그런데 사람들이 모르는 점이 하나 있어요."

- 뭔데요.

"사람관리. 임영웅 선생은 배우의 평소생활을 꼼꼼하게 관찰해요. 그걸 바탕으로 그림을 그리니까 배우들을 '완벽하게 통제'하는데도 '자연스러운 연기'가 나오는 겁니다."

극단 자유는 박정자의 고향이다. 본인 스스로도 '박정자의 연극은 오로지 극단 자유에서 시작해서 극단 자유로 끝난다'고 생각한다. 1966년에 창단, 대표 이병복, 연출 김정옥, 최불암, 김혜자, 김용림, 최지숙, 김무생, 윤소정 등이 자유의 동인(同人)이다. 극단 자유의 대표이자 공연의상을 모두 만들었고 카페 떼아뜨르라는 소극장 운영자이기도 했던 이병복(李秉福·87)은 그래서 박정자의 항로를 인도하는 또 다른 '등대'다.

추송웅

"이 선생님은 나에겐 어렵고 먼 분이죠. 거의 40년을 함께 지냈는데도 그분을 뵈면 늘 '넘어설 수 없는 무언가'를 느껴요. 연극배우 박정자는 이분이 만들어낸, 원형성(原形性)의 탐구랄까 인간 본연의 심연(深淵)을 보여주는 듯 한 이미지, 과감한 생략과 색채감의 포로예요. 예리하고 정확해서 승복할 수밖에 없는…."

1969년경 명동 국립극장에서 공연할 당시의 박정자(오른쪽). 왼쪽은 추송웅, 가운데는 배우 겸 디자이너 박항치.

– 이병복 선생은 이화여대 영문과를 졸업했고, 1948년 여인소극장 창단멤버였습니다. 1957년 부군인 서양화가 고(故) 권옥연 화백과 파리 유학을 떠나 조각을 공부하고 의상으로 학위도 받았죠. 귀국 후에는 유학 시절에 알게 된 김정옥 선생과 극단 자유를 창단했고. 그런데 항간에는 두 분을 부부로 오인하는 분들이 더러 있더라고요.

"워낙 함께 작업을 많이 하셨으니까. 그런데 그 얘기만 나오면 두 분 다 손사래를 쳐요. 나한테는 추송웅(秋松雄·1941~1985)이 그런 사람입니다. 공연도 같이 많이 했고, 부부로 나온 적도 많아서 실제 부부냐고 오해를 하는 분들이 계셨지."

– 1968년 작 〈우정(友情)〉도 사연이 많은 공연이라고 들었어요.

"충무로 1가 24번지 카페 떼아뜨르는 우리나라 최초의 소극장이에요. 개관기념 공연은 〈대머리 여가수〉였고, 추송웅과 내가 스시 부부로, 김무생과 최지숙이 마시 부부로, 함현진(咸賢鎭·1941~1977)이 소방대장으로 출연했죠. 두 번째 공연이 〈우정〉이었어요. 〈햇빛 밝은 아침〉은 함현진과 내가 나오는 2인극이고, 〈우정〉은 추송웅까지 셋이서 공연했죠. 절친한 친구 두 사람이 한 여인을 동시에 사랑하지만 우정을 지키기 위해 죽는 순간까지 비밀을 지킨다는 내용이지. 강원도 3사단 최전방 부대 사병식당의 '매트리스와 백열전구'로 꾸민 가설무대에서 장병들의 환호를 받기도 했어요. 내 결혼의 계기가 되어준 고마운 작품이지."

'튀어야 사는 배우'

-항간에는 이 작품 이야기만 나오면 박정자가 눈물을 흘린다는 소문이 있던데요.

"지금은 울지 않아요. 나이를 먹으면 다 추억이 되는 거니까. 추송웅이 그렇게 빨리 세상을 등질 줄 누가 알았나요. 그 젊은 나이에 패혈증으로 쓰러져 갑자기 가버리다니…. 추, 함, 나 세 사람은 밤낮으로 명동 거리를 누비며 밥 먹고 연습하고 신나게 공연했어요. 각자가 환갑이 되면 다시 모여 잔치 대신 〈우정〉을 공연해 주기로 약속을 했지. 우는 대신, 생각이 나면 '난 누구랑 〈우정〉을 하란 말이냐, 이 나쁜 남자들아!'라고 되뇌며 속으로 웃죠. 함현진은 테헤란에서 분신자살로 생을 마감했어요."

-두 사람은 어떤 배우였나요.

"추송웅은 경남 고성 출생, 함현진은 서울고를 나왔어요. 둘 다 중대(中大) 연극영화과 1기죠. 추송웅은 튀어야 사는 배우야. 어떻게든 존재감을 드러내려고 했지. 추송웅만큼 열정을 뿜어내던 배우는 없어. 함현진은 너무 일찍 태어난 사람이지. 가만히 서 있기만 해도 기품이랄까 품위랄까, 귀족적인 느낌으로 반짝반짝 빛나는 배우였죠."

박정자의 영화와 TV드라마 출연횟수는 상대적으로 적다. 오빠가 영화감독이었으니 그쪽에서 제의가 이어졌을 법도 한데 그렇지 않은 모양이다.

"오빠의 작품에 출연한 적은 없어요. 영화를 일부러 안 한 건 아니에요. 신별로 나누어 찍는 영화의 제작방식이 좀 어색할 뿐이지. 나는 쭉 이어지는 이야기의 '흐름'을 타는 것이 좋거든. 그래도 영화를 열 편 넘게 찍었어요. 연극만 하고 있을 때, 김기영(金綺泳·1919~1998) 감독께서 픽업해 주셨어요."

박정자는 영화에서도 존재감을 보여줬다. 1975년 김기영 감독의 〈육체의 약속〉으로 대종상 여우조연상, 1985년 정진우 감독의 〈자녀목〉으로 다시 대종상 여우조연상을 수상했다. 앞은 글 〈만다라〉에서 속세로 안성기가 찾아가는 어머니가 박정자다.

〈19&80〉

-꼭 한 번 다시 하고 싶은 공연이 있다면요.

"있어요. 〈19 & 80〉."

이 연극의 원래 제목은 <해롤드 앤 모드(Harold and Maude)〉, 원작

박정자는 〈19 & 80〉을 다섯 차례 공연했다. 2004년 김영민과 함께 공연한 〈19&80〉.

자는 콜린 하긴스다. 80세의 나이임에도 우주 비행사가 되는 꿈을 여전히 버리지 않은 엉뚱하고, 귀엽고, 사랑스러운 할머니인 모드가 19세 청년 해롤드를 만나, 홀로서기를 할 수 있도록 지혜와 사랑을 남겨주고 세상을 떠나는 이야기다. 1987년 김혜자와 김주승이 국내 초연했고, 박정자는 상대배우를 바꿔가며 2003, 2004, 2006, 2008, 2012년 다섯 차례 공연을 했다. 뮤지컬로도 만들었고, 다섯 번 모두 프로듀서가 되어 직접 제작을 맡았다.

-이 작품에 그렇게 애착이 많습니까.

"80 노파의 삶이 바로 내 얘기 같으니까. 모드는 내 롤모델이에요. 사랑스럽고 지혜로운 할머니. 무소유를 실천하는 환경운동가. 시청 앞에서 스모그와 매연에 시달리는 나무를 뽑아다 공기 맑고 햇볕 좋은 데 심어주고, 동물원의 물이 더럽다고 바다표범을 자기 집에 데려다가 목욕시키고 바다에 풀어주는 사람. 주인공의 극중 나이도 마음에 꼭 들어요. 80이라는 나이는 인생을 관조할 수 있는 충만한 시간이죠. 한 배우가 늙어가면서, 나이 먹어가면서 달라지는 모습을 볼 수 있는 작품, 80이라는 나이가 있어야 가능한 작품…. 남자배우를 바꾸는 건 익숙해지기 싫어서지. 익숙해지면 아무래도 긴장감이 떨어지니까. 늘 새롭게 공연하고 싶다는 바람 때문에 상대역을 바꾸는 거야. 그리고… 내 연극생애의 오점(汚點)을 바로잡아야 하니까."

오점(汚點)

- 오점이라뇨.

"2012년 12월 중순부터 2월 초까지 공연하기로 했는데, 여러 가지 사정이 겹치면서 12월 말로 막을 내려야 했어요. 박정자 연극인생 50주년 기념공연이 사납게 마무리된 거지. 여러 말 할 것 없이 내가 오만했던 거예요. 그 벌을 받은 것이라 생각해. 하지만 그런 이유만으로 이 작품을 다시 하고 싶은 것이 아니에요. 처음 이 작품을 만났을 때, 기회가 닿는다면 매년이라도, 아니면 두 해 걸러 한 번이라도 〈19 & 80〉을 공연하고 싶었어요. 내가 모드의 극중 나이인 여든이 되는 날까지. 공연과 더불어 관객도 배우도 함께 나이를 먹어가며 세월을 삭히고 마음을 무르익히는 조용한 '연극축제'를 하고 싶었어요. 기업이든 개인이든, 지금이라도 누군가 동참을 해줬으면 하는 희망이 있어요. '한 배우를 응원해 달라'는 말씀을 감히 드려도 될까요? 문화는 축적이에요. 분명한 목표를 세우고, 벽돌을 쌓아가듯 한 해 한 해 다른 색깔로 이어붙이는, 오래된 장맛 같은

〈19 & 80〉을 공연하고 싶다는 것이 내 오랜 소망이죠.”

박정자에게 연극이란 무엇인가

“박정자에게 연극이란 무엇인가?”라는 질문엔 “종교이자 조국”이라는 대답이 돌아왔다. 무대에서 오롯이 50년을 견딘 배우에게 “좋은 배우란 어떤 존재입니까?”라고 묻자 “모르겠다. 그건 관객이 판단하는 거다”라고 했다. 여전히 중성적인 저음으로, 정확하고 낮게 깔리는 분명한 메시지였다.

박정자는 그렇게 ‘목소리’를 남기고, 국립극단의 최신작 〈단테의 신곡〉(연출 한명숙, 11월 2~9일 국립극장 해오름극장) 연습장으로 뚜벅뚜벅 걸어갔다. ‘중심’이 잡힌, 당당하고 우아하며 단호한 뒷모습을 보여주면서…. (2013년 11월)

박정자 朴正子

- 1942년 서울생. 진명여고, 이화여대 신문학과 동아방송 성우, 극단 자유 단원. 현 대한민국 예술원 회원, 한국연극인복지재단 이사장
- 연극: 《악령(惡靈)》, 《따라지의 향연(饗宴)》, 《해녀 뭍에 오르다》, 《살인 환상곡》, 《마리우스》, 《사자(死者)의 훈장》, 《슬픈 카페의 노래》, 《흑인 창녀를 위한 고백》, 《어디서 무엇이 되어 만나랴》, 《부부연습》, 《피의 결혼》, 《위기의 여자》, 《굿나잇, 마더》, 《넌센스》, 《19 & 80》, 《파우스트》
- 영화: 〈육체의 약속〉(대종상 여우조연상: 1975), 〈자녀목〉(대종상 여우조연상: 1985), 〈아낌없이 주련다〉, 〈말미잘〉, 〈과부춤〉

모든 연극 **장르 섭렵한**

金星女

김성녀

- ⊙ '비둘기 자매'로 가수 데뷔, 국악, 正劇, 唱劇, TV드라마, 뮤지컬, 마당극 등 넘나들어
- ⊙ 남편은 연출가 손진책, 부부 모두 이해랑연극상 수상, 딸은 뮤지컬 배우, 아들도 연출가
- ⊙ "김성녀는 그날그날의 흐름을 타는 배우" (연출가 오태석)

"배우는 긴 호흡으로 시간을 견뎌야"

부모는 연극인이었다. 극단에서 만나 결혼한 남편도 연극인이다. 이모들도, 형제들도, 그리고 자녀들도 연극을 한다. 의상 바구니가 침실이었고 무대는 놀이터였다. 먼지가 섞인 매캐한 극장 냄새가 그래서 그녀에겐 고향의 냄새다. 김성녀(金星女·64) 이야기다. 지금은 청소년들의 희망 직업 1순위가 연예인이지만, 수십 년 전만 해도 대중은 예술인들의 공연에 열광은 하되 사회적 존경을 보내지는 않았다. 조선시대를 기준으로 하면, 광대(廣大)는 천민 가운데서도 가장 밑바닥에 자리한 사람들이었다. 그런 관습이 아직 없어지지 않은 데다 전란(戰亂)을 겪은 어려운 시대를 예술인의 가족으로 살았다는 건 어떤 의미일까.

–공식기록에는 1950년 9월 16일 서울생이라고 나와 있네요. 9·28 수복 얼마 전에 태어난 건가요. 어머님이 만삭이라 피란도 못 가시고.

"그건 음력이고, 양력으로는 11월 생입니다. 태어난 곳은 서울이 아니고 목포입니다. 배 타고 피란 가시다가 갑자기 산통(産痛)이 와서 어머니가 선상(船上)에서 저를 낳으셨답니다. 초산(初産)이었고, 어머니 나이는 열일곱이었어요. 태어나자마자 서울로 올라왔으니까 출생지를 서울이라고 적은 겁니다."

김성녀의 어머니 박옥진(朴玉珍)은 당대의 인기 배우였다. 악극단과 여성국극(國劇) 같은, 서민들이 즐기던 유랑극단의 중심인물이었다. 아버지 김향(金鄕)은 어머니보다 열두 살 연상의 실향민(失鄕民)이었다.

"아버지는 6·25 때 월남(越南)하신 것이 아니고, 그 전에, 말하자면 1940년대 후반 '해방공간' 때 월남하셨습니다. 나중에 듣기로는, 당시 연인 관계였던 영화배우 윤인자(尹仁子) 선생님이랑 함께 탈출하셨답니다. 함경북도 성진이 고향인데, 북쪽에 계실 때 극작가 오영진(吳永鎭) 선생님과 함께 활동하셨고 영화배우 장동휘, 황해 선생님과도 친분이 있었지요."

여성국극(國劇) 시대

오영진은 조만식(曺晩植)이 주재하던 조선민주당 핵심 활동가였다. 가수 황금심의 남편이자 전영록의 아버지로 유명한 황해는 독립군의 연락책이었다.

"저희 아버지께서 정치활동을 하셨는지는 모르겠고, 아무튼 이분들이랑 젊었을 때 찍은 사진이 저희 집에 많았어요. 지금은 거의 다 없어졌지만."

김향이 남쪽으로 넘어와 택한 생계수단이 악극단 연출이다. 악극

영화 등 볼거리가 많이 않던 시절에 사극을 소재로 한 여성국극은 인기가 높았다. 사진은 여성국극의 스타 임춘앵.

단의 레퍼토리는 일종의 버라이어티 종합공연이다. 단막극, 비극, 간단한 쇼와 다음 공연 안내를 겸한 막간(幕間), 희극, 집단 댄스인 레뷰 등을 하룻저녁에 모두 공연했다.

"아버지랑 어머니는 악극단에서 처음 만나셨다고 합니다. 연출가와 배우로 만나 연기지도도 받고 연극 이야기도 듣고 하다가 결혼으로 이어진 거지요. 아버지는 나중에 어머니와 둘이서 여성국극단을 만들고 〈햇님 달님〉 같은 작품을 직접 쓰기도 했습니다. 집필한 작품의 양이 상당했어요. 연속극 쓰듯이 계속해서 새로운 이야기를 만드셨다고 하면 이해가 빠를까요."

여성국극은 6·25 동란을 전후해서 유행했던 공연 양식이다. 여성들이 남장(男裝)을 하고 무대에 섰다. 이야기의 주제는 〈호동왕자와 낙랑공주〉 같은 야사(野史)나 설화(說話) 위주였는데, 재담(才談)과 창(唱)으로 대사를 했다. 전쟁 통이라 남자배우가 귀했고, 여성들만 출연했기에 상대적으로 과감한 애정표현(그래 봐야 포옹 신 정도였지만)이 가능했다.

"삼성(三星) 여성국극단이라고, 저희 어머니와 이모(박보아), 외숙모(조양금) 세 분이 주축 배우로 나왔고, 아버지가 극본을 쓰고 연출을 했습니다. 정말 인기가 좋았습니다. 돈을 가마니로 퍼 날랐다고 할 만큼 흥행성적이 좋았답니다. 제가 서대문 기와집에 살았는데 저희 부모님 소유의 집도 몇 채였고 그 옛날에 트럭도 몇 대 있었죠."

-그걸 기억하십니까.

"그럼요. 트럭을 개인이 갖는다는 건 상상도 못하던 시절이니까, 얼마나 신기했겠어요. 네다섯 살 시절인데, 마당에 세워 둔 트럭 안에서 자기도 하고 소꿉놀이에 여행놀이를 하기도 하고, 신나게 놀았죠. 짐칸에 다다미 깔면 거기가 제 별장이 되는 겁니다."

'트럭'은 극단의 재산이었다. 대도구와 소품을 싣고 단원들을 태워 전국을 유랑하는 수단이었고, '골목돌기 가두선전'을 하는 홍보의 첨병이었다.

"일본말로 '마치마와리'라고, 글자 그대로 동네를 도는 겁니다. 배우들이 다들 의상 차려입고서 트럼펫 불면서 장터나 사람 많이 다니는 길을 돌아다니는 거죠. 구경거리가 흔하지 않던 시절이라, 저희 극단 트럭이 한 바퀴 돌고 나면 마을 분위기가 확 달아올랐습니다."

-경험담입니까. 아니면 들은 얘기? 직접 해 본 적도 있나요.

"제 무대 데뷔가 다섯 살 때입니다. 어머니가 하시던 역할의 아역(兒役)을 도맡아 했어요. 1953년부터니까, 그걸 기준하면 무대에서 생활한 지도 어언 60년이네요. 제 별명이 '불여우'였어요. 악사(樂士)가 박자 놓치면 춤추다 말고 눈 흘기고, 그 어린 것이 발로 무대 바닥을 쿵쿵 차며 박자 맞출 때까지 기다렸으니까.”

지금 기준으로는 형편없는 시절이지만, 그래도 1950년대 여성국극단은 공회당이나 영화관 같은 ‘실내’에서 주로 공연을 했다. 동물단원들을 보유한 데다 곡예(曲藝)가 필살기인 서커스단은 천장이 높은 천막이 필요했고, 곡마단이나 악극단에 비해 ‘연극공연’ 위주로 특화(特化)한 여성국극은 상대적으로 소규모 인력 및 장비로 팀을 꾸릴 수 있었다. 말하자면, ‘버라이어티 종합공연’ 중에서 ‘사극(史劇)형 멜로드라마’만을 떼어내 특화한 셈이다. 여성국극 전성기에 여러 단체가 지방을 돌고 다들 나름대로 수익을 올렸다는 것은 연극사회사의 관점에서 연구를 진행할 필요가 있다.

아버지의 영화제작 실패로 빚만 남아

“한 곳에서 2~3일 체류합니다. 그 정도면 볼 사람은 다 본다는 계산이었죠. 지금 영화 상영하듯이, 조조부터 심야까지 하루에 7~8번 공연했어요. 저녁 공연 때 제가 피곤해서 자고 있으면 어른들이 아이스케키로 유혹하고 깨워서 무대로 내보내곤 했습니다. 제대사는 거의 없었고, 춤과 노래가 거의 다였으니까 힘들기보다는 재미있는 추억이 많지요. 배우들도 요즘 리얼리즘 연극 식으로 모든 대사와 동선을 치밀하게 연습해서 정밀하게 재현하는 방식이 아니었고, 각자 개개인이 어느 정도 융통성을 가지고 스토리 라인에 맞게 이야기를 끌어 가는 방식이었습니다. 모두들 어려서부터 국악훈련을 받은 분들이니 음악적 완성도가 나름대로 높은 편이어서 관객들도 다들 좋아하시고…."

상대적으로 넉넉했던 어린 시절은 이내 끝이 났다. 아버지가 영화를 제작했고, 흥행이 대실패로 끝나면서 트럭이 모두 없어졌다. '빚'만 남았다.

"아버지가 〈대춘향전〉이라는 여성국극 판소리영화를 제작하셨습니다. 저희 어머니가 춘향으로 나오고 이모 박옥란이 이도령. 총천연색 영화라서 돈이 엄청나게 들어갔는데 그야말로 처절하게 망했습니다. 여성국극 전성기인데다 총천연색으로 찍었으니, 우리를 보러 와 주던 어지간한 사람들은 다 와서 볼 것이라고 판단했다가…. 돈을 번 것이 아니라 빚만 남았죠. 나중에 임권택 감독님이 〈춘향뎐〉을 만들 때, 〈춘향전〉을 각색해서 영화화한 역대 작품 목록이 신문에 났는데 그때 저희 아버지가 감독한 〈대춘향전〉도 들어있어서 감회가 새로웠지요."

영화사료 수집가 정종화 선생은 김향이 처음이자 마지막으로 제작·감독한 〈대춘향전〉의 정보를 들려준다. 1958년 작. 개봉관은, 지금은 없어진 코리아나 극장. 위치는 현 조선일보 미술관 자리였다고 한다.

형제자매들도 모두 예술인

영화 실패 후 극단은 깨지고 집도 날아갔다. 운니동 옆, 종로구 와룡동 114번지 단칸방으로 이사 와서 교동국민학교를 다녔다. 아버지는 폐인처럼 사시다 집을 나갔다.

-기록에는 부모님이 계속 같이 살았던 것으로 나옵니다만….

"그때 아버지가 아편을 하면서 영화를 찍었다는 소문이 있었어요. 아편 흡입이 당시 지식층의 유행 비슷하게 잘못 인식되던 면이 없지 않아 있었고…. 집으로 빚쟁이들이 찾아오고 하니까 겸사겸사 해서 가출하신 거죠. 가출은 자연스레 별거로 이어지고, 아버지는 다른 극단에 가서 일 봐주시고 용돈 얻어 쓰면서 그냥저냥 사셨어요. 누가 저희 자매한테 '너희들 아버지 어느 어느 당구장에서 봤다' 그러면 저랑 제 동생이 당구장 유리창 너머로 아버지를 보기도 하고…. 가족들에 대한 책임은 어머니 몫이었어요. 저한테 아버지는 '한량(閑良)'의 이미지로 남아 있습니다."

김향의 가출은 몇 년 만의 귀가로 막을 내렸다. 이 흔적은 '동생들과의 터울'이 증명한다.

"제 바로 아래 동생이 성애(星愛). 판소리를 했죠. 둘째랑 셋째 성희(星姬) 사이의 나이 차가 바로 12년입니다. 성희는 지금 매니저처럼 저를 돌봐 주고 있습니다. 넷째가 유일한 남자인데 성일(星一). 요즘은 뮤지컬 안무가로 활동하는데, MBC 무용단장이었죠. 다섯째 성자(星子)는 거문고를 했습니다. 현재 오카리나 강사를 하고 있어요. 막내 성아(星娥)는 해금 전공으로 한양대 교수로 재직 중입니다."

별 성(星) 자를 돌림자로 쓴 그의 형제자매는 모두 예술에 종사했다. 예명이 아니라 모두 본명이라는데, 그렇다면 자녀들의 운명이 그쪽으로 흘렀으면 하는 바람으로 작명(作名)을 했던 걸까.

어머니

"영화가 망하고 당장 쌀이 떨어질 지경이었죠. 어머니는 임춘앵 국극단 등 다른 단체로 가서 출연료로 빚 갚고 생활비도 마련하셨습니다. '야, 내가 어려서 지방순회 다닐 때는 흥행이 시원찮아서 단체가 숙박비 못 내고 그래서 인질로 많이 잡혀 있기도 했다. 그때 생각하면 지금은 돈 받고 다니는 건데 너무 걱정 말아라'며 저희 자매를 안심시키곤 했습니다. 저는 집에서 살림하고, 동생들 도시락 챙겨 주면서 학교 다니고. 아, 언젠가 〈김삿갓〉이라는 영화에 아역으로 한 번 출연한 적이 있네요."

김성녀는 그래서 '목포는 항구다'를 잊지 못한다. 어머니가 여관에 잡혀 있을 때 혼자 흥얼거리던 노래이기 때문이다. 지금도 어머니 생각이 날 때면 나지막한 소리로 이 노래를 부른다. 여관 주인이

1990년 김성녀는 중앙대에서 음악학 석사 학위를 받았다. 어머니 박옥진(왼쪽)은 유명한 국극배우였다.

외상값 빨리 받겠다고 단체를 따라다니다 제작자로 변신하고 사업부 직원으로 일하던 시절의 '낭만과 애환'이 노랫가락에 실려 애잔하게 묻어 나오는 것만 같아서다.

학교는 진명(進明)여중·고를 나왔다. 경기(京畿), 이화(梨花), 숙명(淑明), 진명(進明), 창덕(昌德)이 5대 명문으로 꼽히던 시절이다.

"중·고교 때 공부를 제법 했어요. 어머니는 지방 공연 중이라 저 혼자 가서 시험 치고, 얌전하게 학교만 다녔죠. 동급생으로는 경희대에서 현대무용을 가르치는 박명숙 교수가 있습니다."

'평범하고 얌전하게 살겠다'는 소망은 고2 때 무너진다.

"1967년입니다. 어머니가 쓰러지셨어요. 그것도 일본에서. 재일교포 위문 일본 순회공연 중이었는데 남자 역을 맡아 칼춤을 추시다가 뒤로 넘어지셨답니다. 칼춤이, 보기보다 체력소모가 많거든요. 저희들 등록금 댄다고, 야참비 모아서 송금하고, 밥값도 현찰로 받아 아껴서 또 송금하고…. 늑막염 진단을 받았습니다."

당장 생활전선에 뛰어들어야 했다. 동생 성애가 가수를 하겠다고 오아시스 레코드사를 찾아가 오디션을 봤다. "펄 시스터즈, 바니걸스처럼 여성 듀엣이 대세이니 언니나 여동생이 있으면 같이 오라"고 해 같이 가서 곡을 받아 음반을 내고 가수로 데뷔했다. 그룹 이름은 '비둘기자매'. 1968년 2월에 나온 첫 음반 발표곡은 '그네 줄 내 사랑'. 다른 가수들과 연합음반을 내던 시절이라 '광주역의 밤비' '댕기를 풀어놓고' '낙동강 강바람' '첫사랑 금반지'(1968) '멋쟁이 마도로스' '항구의 그날 밤' '마도로스의 딸' '서귀포야 잘 있거라' '비오는 목포항구'(1969) '연평도의 탄식' '한양도령' '명동의 남매'(1972) 등을 잇달아 발표했다. '대니보이'라는 예명으로 활동하던 이일수씨가 매니저 역할을 맡아 도움을 주었다.

대중들이 기억하는 비둘기자매의 최고 히트곡은 '까투리 사냥'(1972)이다. 가사 내용을 둘러싼 금지곡 논란도 당시의 화제였다.

"까투리가 암꿩이잖아요, 근데 암꿩은 사냥금지 대상이었거든. 이 점이 문제가 돼서 가사심의에 걸리고, 제작사가 '그럼 민요 가사를 바꾸라는 말이냐'고 받아치고…. 이 논란으로 오히려 인기가 상승했습니다."

–가수를 계속했어도 좋았을 텐데요.

"가수, 훌륭한 직업이죠. 하지만 제 성격엔 잘 안 맞았어요. 저는 '이야기'를 좋아하고, 그 이야기가 길게 펼쳐지는 것을 즐깁니다. 가수는, 제 기준으로 보자면, 공연 시간이 다소 짧은 거죠."

박귀희에게 가야금 배워

–그래서 연극 쪽으로 방향을 틀었습니까.

"연극으로는 그야말로 물 흘러가듯 스며들었습니다. 가수도 싫고, 뭐랄까, 삶의 에너지가 방전되었다고 할까. 그래서 집에 은둔하고 있었어요.

그런데, 어느 날 '달밤에 가야금을 타면 참 운치있겠다'는 생각이 드는 겁니다. 동생이 박귀희(朴貴姬) 선생님께 다니고 있었기에 청을 넣었죠. '배우고 싶습니다'라고. 선생님이 운영하시던 운당여관으로

김성녀의 스승인 국악인 박귀희.

찾아뵈었는데, '박옥진 딸이라면 볼 것도 없다. 남들 10년 걸릴 것 너는 3년이면 된다'고 바로 받아 주셨습니다."

이날 이후 김성녀는 박귀희 문하에서 장기간 수련했다. 그래서 인간문화재 박귀희의 1호 후계자는 안숙선(安淑善) 명창, 2호 후계자가 바로 김성녀다. 3호 후계자는 강정숙 명창.

"그 전까지는 가야금을 전혀 연주할 줄 몰랐습니다. 박귀희 선생님이 정말 열심히 가르쳐 주셨죠. 예술가는 마스크가 좋아야 한다고, '광대는 얼굴치레가 반'이라는 말도 있다고, 저를 국악계의 스타로 만들고 싶어하셨어요. 제가 저희 또래치고는 키도 큰 편이고 하니까. 다른 전수자들이 질투할 만큼 저를 아껴 주셨습니다."

-그런데 국악계에 남지 않고 연극으로 건너가셨네요.

"그것도 우연인데, 물론 우연을 가장한 필연이겠지만…. 박귀희 선생님 문하에 김동애라는 언니가 있었어요. 이분이 극단 민예 소리선생이었는데, 오영진 선생님의 유작 〈한네의 승천〉을 민예가 준비하고 있었습니다. 1975년 초연 때 주인공은 이주실(李周實). 그 당시 민예의 대표가 허규(許珪) 선생님이었는데, 1976년 재공연 때는 국악을 좀 더 많이 넣고 싶다고 그러셨대요. 동애 언니가 '내가 아는 애 중에 국악을 하는 친구가 있다. 엄마도 국악을 하시고'. 그랬더니 '데려 와 봐라', 그렇게 된 거죠."

〈한네의 승천〉으로 연극 데뷔

아현동 민예극단 사무실로 처음 찾아간 날 허규는 탈을 깎고 있었고, 구석에 앉아 있던 더벅머리 눈 까만 문학청년을 초연 때 연출가라며 인사를 터 줬다. 그 청년이 지금의 남편 손진책(孫振策)이다.

〈한네의 승천〉은 손진책의 연출 데뷔작이고, 김영동이 음악을 맡았으며 정병호 교수가 무용을 담당하고 서울대 국악과 학생들이 무

연출가인 남편 손진책(오른쪽)은 함께 연극을 하는 동지이기도 하다.

대에 올라 직접 국악 생음악으로 연주를 들려줬던, 당시로서는 파격적인 공연이었다.

허규와 손진책은 그 자리에서 김성녀를 바로 주인공으로 캐스팅했다.

"다들 놀랐죠. 저도 어안이 벙벙하고. 허규 선생님이 '보면 알아. 주인공 해도 돼. 부모님 보면'이라고 재확인까지 하셔서 아무도 더 말을 못했습니다. 오승명, 정현, 이도련, 〈에쿠우스〉 공연 중에 유명을 달리한 김흥기 등이 출연했고 공연 장소는 명동 예술극장. 그 작품이 명동 예술극장 폐관(廢館) 작품이었습니다."

일제시대 명치좌(明治座)였고 해방 후에는 국립극장이었으며 장충동 국립극장 완공 후에는 국립극장 별관 명동 예술극장으로 쓰이다 공무원연금 예산의 변제를 위해 대한투자금융에 매각되었던 이 유서 깊은 공간은 우여곡절을 거쳐 이명박 정부 시절 연극 공연장으로 되돌아왔다.

다시 〈한네의 승천〉으로 돌아가 보자. 1977년 하길종 감독이 이 작품을 영화로 만들었을 때의 줄거리를 그대로 옮긴다.

〈토속적인 무속마을에 제사굿이 행해질 무렵 한네라는 여인이 선녀당에서 죽음을 기도하다가 머슴 만명의 구원을 받는다. 만명은 한네에게 애정을 쏟지만 마을에서는 제사굿에 부정이 탄다고 쫓아내자고 한다. 마을에서 제사가 한창 진행 중일 때 탈을 쓴 재수 마님 윤필주가 한네를 범하고 마는데, 과거에 만명의 어머니도 윤필주의 욕정의 재물이 되었던 것이다. 한네는 필주 사건으로 선녀당

에서 떨어져 죽으며, 자신이 필주의 아들임을 알게 된 만명도 한네의 뒤를 따라 선녀당에서 죽음을 택한다.〉

〈한네의 승천〉에서 일인삼역(一人三役)

“만명 역이 바로 유인촌이었습니다. 저는 한네, 만명의 어머니, 술집 여자 일인삼역(一人三役)이었죠. 79년에도 공연하고 문화체육관에서도 공연하고…. 나중에 김영동씨가 〈한네의 승천〉 음반을 냈는데, ‘사랑가’ ‘삼포가는 길’ ‘어디로 갈꺼나’ 등이 실린 명반(名盤)이죠. 다른 곡은 몰라도 ‘한네의 이별’만큼은 김성녀가 아니면 안 된다고 해서 만삭인 채로 녹음실 가서 취입을 했습니다.”

–연출가와 배우의 결혼. 부모님의 경우를 그대로 따라 했네요.

“민예에서 죽 활동을 했으니까 자주 마주쳤죠. 제가 연극 경험이 없으니까, 처음엔 다른 단원들 사이에서 서러운 일도 많이 겪었습니다. 오죽하면 제가 ‘꼭 대학 나와야 연극할 수 있는 건가요?’라고 푸념을 한 적도 있으니까. 사실은 제 자격지심도 섞여 있었겠지요. 제 하소연을 들어 주고 사랑의 메신저 역할을 해 주신 분이 윤문식 선배십니다.”

민예 소속으로 각시 역을 맡아 참가한 〈물도리동〉이 1977년 제1회 대한민국 연극제에서 대상을 받았다. 하회탈을 깎는 허도령 이야기였다.

“원래는 제 출산 예정일에 맞춰서 공연 날짜를 잡았어요. 출산 후 한 달 쉬고 연습해서 공연하는 것으로. 초산이라 그랬는지 아이가 예정보다 늦게 나오는 바람에 딱 두 주만 쉬고 연습해서 공연했습니다."

허규의 권유로 창극단으로 옮겨

민예 대표(1973~81)를 하다 나중에 국립극장장을 역임(1981~89)한 허규가 김성녀를 불렀다. 1978년 어느 날이다.

"국립창극단으로 가라는 겁니다. 더 큰 배우가 되려면 다양한 경험을 쌓아야 한다며 권유를 하시더군요. '다른 사람은 가고 싶어도 실력과 경력이 모자라 못 간다, 정극(正劇)과 창극(唱劇)을 넘나들 수 있는 배우는 너밖에 없다'고 간곡히 권하셨어요. 박귀희 선생님 제자여서 창극단 입단이 가능했습니다. 그때까지 박귀희 선생님께 계속 배우러 다니고 있었거든요.

허규 전 국립극장장.

선생님은 제가 연극하는 걸 좋아하지 않았어요. '네가 너희 엄마 정도의 재능을 가지고 있다면 이 분야에서 최고가 될 수 있다. 연극과는 달리, 국악은 나이 먹어도 대접받으며 할 수 있다. 연극보다 예술가의 생명이 길다. 그러니 연극 하지 마라'는 말씀도 하시고 제가 결혼할 무렵에는 '너희 엄마도 연극쟁이 만나 고생이 이만저만이 아니었는데…'라며 살펴 주셨어요. 선생님 연세가 저희 어머니보다 열세 살 위니까 '아이고, 저거 이제 어떻게 하나' 걱정이 들었던 거지요."

창극단에 들어가 보니 '소리'에 바탕이 부족하다는 걸 절감했다. 죽어라고 노력했다. 먼저 입단해 있던 '동애 언니'가 큰 의지가 됐다.

"동애 언니랑 저는 다 키가 커서 별명이 '쌍촛대'였어요. 지금은 간암으로 돌아갔죠. 요즘도 언니 생각을 많이 합니다."

–국립창극단 시절의 대표작이라면 어떤 작품을 꼽을 수 있나요.

"〈춘향전〉이죠. 제가 춘향을 맡았고 이도령에 김동현, 어사가 조상현, 향단이가 안숙선. 〈광대가〉〈강릉매화전〉 등도 의미 있는 작품이었습니다."

국립창극단에서 3년을 채우고 1981년 국립극단으로 이적했다. 나중에 뮤지컬과 마당극에서 일가(一家)를 이루었으니, 김성녀는 정극과 창극 등 거의 모든 연극공연 장르를 넘나들며 활동한 배우인 셈이다.

"연극에도 쪽대본 있어"

"창극단에서 뭔가 아쉬운 점이 있었습니다. 최고의 재능들이 모여 있는데, 레퍼토리가 고정되어 있다는 것이 문제였죠. 그 점이 마음에 걸렸어요. 새로운 작품을 하면서 새로운 시도를 하는 것이 제 체질이거든요."

국립극단에서는 1983년까지 활동했다.

-국립극단 시절의 대표작이라면 뭐가 있을까요.

“제가 새로운 시도를 하고 싶어서 옮겼다고 말씀드렸잖아요? 저는 오태석(吳泰錫)의 연출이 그렇게 재미있었어요. 공연 끝날 때마다 배우들한테 메모를 해서 주고, 대사랑 동선(動線)이 매일 조금씩 바뀝니다. 연극에서도 ‘쪽대본’이 있는 거죠. 아예 중요한 스토리가 달라지는 경우도 있는데, 저는 그게 너무 좋은 겁니다. 제 능력의 한계를 시험하면서 일종의 재미있는 과제를 풀어 가는 게임 같다는 느낌? 안주하지 않고, 변화를 따라가며 끊임없이 완성품을 만들기 위해 노력하는 모습이 보기 좋았습니다.

오태석 연출로는 1981년 11월 〈한만선〉이 첫 인연인데, 1982년 〈장화를 신은 고양이〉, 1983년 〈나래섬〉은 국립극단 작품이었고, 아직 극단 목화가 창단되기 전에 이른바 ‘오사단’이 공연한 〈유다여 닭이 울기 전에〉에도 참여했죠. 조상건, 박영규와 함께 공연했습니다. 판 소극장 개관기념 작이었습니다. 1993년 2월에 초연한 극단 목화의 〈백마강 달밤에〉에도 출연했는데, 그 작품은 예술의전당 토월극장 개관 기념작이었네요.”

-오태석은 어떤 연출가입니까.

“배우를 지루하지 않게 만드는 연출가죠. 처음에는 배우들을 다 풀어 주고 같이 웃다가 나중에는 자기 스타일로 정돈해 갑니다. 동원 가능한 배우 개개인의 장점을 관찰하는 것 아닐까요? 오태석 선생이 ‘김성녀는 그날그날의 흐름을 타는 배우다’라고 하셨는데, 고

2002년 마당놀이 〈심청전〉에 출연했을 때의 김성녀, 윤문식, 김종엽 (왼쪽부터). 이 세 사람은 30년 동안 마당놀이를 함께했다.

맙고 황송한 평가죠."

TV드라마 〈토지〉 등 출연

언젠가 노벨문학상 수상자인 이탈리아의 극작가 다리오 포의 일인극 〈여자의 역할〉 연출을 오태석에게 부탁한 적이 있는데, 여러 가지 사정으로 성사되지 않았다. 언젠가 꼭 하고 싶은 작업 가운데 하나다.

-TV도 몇 작품 출연하셨죠.

"첫 출연은 〈전원일기〉의 금동이 엄마였어요. 김회장네 업동이의 생모. 멸치장사하는 아줌마. 첫 고정배역은 1983년 KBS 드라마 〈지금 평양에선〉입니다. 그때 신상옥 최은희 납치사건이 있었잖아요? 최은희 역으로 특별출연했다가 고정배역이 되면서 할 수 없이 국립극단에 사표를 냈습니다. 김병기씨가 김정일이랑 너무 닮아서 화제를 모았던 작품이죠."

〈일월〉에서 기생엄마, 1990년 주현, 김애경 등이 독특한 어투를 선보이며 인기를 모았던 〈서울 뚝배기〉에서는 설렁탕집 사장 오지명의 재혼부인으로 나왔다.

"〈토지(土地)〉의 조중구 마누라 역도 잊을 수 없죠. 엄청난 악역이었으니까. 상대역이었던 연규진씨가 '그렇게 독하게 하면 나중에라도 CF 하나도 안 들어와요'라고 농담할 정도였으니까요. 시골에 가면 실제로 돌팔매도 맞고 그랬습니다."

김성녀라면 마당놀이 이야기를 아니할 수 없다. 마당놀이는 30년이 넘도록 이어지며 스스로의 생명력을 증명한 공연이다. 탈춤의 장점을 흡수해서 대중성을 가미하고, 우리 전통공연의 개방성을 바탕으로 서구의 장점을 혼합해 창조한 '새로운 장르'라는 점도 의미가 적지 않다. 그 중심에 김성녀가 있다.

"민예에서 〈서울말뚝이〉〈토선생전〉 같은 전통요소가 흠씬 들어간 공연을 많이 했어요. 마당극 탄생의 직접적인 계기는 둘입니다. 하나는 1979년에 마당 세실극장에서 공연한 〈놀부뎐〉입니다. 소설가이자 극작가인 최인훈(崔仁勳) 선생의 한 페이지짜리 장편(掌篇)을 각색한 작품인데, 놀부에 김종엽, 흥부에 윤문식, 소리를 제가 맡아서 공연했거든요. 소품도 거의 없이 가는 한 시간 십 분 남짓한 짧은 공연인데, 첫날부터 객석의 반응이 폭발적인 겁니다. 깜짝 놀랄 만큼."

마당놀이는 배우와 관객이 함께 호흡하는 공연이다. 사진은 마당놀이 〈심청전〉.

마당놀이

〈놀부뎐〉은 놀부의 입장에서 이야기를 풀어 간 작품이다. 흥부의 횡재는 땅에 묻어 놓은 남의 재물을 캐낸 결과이며, 놀부는 사리 분별이 분명하고 따질 것은 확실히 따지는 현대적 인간으로 나온다. 공연 중간중간에 '형님, 돈 좀 꿔주쇼. 난 갚는다면 갚는 놈이여!', '못 갚으면 못 갚았지 안 갚지는 않을 테니' 같은 정치적 풍자에 관객들은 열광했고, 막 쥐포가 유행하던 시절이라 '얘들아, 형님 오셨다. 산해진미 내오고, 마지막으로 쥐포를 너무 타지 않게 구워서'라는 시류(時流)를 적극 반영한 대사에 관객들은 연신 폭소를 터뜨렸다.

"'국풍 81'이라고, 5공 출범 직후 정부 주도로 여의도에서 진행한 야외 축제 행사가 있었거든요. 그 행사를 전후해서 MBC에서 창사

특집 문화프로그램을 공모했습니다. 마당 세실극장을 하시던 이영윤(李永潤) 선생이 민예 멤버이기도 해서 손진책씨랑 '가상 한국적인 연극을 만들어 보자'고 의기투합했죠. 〈놀부뎐〉 식으로 현실 풍자도 하고 우리 전통연희에서 하던 대로 길놀이도 넣고 흥겹게 큰 판으로 가 보자고 제안서를 넣었는데 바로 연락이 왔습니다. '하자'고. '마당놀이'는 이때 만든 신조어(新造語)입니다."

마당놀이 30년 역사 중 김성녀는 29년을 함께했다.

-문화체육관에서 막을 올린 초연 〈허생전〉 때는 출연 명단에 없네요.

"불참했어요. 산적(윤문식) 부인 역으로 연습하다가 뮤지컬 〈에비타〉에 출연하게 돼서. 국립극단 쫑파티 때 제가 라틴 노래를 부른 적이 있는데, 그걸 보신 극단 현대극장의 김의경(金義卿) 대표께서 캐스팅을 하셨습니다. 조영남이 체 게바라로 나오고 유인촌, 김진태 등이 출연한 호화 배역이었습니다. 연출은 김상렬 선생님, 저는 이경애씨와 더블캐스팅으로 에비타 역, 가수 윤복희 선배가 저한테 서양 뮤지컬 발성을 개인지도해 주셨어요."

마당놀이에 나타나는 지역색(地域色)

세종문화회관에서 막을 올린 〈에비타〉는 딱 사흘 공연하고 막을 내렸다. 정치적인 이유였다. 검열의 위세가 대단하던 시절이다.

"그 공연이 장기공연에 돌입하고 흥행에 성공했더라면 지금쯤 뮤지컬 배우로 활동하고 있었을지도 모르죠. 마당놀이는 처음엔 한 해만 하고 끝날 것 같았는데, 관객들의 호응이 이어지면서 여기까지 왔습니다.”

첫해에는 MBC 창사기념일인 12월 2일에 개막해서 무료로 이틀간 공연했고, 마당놀이가 인기를 얻으면서 공연기간도 늘어나고 전국순회 지방공연도 이어졌다. 올림픽 경기장 옆 천막극장에서 한 달을 공연하기도 했다. 매년 서울에서 10만, 지방에서 20만명을 동원했으니 30년 3000회 누적 관객 수는 도대체 얼마일까.

“처음엔 뮤지컬 식이었다가 차츰 길놀이, 고사(告祀), 탈놀이, 뒤풀이 구조로 발전해 나갔죠. 평단은 외면했지만 관객들은 전국 어디서나 호응을 해 주셨어요. 초창기 청년 관객들이 지금은 자녀들 손을 잡고 오시죠.”

-30~40년대 전국 순회공연을 다니고 만주까지 돌았던 고설봉 선생님은 ‘지역마다 관객 성향과 반응이 다 달랐다. 예컨대 평안도 관객들은 잘하면 열광적인 갈채를 보내다가도 조금만 공연이 늘어지면 무대 위로 방석을 집어던지곤 했다. 배우들 은어로 오늘 방석 날랐다는 말이 생길 정도였다’고 증언했습니다. 지금도 지역별로 관객 반응에 차이가 있는지요.

“마당놀이 5년 차부터는 차이가 거의 없어졌고, 마당놀이 초창기만 해도 지역별 특색이 있었어요. 호남 관객들은 2~3시간 전부터 미리 와서 기다리세요. ‘굿 보러 일찍 왔어’가 그분들의 인사입니다. 못하면 박수 안 치고 ‘소리 제대로 해’ 고함 지르고, 길놀이 때는 신명에 겨워 배우들 엉덩이를 때리기도 하고. 귀 명창들이 많으니까 배우 입장에서는 호남 공연 끝나면 ‘아이고, 금년 공연 이제 다 했다’는 말이 나오죠. 영남 관객들은 잘 웃고 박수 잘 치고 반응이 적극적입니다. 공연 중간에 엿을 판 적이 있는데 판매량 1위는 늘 영남이었습니다. 충청도는 점잖으세요. 돌아가신 후라이보이 곽규식 선생님이 '이분들은 아마 집에 가서 웃을 것'이라고 농담하신 적이 있거든요. 남들 앞에서 감정을 드러내는 것을 실례라고 생각하는 것 같았습니다."

갈림길에 선 마당놀이

–마당놀이는 지금 화석화된 장르가 되느냐 미래지향적 예술로 거듭나느냐의 갈림길에 서 있다는 평가가 있습니다.

"동의합니다. 처음엔 1회성으로 끝날 것으로 생각했는데, 이만해도 선전(善戰)한 거지만…. 초창기 배우들이 세대교체 없이 거의 그대로 이어져 왔다는 건 장점이자 약점이죠. '마당놀이 배우'라는 말이 연극계에서는 참여자들을 약간 비하하는 뜻으로 쓰였다는 건 사실입니다. 정통연극이 아니고 전통의 계승도 아니라는거죠. 하지만 저한테는 마당극이 '전통을 재창조한 가장 한국적인 음악극'이라는 자부심이 있습니다. 서민들의 축제 같은 연극, 21세기형 마당극이 다시 만들어져야 합니다. 그래서 안호상 국립극장장께 말씀드려서 12월에 오영진 선생의 〈맹진사댁 경사〉를 극작가 배삼식이 각색한 〈시집가는 날〉을 해오름극장에서 공연합니다. 초창기 멤버 중에는 저만 남고 나머지 배역은 젊은 배우들을 쓰기로 했습니다. 국수호 안무, 박범훈 작곡, 손진책 연출. 요즘 결혼 풍속도 집어넣고 현대적 감각으로 가 보는 거지요."

김성녀의 현직은 중앙대 전통예술학부 교수, 국립창극단 예술감독이다. 중대에선 학장과 교육대학원장을 역임했다.

"정통극을 제대로 배우지 못했다는 콤플렉스, 제 연기를, 노래를 체계적으로 이론화해서 다듬고 싶다는 소망이 있었습니다. 85년에 학력고사 보고, 단국대 천안캠퍼스 국악과에 4년 장학생으로 입학했습니다. 석사는 중대에서 5년 걸려서 했고. 강사들이 다 제 제자여서 에피소드가 많은데, 알려진 사람이라 봐주기가 곤란하다고 해서 제대로 수업 듣고 논문 쓰고 그랬죠."

김성녀는 2012년 3월부터 국립창극단 예술감독으로 재직 중이다. 마당놀이가 맞이한 '위기와 기회'는 창극에도 그대로 해당하지 않을까?

"창극에도 변화 필요"

"판소리가 전통을 지키는 장르라면 창극은 시대와 더불어 새롭게 발전해야 하는 장르가 아닐까요? '소리'를 매개로 정통 판소리 가락에 합창, 화성(和聲) 같은 요소를 다 넣어 보자는 거죠. 창극 전문 연출가도 나와야 하고. 드라마만 알아서는 창극 연출을 하기가 어려운 것이, '소리 속'이라는 말이 있어요. 오페라의 아리아처럼 꼭 살려야 하는 멜로디, 예를 들어 심청이가 밥 빌러 가는 노래는 심청이의 '첫 노래'인데, 이걸 중간에서 끊으면 드라마는 스피디하게 살아날지 몰라도 음악적 연결성은 단절됩니다. 그래서 소리, 춤, 연기를 두루 가르치는 교육프로그램을 만들고, 여기서 전문인력을 양성하길 희망합니다."

-최근에 국립창극단이 공연한 〈장화홍련〉이나 〈메디아〉는 '전통을 파괴했다', 〈서편제〉에서는 '창극 공연에 양방언의 피아노 연주가 웬 말이냐'는 논란이 있었는데요.

"제 목표는 '창극을 안 보던 사람들을 창극 팬으로 만드는 것'입니다. 기꺼이 논란의 중심이 되어 보겠다는 각오가 있어요. 〈장화홍련〉은 매진이었고, 유료 관객이 70~80%였습니다. 창극사상 처음이죠. 자체 분석 결과 연극과 뮤지컬 관객이 많이 오셨어요. 역시 매진 사례였던 창극 〈메디아〉는 오페라 관객들이 건너오셨고요. 창극이 공연계의 중심에서 서양 명작들을 재해석해서 공연하고, 〈장끼전〉 〈강릉매화전〉 〈숙영낭자전〉 같은 유실된 판소리도 다시 살려내고…. 하고 싶은 일이 많습니다. 그런 소망을 품고 〈내 이름은 오동구〉라는 씨름선수 이야기를 창극으로 공연하고 11월에는 세계적인 연출가 안드레이 서반이 내한해서 〈춘향전〉을 연출합니다. 기대해 주십시오."

딸은 뮤지컬 배우

-배우로서 김성녀의 계획도 있죠.

"2011년에 초연하고 지금도 무대에 올리는 1인극 〈벽 속의 요정〉에서 32역을 소화했습니다. 스페인 내전 때 '벽 속으로 숨어든' 아버지를 두고 딸이 성장해 가면서 이런저런 모습을 보여주는 작품이죠. 8월에는 저하고 50년생 동갑내기 연출가인 한태숙이 작업하는 〈유리 동물원〉에 출연합니다. 장소는 명동 예술극장. 〈벽 속의 요정〉 이후 3년 만의 신작이라 시집가기 전날처럼 설레는 마음으로 공연을 준비하고 있습니다. 교수는 2015년에 정년퇴임이니까, 창극단 예술감독 해촉(解囑) 후에는 좋은 작품을 순례하면서 무대 위에서 배우로서 삶을 마감하는 것이 꿈입니다."

1인극 〈벽 속의 요정〉에서 김성녀는 1인 32역을 소화했다.

손진책과 김성녀의 큰딸 손지원은 10년 차 뮤지컬 배우다. 〈그리스〉〈42번가〉에서 주연으로 활약했고, 영국으로 건너가 카메론 메킨토시사의〈미스 사이공〉 순회 프로덕션에 출연했다. 지금은 서울예대에서 예술치료를 가르치고 공부한다. 손진책이 창단한 극단 미추의 첫 작품 〈지킴이〉(정복근 작)에서 제주(祭主)의 5세 손자로 나왔던 아들 손지형은 중국, 미국, 일본에서 공연하고 올 10월 연출가로 데뷔한다. 재일동포 극작가 정의신이 쓴 여배우 셋이 나오는 소품 뮤지컬 〈요요현상〉을 게릴라극장에서 공연한다. 김성녀 자신은 6월 11일부터 국립창극단이 무대에 올리는 고선웅 작 〈변강쇠 점찍고 옹녀〉의 준비를 위해 분주하다. 김성녀에게 손자 손녀가 생긴다면, 그들도 운명처럼 연

김성녀는 2010년 이해랑연극상을 수상했다. 부부가 모두 이 상을 받은 것은 손진책-김성녀 부부가 처음이다.

극을 할 것 같다는 생각이 문득 들었다.

'예술적 방랑'

-마무리 질문입니다. 좋은 배우란 어떤 존재입니까.

"진정성을 가지고 연기하는 사람이죠. 사람들을 감동시키고 자기와 남의 인생을 모두 풍요롭게 만드는 사람."

-배우는 재능입니까, 노력입니까.

"좋아하는 일을 하려면 '참고 견디는 과정'이 필요합니다. 부부가 따로따로 이해랑연극상을 받은 건 저희 커플이 최초인데, '아, 내가 인생을 헛되이 산 것이 아니로구나, 누군가가 나의 예술적 방랑을 높이 평가해 주셨구나' 하는 생각에 감회가 새로웠습니다. 그런 의미에서 긍정적인 시각으로 자기에게 투자하라, 자기를 아끼고 긴

호흡으로 시간을 견디라는 말을 후배들에게 하고 싶습니다. 남 탓할 시간이 없어요. 부정적 시각으로 세월을 보내면 자기발전은 없는 겁니다."

하루를 25시간처럼 살았다는 김성녀의 결론이었다. 거친 세월을 필사적으로 견뎌 온 남사당패와 여성국극과 국악인들의 질기고 귀한 생명력이 그녀의 미소를 뚫고 살짝 즐겁게 모습을 보이는 듯했다. 김성녀는 '부드럽게 강인한' 여배우였다. (2014년 6월)

김성녀 金星女

- 1950년생. 단국대 국악과 졸업. 중앙대 한국음악과 석사.
- 극단 민예극장, 국립창극단, 국립극단, 극단 미추 등에서 활동. 現 국립창극단 예술감독, 중앙대 국악교육대학원장, 중앙대 국악대학장.
- 수상: 제20회 이해랑연극상(2010), 한국연극협회 자랑스러운 연극인상(2007), 백상예술대상 연기상(1986) 등.
- 출연작: 연극 〈한네의 승천〉 〈물도리동〉 〈유다여 닭이 울기 전에〉 〈놀부뎐〉 〈백마강 달밤에〉 〈남사당의 하늘〉 〈바우더기〉 〈벽 속의 요정〉 〈유리동물원〉, 창극 〈춘향전〉 〈강릉매화전〉 〈광대가〉, 마당놀이 〈심청전〉 〈허생전〉 〈춘향전〉 〈애랑전〉 〈마당놀이전〉 〈평강온달전〉 등.

8년간 공직생활 마치고 **배우로 돌아온**

柳仁村

유인촌

- 공직 재직 기간 제외하고 매년 연극 1편씩 출연
- 극단 '유' 창단, '유시어터'와 봉평 '달빛극장' 설립
- "공직생활은 배우로서는 마이너스, 다른 예술인들이 한다고 하면 말릴 것"
- "내게는 연극무대가 가장 잘 맞아"

“백성희·박정자 같은 배우가 되고 싶다”

대한민국(大韓民國) 근현대사(近現代史)는 인류문명사(人類文明史)의 압축(壓縮)이다. 불과 100년 남짓한 기간에 중세적(中世的) 사회가 근대를 거쳐 첨단 현대사회로 탈바꿈한 아찔한 변화. 남들은 1000년 이상 걸리는 세월을 우리는 롤러코스터 위를 달리듯 숨가쁘게 뛰어넘었다. 그래서 한 생애(生涯) 안에 다양한 문명 축이 복수(複數)로 존재하는, '말도 안 되는 일'이 '현실'인 경우가 많다. 농촌공동체의 생활습관이 몸에 배어 있는데, 일상주변은 글로벌 스탠더드로 가득 찬 혼돈.

그래서 사람들은 이 혼돈을 조금이나마 정리해 줄 수 있는 이미지를 갈구한다. 농촌에 세워 놓아도 어울리고, 도시 한복판 고층건물 사이에서도 멋지게 보이고, 그러면서도 당당하고 번듯하며 미래지향적으로 보이는 사람. 언제 어디에 갖다 놔도 정체성(正體性)을 잃지 않고 자기 일을 할 것처럼 보이는 인물. 지난 40여 년간, 대중이 유인촌(柳仁村·63)에게 보내준 갈채의 이면에 이러한 심리가 깔려 있는 것은 아닐까?

인터뷰 약속을 잡은 뒤 그의 주변에 경사(慶事)가 났다. 2013년 12월 30일 프란치스코 교황이 그의 동생인 유경촌 신부를 서울대교구 보좌주교로 임명한 것이다. 1992년 사제서품을 받은 유 신부는 서울대교구 목5동성당 보좌신부를 거쳐 가톨릭대 교수, 통합사목연구소 소장을 지냈다.

동생은 보좌주교, 형은 PD

-축하할 일이 생겼네요.

"감사합니다. 고위 성직자의 형제가 되었으니 매사에 더욱 조심해야겠다는 생각이 들고…. 가톨릭 연극을 제작해야겠다는 사명감도 생기고…."

어쩌면, 이제는 누구의 동생 누구 신부가 아니라, 누구 주교의 형 누구로 소개 비중의 선후(先後)관계가 달라질 수도 있으리라. 유인촌은 그 점도 유쾌하다고 했다. 그의 형제 가운데는 유명인이 또 있다. MBC 드라마 PD로 널리 알려진 유길촌(柳吉村·74)이다.

-집안에서 예술인이 둘이나 나왔네요.

"제가 4남2녀 중 넷째입니다. 위로 형님 두 분, 누님 한 분이 계시죠. 지금은 뉴욕에 사는 둘째 형님(유영촌)도 젊었을 때 음악을 하셨어요. 미8군 무대에서 트럼본을 연주했으니까 취미 수준은 아니었죠. 예술취향은 친탁입니다. 아버님이 그 옛날에 영화제작도 하시고, 사진·그림·서예에까지 두루 능하셨거든요."

–부친은 어떤 일을 하셨습니까.

“함자는 외자로 탁(倬) 자를 쓰셨습니다. 전주(全州)에서 알아주는 집안이었답니다. 유산을 물려받아 생활하셨다고 들었습니다. 예술가적 기질은 타고났는데, 그걸 직업으로 가질 수는 없었던 거죠. 집안 분위기도 그렇고 시대적 배경도 그렇고. 제가 태어나자마자 솔가(率家)해서 서울로 이사했습니다. 나중에 돌이켜보니, 이 무렵부터 가세(家勢)가 기울었던 건 아닌가, 그런 짐작이 들더군요.”

그에게 부친은, 예술의 다방면에 두루두루 능했던 분, 배낭 메고 훌쩍 집을 나서면 두어 달 지나서야 유랑을 마치고 현관문을 들어서던 이미지로 남아 있다.

인생을 바꾼 추수감사절 연극

유인촌이 유년을 보낸 건 그래서 서울 한복판이다. 충정로, 서대문, 아현동을 전전했고 미동초등학교를 다녔다. 4·19 데모도 현장에서 구경했다. 사진작가 고명진, 한국일보 사장을 지낸 장재국(張在國)이 동기동창이다. 그렇다면, 연극과 만난 ‘운명적 순간’은 언제였을까?

“연극을 처음 접한 건 큰형을 통해서죠. 형님이 활동하던 고려대 극회(劇會) 공연을 다 보러 다녔으니까. 그때만 해도, 배우가 되겠다거나 이 길이 내 적성과 맞는다, 그런 생각은 없었어요.

직접적 계기는 한성고등학교 2학년 때 찾아왔습니다. 친구 중에 하나가 당시 퇴계로 서울침례교회 신자였는데, 추수감사절 연극을 한다는 겁니다. 아무도 연극을 모른다, 그래도 넌 형이 연극을 했고 방송국 PD이고 하니 뭘 알지 않겠냐, 그러면서 연출과 연기를 맡기더라고요."

유인촌은 그때의 레퍼토리를 정확하게 기억한다. 제목은 〈돌아온 탕아〉. 맡았던 배역은 '탕아(蕩兒)의 아버지'였다. 흰 물감을 머리에 발라 백발(白髮)을 만들었고, 교회 전등에 마분지로 갓등을 만들어 씌우고 조명효과를 냈다.

1995년 '문제적 인간 연산'에서 맡았던 연산군에게서도 유인촌의 햄릿의 모습을 발견한다고 말한다.

"공연 끝나고 관객들의 반응이 열렬했습니다. 의례적인 박수가 아니었어요. 그때 무대 위에서 인사를 하면서 딱 느낌이 온 거죠. '바로 이거다. 평생 연극을 해야겠다.' 그 다음부터는 아예 공부를 접어두고 연극을 한다며 친구들과 배낭을 메고 무전(無錢)여행을 다녔습니다. 명동 국립극장 프로그램이 바뀔 때마다 찾아가서 관극(觀劇)하고."

명동 국립극장의 추억

유인촌은 지금도 명동 국립극장 무대를 수놓던 함현진, 추송웅, 나옥주의 연기를 잊지 못한다. 명동 국립극장. 일제(日帝)시절 명치

좌(明治座)로 불리다 광복 후 국립극장으로 쓰였고, 장충동 국립극장 건립비용 마련을 위해 한 금융회사에 팔려 30년간 공연과는 관계없는 용도로 쓰이다 우여곡절 끝에 다시 명동 예술극장으로 환원된 공간. 1970년대 초반까지, 숱한 예술가들에게 영감을 불어넣으며 이른바 '명동시대'의 중심점 노릇을 하던 극장.

그래서 2009년 재(再)개관 행사장에서 당시 유인촌 장관은 "이곳은 제가 고등학생 때 관객으로 드나들었고, 성인극단 데뷔도 했던 추억의 극장입니다. 1971년 실험극단이 공연한 〈오셀로〉, 제 배역은 '병사3'이었습니다"라고 축사를 하며 관객들과 소통했다.

고3을 그렇게 보냈으니 대학은 낙방. 재수를 해서 원서를 낸 곳이 중앙대 연극영화과다.

"어머니의 첫 반응이 '넌 안 돼'였습니다. 큰형은 연극하고 작은형은 충정로 한옥집 사랑방을 밴드 연습실로 쓰던 차에 셋째 아들마저 이쪽 길로 간다니 기가 막히셨겠죠. 그래도 큰형이 '입학금은 내주고 나머지는 자기가 알아서 하라고 하자'고 부모님을 설득해서 일단 진학에는 성공했습니다. 형님은 제가 연기를 하는 것을 탐탁지 않게 생각하셨던 거죠. 얼마나 힘든 일인지를 아니까. 빨리 포기하고 다른 길 찾아가라는 것이 속마음 아니었을지…."

연극 〈오셀로〉로 데뷔

가족들이 지원하는 등록금은 정말로 '단 1회'로 끊어졌고, 결국은 '스스로 벌어서' 학교를 다녔다. 1973년부터 방송을 시작한 것도 '자립(自立)'의 방편이었다. 방송활동 이후에는 스케줄이 밀려 복학·휴학을 거듭하다 1980년 2월, 만 9년 만에 학사모를 쓴다.

-기성극단 데뷔가 1971년 명동 국립극장에서 공연한 〈오셀로〉네요.

"1학년 2학기 때였습니다. 오셀로에 이낙훈(李樂薰), 이아고엔 오현경(吳鉉京). 그때 실험극장 대표던 김의경(金義卿) 선생 권유로 출연했습니다. 권오일(權五鎰) 선생이 주관하시던 극단 성좌의 작품 〈돈환〉에도 스태프로 참여했죠. 실험극장은 명문대학 인문학과 출신들이 만든 극단이었고 극단 성좌는 성우들이 많이 계셨습니다.

제가 맡은 역할은 전천후(全天候)입니다. 그때만 해도 다들 배우만 하려고 했지 스태프 일에 대한 인식이 크지 않았습니다. 소품도 담당자들이 무대 나가기 직전에 바로 배우들한테 건네줘야 하던 시절입니다. 조명 보조, 무대감독 보조, 매표소 체크, 시키는 일은 좋아서 다 했어요. 비오는 날 이대 앞에서 전단지 뿌리다 우산이 망가져서 비 흠뻑 맞고 몸살도 나고…."

방송 일을 하기 전까지, 유인촌은 그야말로 연극만 하고 살았다. 방송 운(運)이 트인 것은, 그러니까 자립을 실현한 것은 1973년 작 〈강남가족〉 이후다.

"그땐 방송국마다 전속(專屬)배우를 뽑았잖아요. 입대 직전인데, 제대 후를 생각해 '적(籍)'이라도 두자는 심정으로 MBC 신인(新人) 탤런트 시험에 응시했습니다. 응시자가 많아 여러 반으로 나눠서 면접을 보는데, 하필이면 당시 MBC 드라마 PD로 근무하던 큰형이 제가 들어간 면접실에 앉아 있라고요."

그때 심사위원은 세 명이었다. 유길촌은 "저 아이는 내 동생인데, 없던 걸로 하겠다"며 유인촌에게 "나가라"고 했다. 다른 두 위원이 "아무리 동생이라고 해도 여기까지 왔는데 해 보게라도 해야지"라고 만류했다. 유길촌은 "그러면 나는 심사 못하겠다"라며 자리를 떴다. 결과는 합격이었다. 형제는 10년이 흐른 후에야 작품을 함께 했다. 이미숙·이혜숙씨가 출연하고 유인촌이 숙종(肅宗)으로 분했던 〈장희빈(張禧嬪)〉이다.

"처음 6개월간은 엑스트라였죠. 〈수사반장〉의 웨이터, 사극(史劇)의 포졸(捕卒). 1974년 1월 1일부터 방영한 김수현 작(作) 표재순 연출의 〈강남가족〉에서 집안의 막내인 고등학교 야구선수로 출연한 후에 갑자기 얼굴과 이름이 널리 알려졌습니다."

'어렵지만 따뜻하게 살아가는' 은퇴한 경찰관 가족의 이야기인 〈강남가족〉의 주요 출연자는 최불암, 김혜자, 홍세미, 송재호 등이었다. 선배들은 첫 촬영에서 열 번 이상 NG를 내는 유인촌을 격려해 줬다.

〈강남가족〉 때문에 입대를 연기했는데 더 큰 기회가 왔다. 1974년 5월 27일부터 방송한 곽일로 작 박철 연출의 〈복녀〉. 자식을 낳지 못한 후궁(後宮)들이 유폐되어 있던 정업원(淨業院) 이야기를 다룬 사극으로, 이대 성악과 출신인 신인 지자혜가 주연, 최불암, 김무생 등이 함께 출연했다.

5년간 현대무용 수련하기도

"제 첫 주연작이지만 아쉬움이 많은 작품입니다. 시청률이 영 아니었습니다. 남녀 주인공을 다 신인에게 준 건 당시로선 엄청난 파격이었는데…. 작품 끝나고 바로 입대했습니다. '난 배우로 끝났다. 깨끗이 포기하자.' 저 때문에 작품이 망해 가는 것이 뻔히 보이는데도, 어쨌거나 끝까지 방송은 해야 하고….

젊은 시절 유인촌은 배우에게 필요한 몸을 만들기 위해 현대무용을 열심히 하기도 했다.

그때 얻은 교훈이 하나 있습니다. 아무리 좋은 역할도 본인이 소화할 수 없다면 하지 말아야 한다는 거죠. 그렇게 신나고 제 가슴을 설레게 하던 촬영장이, 무대가, 한순간에 지옥으로 돌변하던 경험. 지옥도 그런 지옥이 없더라니까요."

군(軍) 생활은 논산에서만 3년을 채웠다. 자충(自充) 케이스로 훈련소에 남아 연무대 FM 방송국에서 정훈(政訓)병사로 일했다. 새벽 기상나팔 울릴 때부터 점호 후 '취침 전 20분'에 이르기까지, 엔지니어 병사와 둘이서 하루 다섯 차례 모든 프로그램을 다 쓰고 연출하는 '현장학습'. 제대는 1977년 12월이었다. 방송 일로 바쁜 가운데서도 그는 두 가지 원칙을 세웠다.

첫째, 배우들의 '표현수단'인 신체를 단련하는 데 매진한다. 한창 인기를 끌던 시절에도 새벽 5시면 일어나 명인(名人)들을 찾아다녔다. 언젠가 연기에 필요할지 모르기에 승마, 스킨스쿠버, 현대무용 등을 익히는 구도자(求道者) 같은 생활. 현대무용은 5년간 수련하며 김복희·김화숙 무용단 단원 자격으로 대한민국 무용제(舞踊祭)와 해외공연에 참가할 정도로 열성을 쏟기도 했다. 혹시 이러한 '워커홀릭(workaholic)' 같은 성향이 이명박 전 대통령의 성향과 서로 맞아떨어진 건 아닐까?

매년 1편 이상 연극 하기로 결심

둘째, 적어도 매년 한 편 이상은 반드시 연극을 한다. 실제로 1980년부터 지금까지, 공직에 나가 있던 8년을 제외하고 유인촌은 매년 무대를 떠나지 않았다. 유인촌의 무대 이력은 뮤지컬 〈지저스 크라이스트 수퍼스타〉〈에비타〉〈사운드 오브 뮤직〉〈빠담빠담빠담〉부터 〈말괄량이 길들이기〉〈햄릿〉〈한여름밤의 꿈〉 같은 셰익스피어, 〈노틀담의 꼽추〉〈느릅나무 밑의 욕망〉〈파우스트〉〈홀스또메르〉 같은 고전에 이르기까지 장르와 시대를 가리지 않는다.

극단 현대극장과 서울예술단, 자유 등에서 작업하다 좀 더 본격적으로 연극을 하기 위해 아예 1995년 극단 '유'를 창단하고 청담동 자택을 소극장으로 개축한 결단. TV 드라마로 한창 인기를 얻던 시절의 이야기다.

2004년에는 강원도 평창군 봉평의 폐교를 개조, 야외극장인 달빛극장을 만들기도 했다. 연극판에서 활동하다가도 영화와 TV 드라마에 캐스팅돼 인정을 받으면 미련 없이 연극을 접는 풍토를 거슬러, 그는 보란 듯이 연극무대로 회귀(回歸)했다. 그리고 방송으로 번 돈을 아낌없이 연극에 쏟아부었다.

–연극을 계속하는 특별한 이유라도 있습니까.

"저한텐 연극무대가 가장 잘 맞아요. 카메라 앞에서보단 무대 위에서 더 자유롭고 공간도 넓어 보이고. 연극은 하루 공연으로 모든 이야기가 완결되어야 하잖아요. 꼭 필요한 것만 남기고 그것들을 강조하는 고도의 압축(壓縮)이 필요한 작업. 또 배우와 연출자 사이의, 그리고 배우들 사이의 철저한 사전 약속, 이 두 요소가 교차하는 가운데서 느끼는 해방감, 성취감. 그건 연극무대 위가 아니면 다른 어느 곳에서도 느낄 수 없는 감정입니다. 이거, 뭐라고 정확하게 표현이 안 되네. 하여튼, 이 모든 걸 넘어서는 어떤 무언가가 무대 위에는 분명히 존재합니다."

"가장 애착이 가는 배역은 햄릿"

–〈불새〉〈전원일기〉〈아베의 가족〉〈상처〉〈야망의 세월〉 등 얼핏 떠오르는 드라마만 해도 하나둘이 아닌데, 한 해도 거르지 않고 연극을 했다는 점이 놀랍습니다.

"저뿐만 아니고 모든 분이 '연극이라는 첫 정(情)'을 못 잊은 거지요. 드라마 PD들이 엄청나게 배려해 주었습니다. 이분들도 출발점은 다 연극이었으니까, 제 공연시간 맞춰서 제 출연장면 녹화를 제

1985년 호암아트홀 개관 기념 공연 '햄릿'역을 맡아 열연하는 유인촌. 허리에 차고 있는 벨트는 연극배우 김동원 선생이 물려준 것이다.

일 먼저 촬영하고, 대본작업 할 때도 알아서 조치해 주고…. 다른 출연자들도 제가 '연극'하는 걸 확실하게 밀어 주셨어요. 그런 보살핌이 없었더라면, 매해 연극무대에 선다는 건 아예 불가능했을 겁니다."

-가장 애착이 가는 배역은 어떤 겁니까.

"햄릿이죠. 전 〈햄릿〉만 다섯 번을 했습니다. 1981년에, 지금은 없어진 이대 앞 '백인소극장'에서 표재순 연출로. 객석이 100석뿐이라 극장 이름도 그렇게 지었는데, 오필리아 역은 〈지저스 크라이스트 수퍼스타〉의 막달라 마리아 언더스터디였던 김은희(金恩嬉). 극장이 워낙 작으니까 세트도 없애고 의상도 일상복 입고 나가고, 그야말로 맨몸으로 관객들과 마주했죠. 당시로서는 파격적인 시도였습니다.

1985년엔 호암아트홀 개관기념 공연으로 이해랑 연출의 〈햄릿〉을 공연했고 1993년엔 극단 자유 김정옥 연출의 〈햄릿〉. 1995년에 동숭아트센터에서 이윤택 작/연출의 〈문제적 인간 연산〉에서 연산군 역을 맡았는데, 저는 '연산군이 바로 햄릿'이라고 느꼈습니다. 1999년에 제가 창단한 극단 유시어터에서 〈햄릿 1999〉를 또 했으니까, 저랑 햄릿은 참 여러 번 만났죠."

햄릿을 공연할 때마다 유인촌은 해석을 달리해서 인물을 창조했다. 지식인의 고뇌에 초점을 맞추기도 하고, 아버지의 복수를 위해 치밀하게 사전모의를 하는 행동파로 그려 보기도 하고, 어머니를 연모하는 한편으로 '아버지를 살해하고 왕위에 오른 숙부'와 연적(戀敵)으로 맞서는 오이디푸스 콤플렉스의 화신(化身)으로 그리기도 했다. 극단 자유에서 공연할 때는 한복 입고 나가서 전통가락에 맞춰 춤도 추었다. 그에게는 아직도 〈햄릿〉을 통해 해 보고 싶은 일들이 많다.

"2005년 〈햄릿〉기획을 하고 이메일 주소도 햄릿으로 바꾸었는데, 결국 공연은 하지 못했습니다. 왕비와 오필리아를 1인2역으로 놓고 첫 장면에 나오는 '아버지의 유령'이 햄릿 몸 안으로 접신(接神)하는 구도를 생각했습니다. 그렇다면 모든 역할을 연령대를 넘어서 캐스팅하는 것이 가능하겠다 싶었는데…."

〈햄릿〉은 그의 개인사와도 밀접하게 얽혀 있다. 1993년, 〈햄릿〉을 공연하느라 아버지의 임종(臨終)은 커녕 빈소(殯所)도 지키지 못했

유인촌은 1993년 '극단 자유'와 함께 공연할 때에는 한복을 입고 한국적으로 재해석한 '햄릿'을 연기하기도 했다.

다. 프랑스 파리에서 공연할 때 한 신부가 그를 수소문해 전해 준 아버지의 임종 소식. 하지만 일정에 따라 다음 공연 장소인 독일로 향해야 했다. '햄릿' 없이 〈햄릿〉을 공연하기란 불가능한 일 아닌가. 일단 무대에 선 이상 공연이 끝날 때까지 무대를 떠날 수 없는 것이 배우의 숙명이다.

〈햄릿〉 공연하느라 아버지 임종(臨終)도 못 지켜

"집에서는 임종소식을 알리지 말라고 그랬답니다. 공연에 지장을 주면 안된다고…. 그런데 이번에 보좌주교가 된 제 동생 유경촌 신부(神父)가 독일 유학 중이었고 누님도 독일에 거주하고 계셨어요. 다들 독일 공항에서 만나기로 약속했는데, 이 둘이 이미 서울로 귀국한 겁니다. '공항에 아무도 안 나오면 이상하게 생각할 테니 알려주는 것이 맞다', 그래서 동생이 아는 신부님께 부탁을 드렸다더군요.

잘 아시다시피 〈햄릿〉 첫 장면이 햄릿이 아버지의 유령과 만나는 것이잖아요. 그때 그 느낌을 뭐라고 표현해야 하나…. 현실과 연극이 막 뒤섞이고, 그런데 이상하리만큼 침착하게 저는 연기를 하고, 옆에서 동료 배우들은 막 흐느끼고…. 귀국한 건 장례도 삼우제(三虞祭)도 다 끝난 뒤였습니다. 바로 묘소로 찾아뵙고 귀국인사를 드렸지요."

-셰익스피어가 미웠겠네요.

"자식 노릇도 못하고…. 잠깐 연극에 회의가 들었던 건 사실이죠. 그래도 저는 셰익스피어를 존경합니다. 배우들의 훈련을 위해서는 셰익스피어만한 교과서가 없어요. 미디어와 첨단기술의 도움을 받으면 연기력이 부족해도 별로 티가 나지 않는 경우가 있는데, 셰익스피어는 다릅니다. 훈련 없이 셰익스피어를 연기할 수가 없습니다."

〈파우스트〉 준비하다 타계(他界)한 최연호

-가슴 아픈 기억이 하나 더 있다고 들었습니다.

"국립극장 대극장에서 공연한 〈파우스트〉(1996)입니다. 2월 비수기에 대작(大作)을 공연한다니까 처음에는 다들 정신 나갔다고 그러더라고요. 공연을 얼마 남겨 놓지 않고 스태프 사이에 이견(異見)이 생겨서 기존의 제작진을 교체해야 했습니다. 무대미술을 최연호(崔衍昊) 선생님께 맡겼지요.

1996년 국립극장에서 공연한 '파우스트'. 무대연출가 최연호 선생이 공연 준비 중 세상을 떠났다.

상대적으로 시간이 부족해서 그야말로 촌음(寸陰)을 다투며 일했습니다. 그런데 공연 전날 세트를 세우고 보니 무대 마룻바닥이 그대로 드러나 있더군요. 제작비 더 달라는 말을 못하고 기존 예산만 가지고 최 선생님이 최선을 다하셨던 겁니다. 제가 '그래도 완벽한 상태로 관객과 만나고 싶다. 추가경비를 부담하겠다'고 제안했지요. 그래서 다 만들어 놓은 세트를 헐고 마루 덧판 새로 사다가 그림 그려서 쭉 깔고. 말하자면 기초공사부터 다시 해서 밤새 세트를 거의 새로 세웠습니다. 그 작업 마치고 최 선생님이 공연 전날 귀가하셨는데, 그 길로 영면(永眠)하셨습니다. 〈파우스트〉를 유작(遺作)으로 남기고….

여의도 성모병원에 빈소가 차려졌는데 대학로 연극인장(演劇人葬) 조사(弔辭)를 제가 읽었습니다. 여기에서 괴테가 쓴 〈파우스트〉 서문을 인용했는데, 공연 때 자주 삭제되는 부분이죠. 극단장, 작가, 배우들이 모여서 '너 재미있는 것 하나 써 봐', '이젠 사람 모으는 작품 말고 철학, 문학이 깃든 명작을 쓸래요', '전 감동을 주는 연기를 하고 싶습니다' 이러고 티격태격하다가 단장이 하는 말. '이젠 극장의 모든 걸 이용해서 연극을 하자. 조명이 모자라면 달도 별도 해도 가져다 쓰고….'

그 이후로는 〈파우스트〉를 할 때마다 이 장면을 프롤로그처럼 맨 앞에 집어넣습니다. 1996년 공연이 전회전석(全回全席) 매진이었는데, 최연호 선생님의 영령(英靈)이 도와주신 결과라고 지금도 믿고 있습니다."

봉평 달빛극장과 유시어터

-봉평 달빛극장은 그래서 만든 건가요.

"도시 극장이 아닌 다른 환경에서 공연을 해 보고 싶다는 꿈이 있었지요. 야외 공연장, 실내 공연장을 꾸며 놓았는데 강원도는 겨울 날씨가 추워서 겨울공연은 좀…. 5월부터 10월 말까지가 피크죠. 인공적인 것을 최대한 배제한, 그러니까 조명도 거의 쓰지 않고, 환상적인 분위기를 만들지 않고, 연극의 원형(原型), 초심(初心)으로 돌아간 연극을 해 보고 싶었습니다. 대낮에 노천(露天)에서도 공연을 해 보고, 듬성듬성한 천장 사이로 별도 보이고, 배우들이 거기서 숙식도 함께 하고. 최소한 5년 정도 걸릴 것을 예상하고, 벽돌 한 장부터 쌓는다는 각오로 포크레인, 지게차 면허를 이미 취득해 놓았습니다."

유인촌은 지난 1999년 청담동에 유시어터를 개관했다. 영동고등학교 뒤편, 강남의 금싸라기 땅에 자리한, 순수 연극을 위한 소극장이다. 이 건물을 다른 용도로 활용하면 개인 유인촌의 경제사정은 지금보다 확실히 나아진다. 그 사정을 모르지 않기에, 연극인들은 이 극장을 15년째 유지하고 있는 그의 진정을 높이 평가한다.

"그때나 지금이나 이곳은 위치상으로 카페나 클럽을 하면 딱 좋은 곳입니다. 사람들은 여기를 임대 주고 극장은 다른 곳에다 하라며 말렸는데, 강남에서 강북 가기 힘들고 또 예술의전당도 가기 귀찮은, 그러니까 극장 근처에 사시는 동네 분들이 마실 가듯 편안하게 오가면 좋겠다는 생각으로 문을 열었지요. 동네 분들이 생각만큼 잘 안 와 주셔서 그 점은 예측이 조금 빗나갔습니다."

-어떤 애로사항이 있던가요.

"좌석이 200석인데, 전회전석 매진이 되더라도 적자(赤字)를 메우기가 불가능합니다. 구조적으로, 티켓을 팔아서 그 수입만으로 극장을 관리하고 운영하기가 불가능한 거죠. 제가 한창 활동할 때는 기업협찬도 받고, 광고도 찍어 적자를 메웠습니다. '디딤회'라고, 극단 유 초창기에 결성된, 주부들로 구성된 후원회가 있어서 모든 프로그램의 첫날 첫 공연 표는 이분들이 다 소화해 주시는데도 사정이 이렇습니다. 개인이 해서는 안 될 일을 제가 하고 있는 겁니다."

-후회하시나요.

"아뇨. 빠르든 늦든, 어떻게든 극장은 지었을 겁니다. 자기 극장을 가지고 하고 싶은 작품을 공연한다는 건 모든 배우들의 꿈이니까요. 다만, 조금 더 기다렸다가 조금 더 크게 만들었어야 했다는 후회는 있습니다.

처음엔 극장 객석을 늘리면 그만큼 유지비가 더 들어간다고 판단했거든요. 그래서 소박하게, 소극장으로 가자고 결정한 겁니다. 좌석수가 500~700석은 되어야 표를 팔아서 극장을 유지할 수 있는 '규모의 경제'가 가능한 건데, 그걸 간과한 거죠. 공연장 규모가 작다고 운영비가 덜 드는 건 아니거든요.

예컨대, 이런 겁니다. 개관 당시 직원이 13명이었는데, 극장 규모가 커져도 관리인력이 더 필요한 것은 아니라는 것. 물론, 극장 규모가 커지면 뮤지컬이라든가, 아무래도 흥행성 위주로 작품을 선정해야 했을 테니 다 일장일단(一長一短)이 있는 거지만…."

유인촌연극학교도 생각 중

유인촌은 이 공간의 미래지향적 활용을 두고 고민이 많다. 핵심은, '공연장'이라는 본연의 기능을 살릴 수 있는 데까지 살리는 것이다. 한때 영국문화원과 잠깐 이야기가 되었던, 폴 메카트니가 설립한 예술학교의 분교(分校) 혹은 제휴기관을 설립하거나 아예 '유인촌연극학교'를 만드는 방안도 아이디어 가운데 하나다.

나이 서른에 시작, 22년을 출연한 〈전원일기〉의 김 회장네 둘째 아들로 국민배우 타이틀을 얻은 유인촌은 서울문화재단 대표이사를 시작으로 문화체육관광부 장관, 대통령실 문화특별보좌관, 예술의 전당 이사장 등을 지냈다.

문화체육관광부 장관직에서 물러난 후인 2011년 4월 경기도 의왕시 서울소년원 대강당에서 원생들을 대상으로 연극 수업을 하는 유인촌.

-8년간의 공직생활을 한마디로 정리한다면.

“배우로서는 마이너스. 큰 경험이고 많은 공부가 되는 건 사실인데, 다른 예술인들이 한다고 하면 말릴 겁니다. 물론, ‘너는 다 해 먹고 남들은 못하게 막느냐’고 하는 소리가 바로 나오겠지만…. 인생의 방향을 그 길로 바꾸겠다면 그런 경우는 오케이.

저는 공직생활 내내 누구에게 잘 보이거나, 타협하고 양보하지 않았기에 스스로에게 떳떳합니다. 물론 정치적으로 오해도 받았고 어려움도 적지 않았지만, 그것에 대해서 큰 불만은 없습니다.”

백성희장민호극장 만들어

-8년간의 공직생활 가운데 기억에 남는 일이 있다면 어떤 겁니까.

“소프트웨어로는 음원(音源)저작권 정리, 하드웨어로는 올림픽홀 건립입니다. 당시 인순이, 송대관씨 등이 예술의전당 대관신청을 했는데 극장 측에서 다 거절했죠. 이 일이 막 신문에 실리고 방송에 나오고….

그래서 올림픽공원 내 시설을 리모델링해서 공연장을 만들었습니다. 모든 극장에는 그에 걸맞은 용도가 있잖아요? 음향효과 같은 기능적인 측면부터 주요 관객층이랄까 뭐 여러 가지. 그래서 올림픽홀 극장을 대중가요 전용극장으로 용도를 정해 놓고 로비에 ‘명예의전당’을 설치했습니다. 원로 가수들부터 오늘날 대중음악까지 그 역사를 전시하는 공간입니다. 필요한 경우에는 관객들이 다 일어서서 맘 놓고 뛰어놀 수 있도록 좌석도 가변(可變)좌석으로 만들었습니다.”

–**박물관도 많이 만들었죠.**

“국립박물관 입구에 한글박물관을 만들었고 광화문 한복판 문화체육부 자리를 한국근현대사 박물관으로 만들었죠. 세계 최빈국(最貧國)이 기적적인 경제발전과 민주화를 동시에 이룩한 대한민국 근현대사야말로 우리가 전 세계에 자랑할 만한 업적 아닙니까.

경복궁 옆 기무사 터를 미술관으로 만들고 서울역 뒤, 서부역 앞 기무사 수송부대 자리를 백성희장민호극장으로 개조한 것도 기억에 남는 일입니다.”

–**저작권법과 관련해서는 가수들이 가장 혜택을 많이 본 건가요.**

“1990년대까지, 예전에 했던 번역극들은 다 원작자에게 알리지도 않고, 좋은 작품이 있다고 하면 그냥 우리끼리 연습해서 막 올리는 거였습니다.

제가 1980년에 〈지저스 크라이스트 수퍼스타〉에서 빌라도 역을 맡아 공연했는데, 사실 영국 원작자에겐 알리지도 않고 우리끼리 진행한 공연입니다. 그때는 저작권 개념이 없을 땝니다. 라이선스 작품료를 어떻게 지불해야 하는지 몰라서 못 주고 없어서도 못 주던 시절이죠. 이 공연을 방송국에서 연말 특집으로 틀어 주기로 하고 녹화를 뜨고 예고방송까지 다 나갔는데, 영국대사관에서 ‘공연까지는 몰라도 방송은 정말 곤란하다’며 항의를 해서 결국 방송은 못했습니다. 그 사건 이후로 어렴풋하게나마 ‘저작권’을 의식했어요. ‘이게 간단한 일이 아니로구나. 우리나라가 선진국이 되려면 이 문제

를 해결하지 않고는 어렵겠구나.'

1990년대 초에 방송연기자 노동조합장을 할 때도 핵심이슈는 '저작권'이었습니다. 아마 가수들 입장에서는 저작권 정비한 덕을 많이 봤을 겁니다."

–반발은 없었나요.

"장관 취임 초기만 해도 우리나라는 국제적인 '저작권 우선감시 대상국'이었어요. '망신도 이런 망신이 없다'는 마음에 법 제정 노력을 시작했는데, '우리가 해외에 줘야 하는 돈이 받아야 할 돈보다 엄청나게 많은, 평생 밑지는 장사다'라는 식의 공격이 사방에서 끊이질 않았습니다.

문화콘텐츠는, 영화든 드라마든 음악이든 돈 내고 사서 쓴다는 개념이 희박하던 시절이 불과 얼마 전입니다. 그래서 양보 안 하고 소신대로 법을 개정했는데, 지금은 우리가 해외에 주는 돈보다 해외에서 벌어들이는 돈이 더 많을 겁니다. 싸이를 보세요. 이제는 우리도 문화수출국이 되어야 합니다.

지금은 노래방에서 노래하는 것까지 전국에서 집계가 됩니다. 백화점에서 음악 트는 것도 다 돈 내고, 히트곡 한 곡이면 평생이 보장됩니다. 창작의욕이 안 생길 수가 없는 겁니다. 재능들도 몰리고, 선순환(善循環) 구조가 마련되는 거죠."

22년간 '양촌리 김회장댁 아들'

–그때 그렇게 밀어붙인 이유가 있었나요.

유인촌은 MBC드라마 〈전원일기〉에서 김회장집 둘째 아들로 인기를 얻었다.

"국민소득 4만 달러 시대가 열리면 제조업만으로 먹고사는 건 쉽지 않으니까요. 콘텐츠, 문화, 예술, 음식, 패션, 미디어…, 이런 걸 팔아야지요. 저한테는 영국이 모델입니다. 영국이 '창조경제'라는 말을 유행시켰죠. SM, JYP, YG 같은 데는 정말 큰일 하는 겁니다."

대중들은 그를 아직도 〈전원일기〉에 나오는 양촌리 김회장댁 둘째 아들로 기억한다. '고정적 이미지'가 있다는 건 배우에게 오히려 마이너스가 아닐까?

"그만큼 대중들의 사랑을 받았다는 증거인데, 그걸 부담스럽게 생각하면 곤란하죠. 제가 〈전원일기〉를 서른 살에 시작해서 22년간 매달렸습니다.

일각에서는 〈전원일기〉에 '전원(田園)'이 없다, 우리나라 농촌의 현실을 도외시한 작품이다, 여러 가지 이야기가 없지 않았는데, 만약 이 드라마가 현실에 밀착해서 흘러갔더라면 이렇게까지 오래 방영하지 못했을 겁니다. 제작진, 출연진 모두가 '가족을 해체하면 안 된다'는 책임감을 가지고 방송한 작품이죠. 인간성 회복, 휴머니티의 추구가 〈전원일기〉의 모토였습니다."

〈전원일기〉 가운데 가장 기억에 남는 작품은 100회 특집으로 방영한 김정수 극본의 '흙바람'이다. 장남인 형은 대학도 나오고 면(面)서기로 근무하는데, 왜 나는 대학 공부도 안 시키고 농사만 짓게 하느냐, 술 먹고 아버지 김회장(최불암 분)에게 대들고 끝끝내 분가(分家)해서 나가는 이야기다. 극중에서 '둘째'가 아버지에게 처음으로 대든 '역사적인(?)' 에피소드다.

"1회 부제(副題)가 '박수칠 때 떠나라'였습니다. 돌아가신 차범석(車凡錫)선생께서 대본을 쓰셨는데, 제가 아버지한테 씨름에서 일부러 져 드리고 벌칙으로 아버지를 업고 나서 한 독백이 아직도 가슴에 남아 있습니다. '아버지가 이렇게 가벼우신 줄 몰랐다'는 대사죠."

정주영, 〈전원일기〉 엑스트라 출연 희망

대중들이 기억하는 이미지가 하나 더 있다. 드라마 〈야망의 세월〉에서 비롯한 '이명박(李明博)'의 이미지다.

"정주영(鄭周永) 회장께서 〈전원일기〉 팬이셔서 '지게 지고 논두렁 저 멀리 지나가는 엑스트라로 한 번 출연시켜 달라'고 농반진반으로 말씀하시고 그랬습니다. 저희 팀을 다 초대해서 현대 임직원들과 배구경기도 하고 고기도 굽고…. 이명박 전 대통령과는 그때 처음 만났죠."

–요즈음도 이명박 전 대통령을 만나시나요.

"그럼요. 같이 일했던 사람끼리 이런 저런 모임이 많으니까."

–만나면 무슨 이야기를 주로 하십니까.

"저랑은 공연 이야기를 주로 합니다. 어떤 작품이 요새 평이 좋다, 뭘 같이 보러 가면 좋겠느냐."

알려져 있다시피, 1990년 KBS가 방영한 〈야망의 계절〉은 당시 '샐러리맨의 신화'로 불리던 이명박을 모델로 하여 만든 드라마로 알려져 있다.

"그때 MB가 현대건설 회장이었는데, 〈야망의 계절〉에 나오는 해외건설 공사 에피소드를 말레이시아에 있던 현대건설 현장에서 촬영했습니다. MB가 다른 곳으로 출장갔다가 말레이시아 현장에 들렀고, 같은 비행기로 귀국하면서 많은 이야기를 나누었습니다. 그때 시베리아 천연가스를 파이프로 연결해서 우리나라까지 끌고 오고 싶다며 구체적인 플랜을 이야기하는데, '이분은 꿈이 많은 분이구나' 하는 생각을 했죠."

MB, "욕먹더라도 할 건 하자"

–같이 일해 보니 어떤 분이던가요.

"아랫사람한테 일을 맡기면 끝까지 믿어 주고 밀어 주는 분입니다. 제가 장관 재임 중에 박물관을 상대적으로 많이 세울 수 있었던 것도 MB의 이 같은 일처리 스타일에 힘입은 바가 큽니다.

이 전 대통령이 서울시장 하실 때 버스공영화 노선개편 문제 때문에 난리가 나고, 매일 데모대가 시청에 몰려와서 밖에도 못 나가고 시장실에서 도시락 먹으며 일하던 때였습니다. 제가 '일을 자꾸 벌여서 욕먹지 말고 조금 속도를 조절하면서 가면 어떠냐, 이미지 관리도 하면서….' 그랬더니, 이분이 숟가락을 놓고 정색을 하며 말씀하시더군요. '욕먹더라도 할 건 하자'고. MB에 대해 인물평을 덧붙이자면, '따뜻한 사람, 일 처리의 우선순위를 아는 사람'이라는 말씀을 드리고 싶습니다.

2007년 10월 19일 문화예술인들과의 '차 한 잔의 만남' 행사장에 이명박 한나라당 대통령 후보와 함께 들어서는 유인촌. 그는 이명박 정권 시절 3년간 문화체육관광부 장관을 지냈다.

-장관 재임 시 '문화계 좌파논쟁'의 한가운데에 있었잖습니까.

"예술을 통해 평등(平等)과 민주주의(民主主義)를 말하는 건 나쁘지 않죠. 하지만, 어떤 분들은 '자신들의 정치적 목적을 달성하기 위해 예술을 수단으로 생각하는 것이 아닌가', 그런 의문이 들게끔 말하고 행동하는 경우가 없지 않더군요.

예술가는, 결국 자기 작품으로 대중들과 만나야 하는 것 아닙니

2013년 11월 4일 서울 강남구 청담동 유씨어터 지하 연습실에서 늙은 말 홀스또메르로로 扮한 유인촌이 연습을 하고 있다. 이 작품으로 그는 연극배우로 복귀했다.

까. 정치를 너무 앞세우면 아무래도 예술적 완성도는 떨어지게 마련입니다. 제 생각이 그렇다는 겁니다.

또 하나, 그런 분들이 과연 '평등'과 '민주주의'를 자신들의 생활 속에서 제대로 구현하고 있는지도 의문이고요. 뜻이 같지 않으면 상대방을 매도하고, 생각이 다른 사람들의 의견은 들으려 하지 않으면서 정작 '소통'을 이야기하는 건 모순 아닌지요."

아들도 연극배우

배우와 극장장과 교육자와 예술행정가를 모두 거친 사람은 흔하지 않다. 이건 그야말로 예술의 전방위를 다 넘나든 삶이 아닌가. 그래서 그럴까, 유인촌은 본인이 택한 '후천적(後天的) 가족' 중에도 예술가가 둘이나 있다. 1984년, 형수의 중매로 만나 6개월 만에 결혼한 아내가 성악가 강혜경이다. 연극 〈파우스트〉는 장대한 원작의 중요한 부분을 발췌해 연극과 오페라로 꾸민 작품인데, 여기서 오페라, 성악 쪽을 담당한 사람이 강혜경이다. 두 아들이 4살, 7살이던 시절, 유인촌은 아내의 '이탈리아 3년 유학'을 뒷바라지했다. 이 일로 유인촌은 주변의 남성들에게 '다른 남자들 처지도 생각해 봐라. 세상은 혼자 사는 것이 아니다'라는 비난(?)을 받았다.

장모에게 아이들을 맡겼지만 휴일엔 아이들을 촬영장에 데리고 다녔다. 차남은 회계학을 공부하지만, 장남 대식(大植)은 연극을 한다. 양정웅이 주재하는 극단 여행자의 다음 프로젝트 〈성(性) 역할을 바꾼 로미오와 줄리엣〉의 줄리엣 역할이 청년배우 유대식의 배역이다.

돈키호테의 독백(獨白)이 인생의 모토

"대학 졸업하고 군대 갔다와서 '연극을 하겠다'고 선언하더라고요. 안 시킬 거면 아예 어렸을 때부터 극장에 얼씬도 하지 못하게 막았어야 했는데…. 이게 막는다고 막아지는 일도 아니고. 아들이 제가 택한 일을 평생의 업으로 선택했다는 사실이 한편으로는 반갑고 한편으로는 두렵습니다."

-아들이 어떤 배우가 되기를 원합니까.

"백성희(白星姬) 선생이나 박정자(朴正子) 선배님 같은 배우, 기본에 충실하고, 무엇을 해도 자신의 버팀목이랄까 그릇을 잘 유지하는 배우, 중요한 것들을 절대로 허투루 하지 않고 소중히 다루는 사람. 사실은 저도 그런 배우가 되고 싶습니다."

인터뷰 말미, 유인촌은 세르반테스의 풍자소설 《돈키호테》에 나오는 독백을 낭송했다.

"이룩할 수 없는 꿈을 꾸고/이루어질 수 없는 사랑을 하고/싸워 이길 수 없는 적과 싸움을 하고/견딜 수 없는 고통을 견디며/잡을 수 없는 저 하늘의 별을 잡자."

이 대사가 자신의 인생모토라고 했다. 미소를 가득 머금은 그의 얼굴은, 예순이 넘었어도 여전히 청년처럼 반짝거렸다. (2014년 2월)

유인촌 柳仁村

- 1951년생. 중앙대 연극영화과 학사·석사.
- 중앙대 연극영화과 교수, 극단 유 대표, 서울문화재단 대표, 문화체육관광부 장관, 대통령실 문화특별보좌관, 예술의전당 이사장 역임.
- TV드라마 〈전원일기〉 〈장녹수〉 〈3김시대〉 〈야망의 세월〉 등, 영화 〈연산일기〉 〈김의 전쟁〉 〈불새〉 〈가능한 변화들〉, 연극 〈오셀로〉 〈햄릿〉 〈문제적 인간 연산〉 〈홀스또메르〉 〈택시드리벌〉 등 출연.

쿠웨이트 朴

최주봉

- 高2 때 장기자랑 본 선생님의 “너는 그냥 ‘배우’더라”라는 한마디에 연극과 진학
- 1985년 연극 〈뜨거운 바다〉, TV 드라마 〈한 지붕 세 가족〉으로 이름 알려, 1989년 〈왕룽일가〉에서 ‘쿠웨이트 박’으로 인기
- 樂劇 통해 ‘한국적 뮤지컬’ 모색
- “내 정서는 正劇보다는 樂劇이나 서커스랑 더 통한다”

"俳優는 他人을 행복하게 해 주는 사람"

여덟 살 꼬마는 서커스단 개구멍을 들락거렸다. 휴전(休戰) 직후의 일이다. 사람들이 다시 삶을 꾸려 가기 시작했고, 충청도 예산군 삽다리마을에도 5일장이 섰다. 서커스는 매일매일 레퍼토리가 똑같은데, 곡예가 끝나고 보여주는 단막극은 닷새 동안의 프로그램이 다 달랐다. 오늘은 〈원수 맺은 두 남매〉를 했는데 내일은 〈외눈 점박이〉를 보여준다고 했다. 그 사실을 알고 나자 견딜 수 없었다. 다섯 편의 이야기를 다 보지 않으면 하늘이 무너지기라도 할 것 같은 느낌. '공연 첫날 제 돈 내고 혼자 들어온' 꼬마 손님이 흔하지 않았기 때문인지, 이른바 '기도(木戸·표받기와 공짜손님을 단속하던 극장 관리인)'들도 둘째 날부터는 눈을 감아 주었다. 어쩌면, 마지막 '연극'하는 시간에만 살짝 묻어 들어간 것이 공짜입장의 비결인지도 모른다. 꼬마의 이름은 최주봉(崔周鳳·68)이다.

-그때는 공짜입장이 흔하던 시절이 아닌가요.

"우리 부모님이 장터에서 건어물점을 하셨어요. 논농사도 20마지기 정도 지으셨고. 그러니 늘 바쁘셨지요. 명절 때나 바쁠 때는 나도 가게 나가서 장사를 도왔습니다. 어린애지만 한몫한다고들 그랬어요. 그땐 다 그랬지. 8남매의 맏이라 일종의 의무감 비슷한 걸 어렴풋이 느끼기도 했고. 곡마단이 들어오면 나무로 만든 돈통에서 딱 입장료만큼만 꺼내다 가설천막으로 달음박질치는 거죠. 부모님도 내가 구경 다니는 걸 용인해 주시고….”

옆집 살던 조영남

–당당하게 구경 다닌 거네요.

“그렇죠. 다른 아이들은 서커스가 좋다는데 난 첫날 공연 보고 나면 그게 시시한 겁니다. 시시하다기보다 재미가 덜한 거지. 공중그네 나오고 통 돌리기 나오고 말 달리는 서커스…. 똑같은 레퍼토리가 반복되는 거니까. 그런데 연극은 매일 얘기가 달라지는 겁니다. 내일은 도대체 무슨 얘기가 나올지 그게 그렇게 궁금하더라고요.

6·25 때만 해도 서커스가 어디 있어요. 근데 휴전 딱 되니까 장도 서고 공연물이 들어오더라니까. 시골에선 구경났다고 마을 전체가 들뜨고, 그 먹고살기 어려운 와중에도 사람들이 모여서 웃고 울고 박수치고….”

–6·25 직후의 시골 풍경이 그랬군요. 6·25에 대한 기억은 없나요.

“그게 우리 세대의 행운입니다. 저보다 서너 살 많은 선배님들만 해도 6·25의 기억이 생생하죠. 머릿속 한가운데 참혹한 기억이 새겨진 채로 살아가시는 거지. 물론 저도 피란 다니고, B–29 날아다니고, 폭격 피해 방공호 들어가고, 그런 기억은 있어요. 하지만 그 상황이 얼마나 비참하고 힘든 것인지를 제대로 인식할 나이는 아니었던 거죠."

동네에 약장수가 들어오면 임시로 장이 섰다. 구경거리가 귀하던 시절이라 어설픈 깽깽이(바이올린)와 재담이 전부인데도 사람들이 몰려들었다. 마이크와 앰프가 쉽게 볼 수 없는 귀한 물건이던 시절이라 동네 대표가 나가서 마이크를 잡았다. 자꾸 더 하라고 사람들이 소리를 지르고 박수를 쳤다. '나는 노래 말고 다른 걸 해야지'라고 꼬마는 생각했다. 약장수가 들어올 때마다 노래를 부르던, 우시장(牛市場) 옆집에 살던 동네 형은 나중에 진짜로 가수가 됐다. 조영남(趙英男)이다.

-두 분, 알고 지낸 사이십니까.

"아뇨. 영남이 형이 먼저 유명해졌으니까 저는 이분이 고향 선배라는 걸 알고 있었습니다. 나중에 저도 유명해지고 나서, 〈자니윤 쇼〉에 출연해 옛날 얘기 털어놓으며 반갑게 만났죠. 〈자니윤 쇼〉보조 진행자가 영남이 형이었잖아요. 영남이 형은 깜짝 놀라고, 방청객은 박장대소하며 웃고…. 영남이 형 동생 조영수 교수는 제 동생하고 같은 반이었으니까 그 친구는 어렸을 때부터 알았습니다. 영남이 형은 어렸을 때부터 소리가 좋았어요. 이북에서 피란 나와서 우리 마을에 자리 잡고 살았는데, 아마 영남이 형은 고향이 북쪽이고 영수는 충청도 태생일 겁니다."

친구들과 '극장놀이'

사람들이 모여 있는 걸 보니 뭔가 재미있는 일을 꾸미고 싶었다. 동네 꼬마들을 모았다. '그쪽에서 내가 총을 쏠 거야, 그럼 앞으로 쓰러져. 넷 셀 때까지 움직이지 말고 누웠다가 일어나서 나랑 엎치락뒤치락….' 나름대로 동작과 대사를 약속하고 10분에서 20분 걸리는 공연을 꾸몄다. 겨우내 여러 작품(?)을 돌아가며 공연했다. 자기 방식대로 살을 붙인 〈원수 맺은 두 남매〉와 〈외눈 점박이〉였다. 동네에서 가장 큰 집 안방을 빌렸다. 방 가운데를 가로지르는 미닫이문이 객석과 무대를 구분하는 장치였다. 담요로 막을 만들고 표도 팔았다. 신문지를 돈 모양으로 네모나게 오려 와야 '표'를 내줬다. 아이들 노는 것이 재미있어서였는지, 어른들이 다들 '돈'을 가지고 구경을 왔다. 꼬마는 주연배우와 흥행사와 '기도'와 수표원을 겸했다.

—'연극놀이'를 한 게 아니라 '극장놀이'를 한 거로군요.

"'어쩌면 내가 좋아했던 건 연극만이 아니었구나' 하는 생각이 듭니다. 연극을 둘러싼 모든 것이 새롭고 신기했다고 할까. 극장이라는 공간이 빚어내는 흥겨운 분위기, 일상을 벗어난 지점에서 펼쳐지는 환상의 세계 전부가 좋았던 거죠. 신문지 오려 만든 돈이라는 건 환상의 세계로 가는 기차표 같은 거고. 배우 역할만 한 것이 아니라 흥행도 책임지는 프로듀서 역할도 맛 한 번 본 거죠, 뭐."

배우들의 일생을 따라가다 보면 필연(必然)이 우연(偶然)을 가장하고 손짓하는 순간이 있다. 예산농고 2학년 때 전교생 소풍. 목적지

인 예산 수리(水利)조합엔 강당 비슷한 공간이 있었다. 전교생이 모인 김에 장기자랑 오락회를 하기로 하고 선생님들이 최주봉을 사회자로 지명했다.

국어 선생님의 한마디

공연 날 정신은 없는데 이상하게 흥이 났다. 농담도 하고 노래도 부르고 교장선생님을 무대 위로 모셔 노래도 시켰다. 웃음과 휘파람소리가 끊이지 않았다. 행사가 끝나고 국어 선생님이 한 말씀을 던졌다.

"너는 그냥 배우더라."

대학 시절 최주봉을 남사당패로 이끌었던 전위예술가 무세중씨.

잊고 지냈던 유년의 추억이 수리조합 수문(水門)이 열렸을 때 물 쏟아지는 것처럼 가슴을 채웠다. 상과(商科)나 정치학과 진학계획이 방향을 틀고 있었다.

"처음엔 못한다고 했어요. 해 본 적이 없으니까. 그런데 하니까 되더라고. 그것도 즐겨 가면서. 선생님들 말씀이, 어색한 구석이 하나도 없더라는 거야.

선생님들은 교육 전문가 아닙니까. 이분들이 확신을 가지고 말씀하시니까 '아하, 이 길이 내 길이로구나'라는 느낌이 온 거죠."

중앙대(中央大) 연극영화과(演劇映畵科) 64학번. KBS 드라마국장을 역임한 최상식(崔常植)이 동기동창이고, 한 살 위인 박인환(朴仁煥)과 세 살 위인 윤문식(尹文植)은 내내 학교를 같이 다닌 사이다. 셰익스피어와 유진 오닐과 안톤 체호프를 배우는데 뭔가 살짝 허전하고 갈증 비슷한 느낌이 들었다.

당시 중앙대 조교를 하던 김세중(金世中)이 '좋은 데가 있으니 가 보자'고 했다. 나중에 전위(前衛)예술가로 활약하는 무세중(巫世衆)이 그 사람이다. 둘이서 당도한 곳이 망원동 남사당(男寺黨)패다. 제3한강교가 놓이기 전이라 망원동 개천 공터엔 모래가 지천이었다. 거기서 훗날 인간문화재가 되는 남용운, 박계희 같은 분들과 신나게 연습하고 놀고 거리공연도 했다. 몇 달 동안 함께 생활하다 아예 남사당패 단원이 되어 전국 민속경연대회에 두 번이나 출전하기도 했다. 갈증이 해소되는 느낌이 들었다.

극단 '가교'에서 활동 시작

"대학에서 했던 작품이 다 서양에서 내로라하는 작품이었습니다. 현대극 〈고래〉, 고전극 〈햄릿〉, 아일랜드 극작가 존 밀링턴 싱의 〈서쪽나라에서 온 장난꾸러기〉. 이 작품들은 하나같이 불멸의 명작이고 박자가 딱딱 맞아떨어지는 '물건'들 아닙니까.

그런데 뭔가 마음속에서 엇박자로 뛰노는 기운이 있더라고요. 정제되지 않은, '연극적 야성(演劇的野性)', 지금 와서 돌이켜 보면, 연극의 출발점이랄까, 원형(原形)을 탐색하고 싶다는 마음이랄까, 뭐 그런 갈망이 있었던 것 같습니다. 아, '흥겨운 느낌'을 흠뻑 맛보고 싶었다, 그렇게 쓰시면 되겠네."

극작가 이근삼씨.

흥겨운 기분? 최주봉이 생각하는 연극의 가장 중요한 점이 무엇인지 서서히 감이 오기 시작했다. 대학을 졸업하고 활동을 시작한 곳이 극단 '가교(架橋)'다. 1965년에 동국대, 한양대, 중앙대 연극영화과 졸업생들이 주축이 되어 창단한 단체. 극작가는 이근삼(李根三·2003년 74세로 작고), 연출가로는 이승규(李昇珪·74세)와 김상열(金相烈·1998년 57세로 작고)이 관계했고 배우로는 추송웅, 권성덕, 박근형, 윤문식, 박인환 등이 주축이었다. '가교'의 매력은 연중무휴(年中無休) 공연이 가능한 국내 유일한 극단이었다는 점이다. 당시만 해도, 대한민국에 연극 공연장이 얼마 없던 시절이다. 극단들이 극장 대관을 위해 제비뽑기를 하고, 그나마 봄 가을 시즌에만 공연을 하던 것이 당시의 관례다. 그런데 가교는 무슨 수로 연중무휴 공연을 할 수 있었을까.

나병 퇴치 계몽극단

“마가렛 모어라는 미국인 선교사가 계셨어요. 이분이 이근삼 선생한테 ‘전국을 돌며 계몽극을 공연할 단체가 있느냐, 추천을 해 달라’, 그래서 ‘가교’랑 연결이 된 거죠. 모아 여사가 제작비를 전액 부담하고, 신수동 자택 한쪽에 극단 사무실도 마련해 주셨어요. 한센병, 그때는 나병(癩病)이라고 그랬지요. 나병 퇴치 연극도 하고, 기독교 성극(聖劇)도 하고….”

최주봉의 데뷔작은 농촌 계몽극 〈퇴비탑의 기적〉(1969)이다. 당시의 상황을 이승규는 이렇게 회상한다.

“후원자들의 요구는 아래 사항을 널리 알려 달라는 것이었어요. 1. 나병은 불치(不治)의 병이 아니다. 2. 나병은 유전병이 아니고 전염병이다. 3. 보건소나 구호기관에서 무료로 치료해 주고 있다.

지방 구석구석에 연극을 보여줄 수 있고, 장기간에 걸친 공연을 통해 단원들의 연기훈련을 도울 수 있으며 계몽적 기능을 통해 사회에 봉사할 수 있다는 점에서 우리는 후원자들의 제안을 흔쾌히 받아들였습니다.”

트럭 한 대에 장비를 싣고 충남, 충북, 경북, 경남, 전남, 전북의 순으로 4월 1일부터 7월 5일까지 96일간 80여 군데를 돌며 121회 공연에 25만4340명을 동원한 공연. 초등학교 교정, 수덕사 절마당, 공주교대 강당, 청송면 개천가, 남천강변, 함안 나환자 정착촌 분교, 전남여고, 함열면사무소 앞 공동묘지 등등이 공연장소였다. 숙소는 여관을 이용하거나 야영하는 강행군이었다. 생전 처음 연극을 접하는 관객이 태반이요, 약장사거나 기타 상업적 의도가 숨어 있는 공연이라고 의심을 하는 사람들도 부지기수(不知其數)였다. 극단의 선의(善意)를 믿어 주지 않다가 한센병 치료약인 D.D.S.라는 말이 나오면 "그러면 그렇지" 라며 무릎을 치기에 "이 약은 국가에서 무료(無料)로 배포하는 약이다"라는 즉흥대사를 하니 그제서야 관객들의 얼굴에서 경계심이 사라지더라는 일화도 전한다.

"글자 그대로 유랑극단이지요, 뭐. 이근삼 선생의 대표작 가운데 하나인 〈유랑극단〉은 이때의 경험을 극화한 겁니다. 가교의 전국순회공연은 계몽극이지만 그래도 연극적 재미를 흠뻑 녹여 넣으려고 노력을 많이 했습니다. 중간중간에 웃는 대목, 흥겨운 대목도 만들어 넣고 아침나절에는 트럭에 앰프 달고 가두선전도 다니고 그랬어요."

2010년, 90세 할머니가 되어 수십 년 만에 한국을 찾은 모어 여사와 가교 식구들은 뜨겁게 재회했다. 모아 여사가 유창한 한국어로 "주봉이, 문식이, 고마워!"를 연발하는 바람에 울다가 웃다가 하며 잔치판이 제대로 펼쳐지기도 했다.

생활고(生活苦)

봄 가을 시즌엔 셰익스피어의 〈말괄량이 길들이기〉, 이강백(李康伯)의 〈셋〉, 〈내마〉, 미국 뮤지컬 〈판타스틱스〉, 〈포기와 베스〉 같은 작품을 했다. 대학 2학년을 마치고 입대, 육군 12사단 의무중대에서 1년을 보내고 전곡에 있는 미(美)1군단 사령부로 차출되어 나머지 기간을 카투사로 복무했다. 그때 유심히 관찰한 흑인 병사들의 오리걸음을 무대 위에서 재현해서 대히트를 치기도 했다. 하지만 피할 수 없는 문제가 생겼다. 연극만으로는 생활이 되지 않는다는 것. 결혼을 하고 아이가 생기면서 생활비가 절실했다.

"후배 처(妻)의 친구를 소개 받았습니다. 그때 제 아내가 중소기업 회사원이었는데, 바로 '이 사람이다' 싶더라고요. 부모님도 좋아하시고. 그런데 그 사람은 내 옷차림을 보고 첫인상이 안 좋았다네. 제가 밝고 야한 옷을 좋아하거든요. 얘기를 나누다 보니 '이 사람, 진국이구나' 싶어서 마음이 끌리더래요. 1년 연애하고 1974년에 결혼에 골인했죠. 제 장인이 군수(郡守)까지 지내신 공직자신데, 연극하는 사위를 처음에는 썩 내켜하지 않으셨지. 그래서 '5년만 지켜봐달라'고 말씀드렸지요.

제가 부모님께 참 죄송한 게, 마흔네 살까지 시골에서 보내 주시는 쌀로 생활했습니다. 어머니는 '내려와서 가업(家業)을 이으라'고 하시고. '뭐 하러 배우 한다고 그 고생을 하느냐'고.

그래서 명절 때도 고향을 못 가는 겁니다. 사람들이 '자네 요즘 뭐 하나?' 물어보는데, 배우는 직장이 뚜렷한 사람이 아니잖아요? 매번 얼버무리고, 부모님은 또 이런 제 모습을 보면서 제 눈치를 살피시고. 나중엔 저는 핑계를 대고 서울에 있고 아내와 아이만 내려가게 했습니다.

아내도 고생 많이 했죠. 내려갈 때마다 어머니가 건어물 장사 해서 모은 돈을, 그 꼬깃꼬깃한 돈을 챙겨서 찔러 주시면 처음에는 거절하는 척하다 모른 체 받고. 안 받을 수가 없는 게, 그 돈 없으면 생활이 안 되니까요. 아이들 밥은 먹여야 하잖습니까?"

그래서 들어간 곳이 극단 '현대극장'이다. 1976년에 '연극의 기업화'를 내걸고 창단한 대형극단. 상임연출로 가 있던 김상열이 가교 후배들을 스카우트했다. 1980년부터 1년6개월간 최주봉은 그곳에서 〈지저스 크라이스트 수퍼스타〉, 〈백설공주와 일곱난장이〉 같은 뮤지컬에 출연했다.

영국의 세계적인 작곡가 앤드루 로이드 웨버의 작품을 무허가로 공연한(저작권 개념이 없던 시절이다) 〈지저스 크라이스트 수퍼스타〉는 세종문화회관 대극장에서 막을 올린 초(超)호화 배역의 야심작. 예수 역엔 이종용, 가룟 유다가 김도향, 추송웅의 더블 캐스팅, 막달라 마리아가 윤복희, 빌라도는 유인촌, 헤롯왕이 후라이보이 곽규석이었다. 최주봉의 역할은 요한, 바리새인, 로마병정 등의 일인다역(一人多役)이었다.

디즈니 원작영화를 극작가 이반(李盤·72세)이 한국형으로 각색한 〈백설공주와 일곱난장이〉에서 무릎 꺾고 키를 낮춰 '일곱난장이'를 연기했던 배우들이 최주봉, 박인환, 윤문식이다. 월급 20만원을 받기로 한 계약은 다섯 달 후 '기약이 없는 일'이 되어 버렸다.

사실 그것은 구조적인 문제였다. 뮤지컬은 무대세트, 의상에 상대적으로 많은 제작비가 필요하다. 장기흥행을 해야 고정비를 줄여서 수익을 낼 수 있다는 뜻이다. 당시엔 뮤지컬 장기공연을 이어 갈

만한 극장이 없었다. 거의 매일 만원을 기록해도 수지타산은 겨우 겨우 적자를 면하는 정도였다.

그래서 최주봉이 선택한 길은 '나랏밥'을 먹는 것. 봄 가을로 45일씩 국방부 홍보단 공연에 참여해서 '백령도에서 철의 삼각지대까지' 육해공군 위문순회 공연을 했다. 무용, 쇼, 반공극 등이 어우러진 '종합선물세트' 같은 공연이다. 최주봉에게 참여를 권한 이 공연의 총연출자가 나중에 서울시립가무단 단장을 지내는 박만규(朴滿圭)다.

쓰가 고헤이와의 만남

오리무중(五里霧中) 암중모색(暗中摸索)의 시기에 또 다른 인연이 손짓을 해 왔다. 1985년 어느 날이다. 후쿠오카 출신의 재일동포 극작가 쓰가 고헤이(한국명 김봉웅·金峰雄·2010년 62세로 작고)가 쓰고 연출한 〈뜨거운 바다〉. 쓰가는 1982년 재일동포로는 물론, 전후(戰後)세대 최초로 아오키상(直木賞)을 수상한 당대 일본 최고의 연극인이었다. 그의 원작소설 〈아타미(熱海) 살인사건〉을 극화, 일본에서도 1972년에 초연되어 선풍적인 인기를 끌었던 연극이다.

씨네텔 서울의 전옥숙(全玉淑) 대표가 최주봉을 호출했다. 쓰가를 소개하더니 프랭크 시네트라의 마이 '웨이(My Way)'를 불러 보라고 했다. 가사를 모른다고 했더니 테이프를 주고 내일 다시 올 수 있겠느냐고 했다.

"다음 날 열심히 연습해서 그 노래를 불렀더니 쓰가 얘기가 판소리, 타령(打令), 창(唱)이 섞인 '마이 웨이'라는 겁니다. 일본 공연 때

〈뜨거운 바다〉를 쓴 재일동포 극작가 쓰가 고헤이.

그 노래가 쓰였던 거죠. 즉석에서 그럼 '돌아와요 부산항에'는 부를 줄 아느냐고 해서 한 곡 불렀더니 바로 '오케이' 하더라고요."

최주봉의 역할은 범인 모모타로다. 모모타로가 처음 등장할 때 '한껏 폼을 잡으며' 불렀던 노래가 '마이 웨이'. 쓰가가 '돌아와요 부산항에'를 청한 건 그 노래가 일본인 모두의 그 시절 애창곡이었기 때문이다. 가왕(歌王) 조용필(趙容弼)이 한반도와 일본열도를 망라하여 '아시아 최고의 가수'로 떠오르던 시절이다. 오죽하면 그녀가 죽었을 때 《요미우리 신문(讀賣新聞)》이 '이제 쇼와시대(昭和時代)가 진정 끝났다'고 보도했던 일본의 국민가수 미조라 히바리도 이 노래를 일본어로 취입했겠는가. 미조라는 '돌아와요 부산항에' 한 소절만은 한국어로 부른다. 여담이지만, 미조라의 혈통이 한국계라는 건 공공연한 비밀이다. 그녀에게 불행한 가족사가 있다고 짐작하지만, 그 전모가 밝혀진 적은 없다. 어느 누구든 면전에서 가족이야기를 꺼내기만 하면 미조라는 격하게 대화를 끊었다고 한다.

일본에서도 극찬한 〈뜨거운 바다〉

“나중에 보니, 전무송·강태기·김지숙·나, 넷을 이미 추천을 받아 캐스팅을 완료해 놓고 불렀던 겁니다. 멤버도 좋고, 쓰가 고헤이의 연출 스타일도 마음에 들어서 ‘이 사람이랑 한 일 년만 연극하면 내 연기가 확 늘겠다’는 생각이 들더라고요.”

쓰가 고헤이는 작품의 큰 틀만 던져 놓고, 대사며 동선(動線)을 배우더러 찾아가라고 했다. 연습을 마치면 거의 매일 마포로 몰려가서 주물럭고기를 앞에 놓고 토론을 했다. 그 내용이 다음 날 연출노트로 돌아왔다.

“쓰가가 어머니랑 오래 살아서, 한국어를 거의 다 알아들어요. 말은 잘 못하지만. 그러니까 배우들이랑 커뮤니케이션이 되는 겁니다. 연습과정, 밥 먹는 것 자체가 다 연극적이었다니까.”

문예회관 소극장에서 막을 올린 〈뜨거운 바다〉 한국어 초연은 거의 전석 매진의 열광적 반응을 불러일으켰다. 거의 매해 재(再)공연되며 최주봉의 대표작 가운데 하나로 꼽힌다.

“이 멤버 그대로 일본엘 갔어요. 쓰가가 나한테 ‘돌아와요 부산항에’를 시킬 때부터 그 사람 머릿속에는 일본 공연 구상이 다 들어있었던 겁니다. 한국어로 진행하는데도 일본 관객들이 다 알아듣고 웃다가 울다가 난리가 났어요. 물론, 일본에선 워낙 유명했던 작품이니까 사전에 스토리를 다 알고 오는 관객들이 대부분이었지만. 이 대목을 한국 배우들은 이렇게 표현하는구나, 그런 점이 재미있었던 것 같습니다. 일본 언론이 ‘역대 최고의 〈뜨거운 바다〉다’라고 극찬했지요. '이렇게 생동감 넘치는 〈뜨거운 바다〉는 처음이다'라고 했으니까."

지금은 없어진, 단성사 맞은편 미리내 예술극장에서 막을 올린 〈뜨거운 바다〉 1986년 재공연. 공연 도중에 정전(停電)이 됐다. 흐름의 감정선(感情線)이 다 끊어졌을 법한데, 3분 쯤 기다리다 불이 들어왔을 때 배우들은 중단된 바로 그 대목부터 아무 일 없었다는 듯이 연기를 이어 갔다.

"지금 생각해도 대단한 집중력이죠. 서로가 서로를 믿었으니까 가능했던 일이라고 생각합니다."

'세탁소 장씨'

공연이 끝나고 누군가가 분장실을 찾아왔다. 방송극작가 김운경과 MBC의 이승렬 PD였다. "며칠 후 전화가 왔습니다. 매주 일요일 방송하던 연속극 〈한지붕 세가족〉(1986~1994)에 한 번 나오는 역할로 출연 가능하냐고. 바로 그러마고 했지요.

갔더니 쟁쟁한 분들이 다 앉아 있는 겁니다. 강남길, 임채무, 윤미라, 박원숙…. 일단 연습을 했습니다. 제 역할이 세탁소 주인 '장세탁'인데 혼자 세탁도 하고 짐도 나르고 동네를 하루 종일 왔다갔다하는 재미있는 아저씨였죠. 그래서 제가 충청도 사투리를 써 가면서 역할을 재미있게 가공했습니다."

-방송 출연은 그때가 처음이었나요.

"아뇨. 1970년대 초에 임동진 등이 나오던 TBC 드라마 〈형사〉에

도둑놈으로 출연한 것이 처음이었습니다. 영화는 이두용 감독의 데뷔작 〈잃어버린 면사포〉(1970)가 첫 출연입니다. 신성일, 문희, 한은진, 주증녀 같은 분들이 나오는 작품인데 나이트클럽 웨이터로 나왔습니다. 영화 전단 돌리는 홍보요원 겸 단역배우였죠."

-〈한지붕 세가족〉은 한 번 출연이 아니라 8년을 출연했잖아요.

"그다음에 또 연락이 왔어요. '최 선생님, 모니터를 봤는데 두어 번 더 나오셔야 할 것 같아요.' 4번까지 나오고 나서 아예 고정출연을 해 달라고 하더군요. 녹화 마치고 집에 가서, 아이고, 집에 가는 길이 그날따라 왜 그렇게 멀던지. 집에 가서 아내 앉혀 놓고 '여보, 나 인제 맨날 나오랴' 그랬더니 아내가 울더군요. 둘이 붙들고 같이 울었지요, 뭐.

〈한지붕 세가족〉을 하면서 광고도 찍었고…. 그 드라마는 저에게 생활의 안정을 찾게 해 준 고마운 작품입니다. 인터뷰를 진행하는데 옆 테이블의 손님들이 최주봉에게 미소와 목례를 건네며 알은체를 했다.

"쿠웨이트 박이시죠?"

'쿠웨이트 박'의 탄생

어떤 배우가, 수십 년이 지나도록 대중의 가슴속에 이토록 선명한 이미지를 남길 수 있을까. 소설가 박영한(朴榮漢·2006년 59세로 작고)의 원작을 각색해서 1989년 2월 8일부터 4월 27일까지 이종한 연출, 김원석 극본으로 KBS가 방영한 〈왕룽일가〉. 최주봉은 중동(中

東) 건설현장에서 일한 경험이 있는, 카바레 출입을 즐기는 '제비' 역으로 나왔다.

"〈한지붕 세가족〉을 하는 도중에 제안이 왔습니다. '쿠웨이트를 다녀온, 하모니카를 잘 부는 쿠웨이트 박.' 5회부터 출연했죠. 청량리 하모니카 학원에서 일주일 교습받고 여의도 댄스스쿨에서 한 달 동안 춤 배우고.

그런데 녹화 첫날부터 NG를 냈습니다. 같은 대목에서 연속으로 7~8번 NG를 내니까 PD가 면박을 주는 겁니다. 하모니카도 못 불면서 어떻게 탤런트가 됐느냐고.

'딱 한 번만 기회를 달라'고, '10분 쉬고 하겠다'고 했는데 다시 NG. 배우들과 스태프들 얼굴에 짜증기가 피어나는데, 야, 대책이 없잖아요. 그래서 하모니카 대신에 노래로 하겠다고 제안을 했습니다. '실력을 봐야겠다, 스태프들 다 보는 앞에서 해 봐라' 그러기에 김국환씨의 '꽃순이를 아시나요'를 불렀지요. 눈을 지그시 감고 불렀는데 감독이 박수를 치면서 OK 사인을 냈죠. 스태프들도 다들 박수치고. 그래서 매 장면 하모니카 대신 노래를 부른 겁니다. 전화위복(轉禍爲福)이 된 거죠."

-뽀글이 파마, 원색(原色)의 촌스러운 의상과 소품이 지금도 기억에 남습니다.

"'야한 의상을 입은 쿠웨이트 박'이라고 쓰는 건 작가의 몫이고 이걸 시각적으로 구현하는 건 배우의 몫이죠. 캐릭터를 가만히 생각해 보고 남대문 시장에서 싸구려 옷들을 사서 의상을 만들었습니다. 진달래 색깔의 머플러랑 팔찌를 보더니 녹화장에 난리가 났어요. '어떻게 저런 설정을 하고 나올 수 있냐'고. 지금도 연락을 하는, 당시 상대역으로 나왔던 박혜숙씨가 웃느라고 녹화를 못할 정도였으니까….

쿠웨이트 박 캐릭터는 제 중학시절 서울에서 내려온 이웃집 대학생 형이 모델입니다. 아닌 척하며 사람들을 의식하는 말투와 행동을 따라 한 거죠. 창조는 곧 모방 아닙니까."

1990년 8월 2일부터 4일까지 벌어졌던 쿠웨이트 전쟁. 이라크의 침공으로 나라 전체가 점령당하고, 마침 무슨 행사에 참여하느라 일시 귀국해 있던 쿠웨이트 교민들의 처지가 딱하게 됐다. 갈 곳도 없고 잘 곳도 없게 된 사람들을 위해 '쿠웨이트 박'이 앞장을 섰다. 롯데백화점 이벤트홀과 88체육관을 빌려 논노 제품을 50% 세일로 판매하는 쿠웨이트 교민돕기 바자회. 최주봉은 수익금 전액을 적십자사에 기증했고 나중에 쿠웨이트교민회에서 감사의 인사를 전해왔다. 두 번이나 가족 전부를 초청해 주었는데, 일정이 겹쳐 방문을 못한 것이 미안할 따름이다.

악극(樂劇)

1990년대 10년간 최주봉은 극단 가교의 동지들과 악극(樂劇)을 공연했다. 1993년 〈번지없는 주막〉을 시작으로 〈홍도야 울지마라〉〈굳세어라 금순아〉〈비내리는 고모령〉〈가거라 삼팔선〉〈단장의 미아리 고개〉 등을 연이어 제작했다. 김상열이 대본을 쓰고 연출을 했는데,

공연할 때마다 '중장년층을 위한 최고의 공연', '효도 상품' 등의 수식어가 따라붙는 히트상품이 됐다. SBS와 MBC 등 방송사들이 경쟁적으로 제작에 참여했고, 처음엔 대관을 거절하던 예술의전당 오페라극장에서도 나중엔 문호를 개방해 주었다. 예술의전당과 국립극장에서 전석 매진의 진기록을 세운 시절을 잊지 못한다.

-악극을 공연하게 된 동기가 있었나요.

"객석이 흥겨운 작품을 만들고 싶었던 거죠. 꼭 한 번 트로트를 가지고 공연을 만들고 싶었습니다. 우리 할아버지, 어머니, 고향 마을의 옆집 아저씨가 좋아하실 만한 공연. 예전에, 전국 순회공연을 다닐 때 생전 처음 연극이라는 걸 보러 왔던 분들의 눈동자를 다시 만나고 싶다는 열망이 있습니다.

난, 내 정서가 정극(正劇)보다는 악극이나 서커스랑 더 통한다고 지금도 얘기합니다. 예컨대, '연분홍 치마가 봄바람에 휘날리더라/오늘도 옷고름 입에 물고/산제비 넘나들던 성황당 길에-' 자, 어떤 이미지가 머릿속에 떠오르지 않나요? 직설적이지 않게, 에둘러 가면서 은근하게 마음을 정하는 트로트 곡들의 가사들이 저는 너무 좋아요."

-연극을 너무 상업적으로 대한다는 비난과 공격이 적지 않았던 것으로 기억합니다. 혹시 외롭지는 않으셨는지요.

"난 외로울 줄 모르는 사람입니다. 배우들은 타인(他人)을 행복하게 해 주는 존재입니다. 악극을 공연하는 내내 관객들이 눈물 흘리는 걸 보고 난 내가 '배우'라는 걸 확인했어요. '연극은 반드시 이러

이러해야 한다'는 생각에 얽매이기보다는, 조금 자유롭게 살아가는 거죠."

밤무대 시절

TV를 통해 이름이 널리 알려진 뒤, 최주봉은 5년간 밤무대에 출연했다. 이를 두고, 연극계 일각에서 이런저런 말들이 있었던 것도 사실이다. 최주봉의 말이다.

"무대 나가서 노래를 불렀죠. 전통가요, 그러니까 트로트. 전국 각지를 안 돌아 다닌 데가 없습니다. 방송 녹화 마치고, 매일 저녁을 신촌-부천-부평-제물포-영등포 하는 식으로 순회하는 겁니다. 수도권 이외의 지역을 무박(無泊)2일로 돌기도 했고요. 처음에 제안을 받았을 때, '우리나라에서 가장 출연료가 세다는 무대는 과연 어떤 곳일까' 하는 호기심이 일더군요.

그리고 난 어떻게든 내 손으로 집을 장만해야 한다는 강박관념이 있었습니다. 20대에 장남으로서 내 의무를 다하지 않았으니, 그걸 만회하는, 누구나가 인정하는 '상징'이 필요했던 것이랄까요? 부모님과 가족들에게 '최주봉의 선택이 틀리지 않았다'는 증거를 보여주고 싶었던 거죠.

처음에 6개월 계약을 했는데, 중간에 매니저 역할을 하던 사람이랑 이견이 생겼어요. 나한테 돌아오는 실질 수입이 영 기대 이하였던 겁니다. 그래서 계약기간 채우자마자 친척 중에 한 사람을 골라 매니저 겸 기사로 일해 달라고 부탁했습니다. 6개월간 비(非)효율적

최주봉은 1990년대에 극단 '가교'의 동지들과 악극을 공연했다. 악극 〈비내리는 고모령〉의 한 장면.

으로 시간과 체력을 썼으니 그걸 만회한다고 6개월, 본격적으로 돈을 벌어 보자고 다시 1년, 딸린 스태프들이 생겼으니 바로 그만두지 못해 다시 1년 더…. 결국, 집 한 채 사고 밤무대 일을 접었죠."

-취객들한테 봉변을 당하기도 하고, 출연 여부를 놓고 '법은 멀고 주먹은 가까운'경우도 없지 않다고 들었습니다.

"사실입니다. 밤무대는 인간행동의 여러 가지 극단적인 형태를 다 만나는 곳이죠. 흥겨움, 취기, 몸싸움, 실랑이…. 무대 아래, 무대 뒤가 더 극적인 사건이 많이 일어나는 공간입니다. 재미있었어요. 몸은 말이 아니죠. 집사람이 방 하나를 내 전용 침실로 만들어 줬어요. 완전 방음(防音)에 빛이 하나도 안 들어오게. 잠을 조금이라도 설치면 바로 다음 날 일정에 지장이 생기니까. 그때의 경험도 내 연기에 오롯이 다 녹아 있다고 생각합니다. 남들이 뭐라고 그랬는지는 모르지만, 크게 개의치 않았어요."

리얼리즘 연극의 정통 노선에서 이탈

일제 강점기, 식민지 지식인들의 목표는 두 가지였다. 근대사회의 건설과 독립국가의 건설. 그들 가운데 일부는 그들의 사상을 전파하는 도구로 '연극'을 선택했다. 근대사회의 제도와 문물 가운데 우리 사회에 부재(不在)한 것이었고, 계몽과 홍보의 도구로 이만한 물건을 발견하기도 쉽지 않았던 까닭이다. 대중은 읽으려고는 하지 않았어도 들으려고는 했다. 식민지 지식인들이 열광했던 예술사조는 리얼리즘(realistic theatre)이다. 그들이 보기에 리얼리즘은 근대 과학정신의 예술적 투영이었다. 실생활과 매우 근접한 동작과 발성법을 바탕으로 사전에 정밀하게 약속을 정하고 연습을 반복한 뒤, 이를 한 치의 오차도 없이 무대 위에서 재현해 낸다는 것. '과학적 엄밀함'은 즉흥극의 요소가 강한 전통극과 리얼리즘 연극을 확실하게 구분하는 지표였다. 따라서 리얼리즘 이외의 연극을 다소 폄하하는 듯한 분위기가 한국 연극계에는 어느 정도 존재했다, 적어도 1990년대 중반까지는. 연극은 순수하고 숭고하며 신성한 예술이기 때문에, 무대를 대하는 자세는 늘 엄숙해야 한다고 믿는 '진지하고 치열한' 세계관.

그런 관점에서 보자면, 유랑극단과 악극과 TV, 그리고 밤무대까지를 넘나든 최주봉의 연극인생은 이른바 리얼리즘 정통노선과 다른 지점에서 흥겨움과 재미, 관객의 눈물과 웃음을 자양분으로 삼아 나름대로 찬란한 꽃을 피웠다고도 말할 수 있으리라.

'가교'의 '악극 공연'은 전략적으로도 옳은 선택이었다. 유럽과 미국에는 기존의 유행곡들을 모아 제작하는 뮤지컬이 많다. 이런 작품들을 지칭하는 '주크박스 뮤지컬'이라는 단어가 있을 정도다. 기존의 곡을 사용하니 작곡료가 들지 않고, 익숙한 멜로디가 들려 오니 관객들도 편안하다. 언제가 되었든 대중의 사랑을 받았던 노래들은 대중적 감수성과 당대의 시대상을 듬뿍 머금고 있다는 것이 주크박스 뮤지컬의 출발점이다.

다른 하나는 한국적 뮤지컬의 가능성을 보여주었다는 점. 1990년대 한국 뮤지컬의 문제점 가운데 하나는 '합창'의 부재(不在)였다. 세계적으로 성공한 뮤지컬은 합창곡을 위주로 하고 클라이맥스에 독창곡을 배치해 극적 효과를 증폭시키는데, 우리는 배우 개개인이 대사를 노래로 바꿔 부르는 정도로만 '노래'를 활용했다. 악극에서 합창을 대신한 건 객석의 관객들이다. 서울에서, 박달재가 있는 제천에서, LA에서, 뉴욕에서, 관객들이 노래를 큰 목소리로 합창했다. 자연히 '합창'과 '독창' 사이에서 이야기가 힘차게 전진할 수 있는 '긴장'이 만들어졌다. 미국의 흥행사들이 농반진반으로 붙여준 '따라 부르는 뮤지컬(sing along musical)'이라는 단어는 아직도 최주봉의 가슴속에 전설처럼 남아 있다.

-그런데 왜 요즘은 악극 공연을 하지 않나요.

"배우가 행복하게 해 줘야 할 사람 중엔 제작자도 있는 겁니다.

악극은 트로트를 호흡하는 관객들을 전제로 하는데, 그 저변이 엷어진 거죠. 통기타 문화랑 비슷합니다. 세시봉으로 붐이 일기는 했지만, 지금 통기타는 아티스트들이 평균 60대, 그들의 노래에 민감하게 반응하는 관객층의 하한선이 40대 중반이잖아요. 통기타 음악의 대중성은 앞으로 점점 사라져 갈 겁니다. 그렇다면 새로운 돌파구가 어디 있는지를 고민해야죠."

"연극은 순리(順理)다"

그래서 최주봉은 11월 말에 국립국악당에서 '소리 코리아'라는 극단과 공연을 한다. 인간문화재 묵계월의 제자들이 결성한 단체다. 국악(國樂)을 활용한 도전과 응전(應戰).

최주봉에게는 아들이 둘 있다. 큰아들은 지금 현대건설 설계사로 카타르에 나가 있고, 둘째 아들이 '아버지가 그렇게 말리는데도' 기어이 이 일을 하겠다며 배우의 길로 들어선 최규완이다.

-후배들에게 들려주고 싶은 이야기가 있다면요.

"조급해하지 말 것. 연극은 순리(順理)입니다. 한걸음 한걸음 기초를 다지고 올라가야 오래갑니다. 배우는 기다리는 직업입니다. 인내할 줄 모르면 좋은 배우가 될 수 없어요. 하지만 세월이 흐른다고 무작정 배우가 되는 것은 아니죠. 부모님이 물려준 자신의 특성을 개발하고 타의 추종을 불허할 정도로 노력해야 '인정받는 배우'가 될 수 있습니다."

얘기가 여기에 이르렀을 때, 강릉에서 전화가 걸려 왔다. 연출가

이승규가 군대생활을 할 때 만들었던 야학(夜學)이 재정난에 처하자 가교 멤버들이 의기투합했다. 어떻게든 야학을 살려 보자며 경포대 해변에 천막을 치고 피서객을 대상으로 공연한 〈판타스틱스〉. 수익금이 꽤 생겼고 야학도 살아 남았다. 그 공연 40주년을 기념해 감사패를 드리고 싶다는 연락이었다.

"벌써 40년이 됐나? 야학, 거기서 인물 많이 났슈. 판사, 검사도 나오고 박사도 여럿 배출했구…. 다들 행복하게 됐으니 나도 기분이 좋네유."

그가 '행복한' 웃음을 지으며 옛일을 추억했다. 맥주잔 너머로 전해지는 그의 목소리에 반 넘어 사투리가 섞이기 시작했다. 누구네 집 안방을 빌려 자기 식대로 〈원수 맺은 두 남매〉를 공연하던 여덟 살 꼬마의 얼굴이 문득 겹쳐졌다. (2013년 12월)

최주봉 崔珠峰

- 1945년생. 중앙大 연극영화과 졸업.
- 1969년 〈퇴비탑의 기적〉으로 데뷔. 서울시립뮤지컬단장 역임.
- 출연작: 〈판타스틱스〉, 〈내마〉, 〈뜨거운 바다〉, 〈언챙이 곡마단〉, 〈그대를 사랑합니다〉 등 (이상 연극), 〈번지없는 주막〉, 〈홍도야 울지마라〉, 〈굳세어라 금순아〉, 〈비내리는 고모령〉, 〈가거라 삼팔선〉, 〈단장의 미아리고개〉 등 (이상 악극) , 〈한 지붕 세 가족〉, 〈왕룽일가〉, 〈젊은이의 양지〉, 〈순풍 산부인과〉, 〈태조 왕건〉 등 (TV드라마), 〈행복은 성적 순이 아니잖아요〉, 〈우묵배미의 사랑〉, 〈내 마음의 풍금〉, 〈극락도 살인사건〉 (이상 영화).

마당극 30년

윤문식

- "마당극은 유식한 사람이나 무식한 사람이나 다 부담 없이 즐기고 좋아할 수 있어"
- "서양 번역극은 갓 쓰고 자전거 타는 느낌, '제대로 놀아 보자'는 생각에서 마당극 시작"
- 마흔 살 넘어서 마당극으로 이름 알려

“**재주**도 있고 **싸가지**도 있는 광대가 **진짜 광대**”

대다수의 한국인들이 떠올리는 아버지의 모습이 있다. ‘근엄하지만 가족들 모르게 책임감에 홀로 힘겨워하는’ 이미지다. ‘아버지 세대’에게 던져진 세월은 유난히 가혹했다. 어려운 시대를 무사히 돌파하고 어떻게든 살아남는 것만이 지상과제였다. 소설가 김훈의 표현을 빌리자면 ‘온 몸으로 바닥에 부딪치며 공회전(空回轉)’하는 것이 숙명이었던 시대다. 그로부터 반 발짝 떨어진 곳에 또 다른 아버지상(像)이 있다. 해학과 유머로 삶의 어려움을 슬쩍 비켜 가는 사람. 모든 고난을 즉각 해결하지는 못해도 고생을 견딜 마음의 공간을 마련해 주는 누구. 그래서 윤문식(尹文植)이다.

–고향이 충청남도 서산(瑞山)이네요. 부모님도 다 그곳 분인가요.

“제가 1943년 1월생입니다. 아버님 함자는 윤도완(尹道完)이고 제가 일곱 살 때 돌아가셨습니다. 어머니 성함은 정규옥(鄭奎玉). 42년 전에 교통사고로 돌아가셨습니다. 돌아가신 날짜를 잊지 못합니다. 대연각호텔 화재사고 났던 바로 그날이랑 같은 날이거든요.”

기사를 찾아보니 대한민국 역대 최악의 화재로 꼽히는 사고가 일어난 날짜가 나왔다. 1971년 12월 25일이다.

"아버지는 읍사무소 공무원이었답니다. 춤, 노래에 일가견이 있었고 선대(先代)의 재산을 거의 탕진했다고 들었습니다. 조부(祖父)님이 그 시절로는 아주 드물게 쌍둥이였는데, 쌍둥이 형님, 그러니까 제게는 큰할아버님 되는 어른은 염전도 크게 하고 지금도 후손들이 대산중학교라고, 사립학교 이사장을 할 만큼 재산관리를 잘하셨습니다. 저희 쪽 줄기는 물려받은 재산 다 없앤 거죠."

곡마단 공연 좋아해

부모님은 슬하에 3남5녀를 두었다. 윤문식은 남자로는 두 번째, 전체로는 여섯 번째다. 큰누님의 며느리가 요즘 방송에서 단아한 말솜씨를 뽐내는 성우(聲優) 송도순이다. 윤문식이 어린 시절을 보낸 곳은 바닷가에서 2km쯤 떨어진 서산 읍내다. 읍내에 살았어도 서산사람의 성향은 여전히 완강해서 게장이라든가, 아무튼 뭐 비릿한 것 없이는 지금도 밥이 잘 안 넘어간다고 한다.

-어려서도 흥이 많았나요.

"6·25 때 비행기 폭격이 있으면 방공(防空) 사이렌이 울리거든요. 방에서 옥수수밭으로 피란을 가는데 저는 얼른 달려가서 탄피 집어올 생각을 했어요. 비행기 기총소사 탄피가 덩어리도 크고 엿도 많이 바꿔 줬거든. 6·25 동란 이야기는 사실 웃으며 할 수 있는 이야기가 아니죠. 인민군이 둠벙에서 수영하는 것도 보고 남로당이 대창으로 주민들 살해하는 것도 목격하고….

아무튼, 저는 애초에 사람 많은 곳을 좋아했어요. 서커스, 그때는 곡마단이죠. 언제 공연을 한다 그러면 며칠 전부터 밥도 못 먹을 만큼 설레고 가슴도 뛰고…. 곡마단 단원들이 동네 다니면서 머물 곳을 찾아 민박을 했거든요. 부부, 가족 단위 단원들이 많았으니까요.

저는 그분들 찾아가서 심부름도 해 주고 호박도 따 주고, 대신에 공연을 공짜로 보았습니다. 남들은 1부 서커스 공연이 좋다는데 저는 2부에서 공연하는 연극이 정말 좋더라고요. 지금도 기억나는 작품이 많아요. 예를 들어 〈원수 맺은 두 남매〉. 계모가 전실(前室) 자식들을 학대한다는 내용인데 아이들을 인두로 지지는 대목을 그림자극으로 표현했습니다. 그 대목에 객석에서 비명소리가 나고 울음보가 터지고 난리가 납니다. 계모 역으로 나왔던 배우한테 방을 내줬던 집에서는 '당장 방 빼라!'며 눈을 부릅뜨기도 하고…. 저는 공연을 보고 돌아와서 어머니 친구들에게 모노드라마처럼 재연을 했습니다."

"배우 아니면 무당 되었을 것"

살짝 추가설명을 하기로 하자. 1940년대 후반에서 1950년대 초반이라면 여성들이 집 밖으로 구경다니는 것을 점잖지 못하다고 생각하던 시절이다. 연속극이 정말 보고 싶은데, 집안 어른들과 식구들이 모여 있는 방 안으로 들어가는 것이 법도에 어긋난 일이라 남편이 살짝 열어 준 문틈으로 동냥하듯 텔레비전을 보던 분들이 60

년대, 70년대의 어머니들이다. 아이들이 재롱 떠는 걸 보는 일은 법도에 어긋나는 것이 아니었으니 윤문식은 말하자면 이야기에 주린 어머니와 친구 분들을 위해 '중계방송'을 한 셈이다.

"문제는 이 짓이 성에 안 차더라, 그 말입니다. 어머니 앞에서만 하지 말고 서커스단에서 진짜로 하고 싶었어요. 만약에 제가 연극배우가 되지 않았더라면 무당이 되지 않았을까 생각합니다."

뭔가 일상에서 벗어난 흥겨움과 떠들썩함, 거기에 가미된 약간의 불온한 기운이 그의 유전자에 정통으로 각인되어 있다는 자기고백이다. 소년은 그 운명을 일찍 감지한 것이다.

-배우의 길로 들어선 결정적인 계기는 어떤 것입니까.

"제가 서산초·중을 거쳐서 서산농림고등학교(현 서산 중앙고)에 진학을 했습니다. 농고니까 농사를 짓는 것이 교과과정에 포함된 실습이거든요. 학생들이 일해서 추수하면 쌀이 500가마, 고구마가 200가마 정도 나왔습니다. 그러면 가을에 추수감사절이라고 해서 목욕탕에다 고구마 쪄서 학생들한테 두 개씩 나누어 주고 국화빵 두어 개 주고 끝나요. 명목은 실험실습이지만 농사일은 학생들이 주로 다 한 거잖습니까. 500가마 수확했는데 도(道)에다가는 200가마 나왔다고 보고하고 나머지는 선생님들끼리 나누어 갖는 겁니다.

추수감사절에 학교에서 소인극(素人劇·아마추어 연극) 경연대회가 있었는데, 제가 이 이야기를 소재로 작품을 쓰고 공연을 했거든요. 말하자면 오늘날 마당놀이 비슷한 공연이었죠. 자기들을 욕하는 건데 선생님들이 좋아하고 관객 반응이 난리도 아니었습니다. 우리 반이

항상 1등을 했어요. 3년 내내.

졸업 무렵에 교장선생님이 저를 부르시더니 '윤군은 만약에 대학을 가면 연극영화과로 가는 것이 좋겠다. 자네는 그쪽에 재능이 확실하다'고 그러는 겁니다. 그때부터 제가 바람이 들어서 중앙대학교 연극영화과에 지원을 하게 되었습니다."

미(美)7사단에서 하우스보이로 일해

'과부' 어머니는 시골에서 나름대로 공부를 잘하던 아들이 교사가 되기를 원했다. 그런데 배우라니. 연극영화과 진학을 결사반대한 건 당연한 이치다. 그는 어떻게 했을까.

"가출했습니다. 학교는 가고 싶고 어머니는 완강하고 수중에 돈은 없고…. 동두천 미7사단에서 하우스보이로 일하면서 숙식을 해결하고 돈을 모았죠. 그 돈으로 콜롬비아학원이라고 종합반 다니면서 재수 준비하고 입학금도 마련했습니다. 그렇게 중앙대 연극영화학과에 들어갔더니 어머니가 지더라고요. 어머니는 제가 학교 졸업하는 것도 못 보고 돌아가셨습니다."

동기 중에는 최주봉·박인환이 유명하다. KBS 드라마국장을 역임한 최상식, 국립극단 단장을 지낸 최치림도 동기동창이다. 대학은 1964년 입학, 1974년 졸업이다. 어머니는 1971년 가을 장충동 국립극장에서 열린 전국대학생 연극경연대회에서 아들이 김상열 작(作) 연출의 〈탈의 소리〉로 대상(大賞)을 받은 것을 자랑스러워했다. 〈아제아제 바라아제〉 〈서편제〉 등에서 열연한 안병경이 함께 출연했던

박인환(왼쪽)과 최주봉(오른쪽)은 중앙대 연극영화과 동기들이다.

무대다.

"그 작품이 어머니가 제 공연을 보신 유일한 작품입니다. 전국 각 대학에서 참가했다고는 하지만, 대학생들 연극이 뭐 별 재미가 있었겠습니까. 입장료는 무료였으니까 사람이 많이 오기는 왔는데, 저희는 다른 학교와는 좀 다르게 특색 있는 공연을 해 보자, 그래서 판소리탈춤을 하면서 계백장군 이야기를 한 겁니다. 무세중 선생께 석 달 동안 탈춤, 판소리 배워서 제대로 놀았죠. 사람들이 박수치고 신나하니까 어머니가 제일 앞에 앉았다가 일어나셔서 '저게 우리 아들이요!' 하며 좋아하셨어요. 그게 마지막이었죠."

-대학교를 좀 길게 다녔네요.

"1964년 5월에 입대를 했습니다. 처음엔 강원도 화천의 6사단 교육중대의 행정병이었죠. 병장 때 사단 군악대에 차출되어서 대민봉사활동도 하고 인근지역 위문공연도 다녔어요. 사회도 보고 만담도 하고. 여기서 일단 3년을 보냈고, 제대 후엔 중대 출신들이 만든 극단 가교에 들어가서 활동했습니다. 연극하다 중간에 등록금 벌면 또 한 학기 다니고, 또 연극하고, 그러다 보니 학교 마치는 데 11년이 걸린 거죠."

1969년 극단 가교의 이근삼 작 이승규 연출 〈미련한 팔자(八字)대감〉이 그의 데뷔작이다. 한센병 환자의 자녀들이 학교에 진학하자 다른 학부형들이 이들을 '미감아'라 부르며 등교를 거부하는 사태가 발생했다. 이 사건을 계기로 한센병은 전염병이 아니라는 것을 국민들에게 호소하자는 움직임이 일어났다.

"교도소 재소자들이 가장 훌륭한 관객"

"경비는 가톨릭 구라회(救癩會)가 부담하고 보건사회부·내무부·문교부가 후원해서 전국을 돌았습니다. 강원도·제주도는 상대적으로 한센병 환자가 드물어서 가지 않고 전국 72개 지역을 순회했어요. 4월에 시작해서 보리타작 끝나고 서울로 돌아왔습니다. 단원은 연출에 이승규·김상열, 배우로는 김동욱·박인환·최주봉·이효춘 등이 활동했죠."

구경거리가 많지 않던 시절이라 30리 밖에서도 공연을 보러 왔다. 공회당이라도 있는 지역은 실내에서 공연했지만 때로는 산비탈이, 개울가가 즉석 무대가 되기도 했다.

"마당극과 뮤지컬, 즉석 기타연주 등을 섞은 공연이었다고 할까요. 공연 시간은 50분 정도였나? 얼른 다른 지역으로 이동해서 또 판을 벌여야 하니까 길게 못 놀았죠. 어찌나 아쉬워들 하는지…. 공연 도중에 객석(?)과 무대 사이로 소달구지가 지나가기도 하고, 비 내리면 다 맞아 가면서 배우도 관객도 다 젖은 채 같이 웃고 떠들고, 이동 도중에 청년들에게 납치(?)를 당해서 예정에 없던 산골로 들어가 즉석공연을 한 번 더 한 일도 있고…. 아무튼 에피소드가 하나둘이 아닙니다."

극단 가교의 프로젝트는 미국인 선교사 마가렛 모어 여사와 만나면서 성극(聖劇)으로 확대된다.

"그림자연극으로 예수님의 일생을 꾸민 〈평화의 왕자〉, 식모살이를 하는 복순이 이야기로 코믹하게 번안한 〈민나 막달레나〉 같은 작품을 가지고 또 전국을 돌았습니다. 교도소 순회공연만 해도 3~4년을 계속했지요. 내가 그래서 남들 안 가 본 곳을 많이 가 봤어요. 심지어는 육군교도소인 이른바 남한산성에서 공연한 적도 있으니까. …"

-특이한 장소에서 특별한 관객들을 상대한 거네요.

"교정시설에는 다 강당이나 극장이 있습니다. 수감자들을 교화하는 것이 목적이니까요. 관람 태도는 최고입니다. 전 세계에서 이들만큼 훌륭한 관객은 없을 겁니다. 작은 단서에도 울고 웃고, 집중력이 대단해요. 반응이 뜨겁고 즉각적이죠. 단, 영등포구치소만 빼고. 여기는 미결수들이 있는 곳이라 관객 태도가 불량하기 이를 데 없습니다. 휘파람 불고 공연 방해하고…. 영등포 구치소는 다시는 안 갑니다."

극단 가교의 지방공연

-한센병과 관련한 계몽연극인 〈미련한 팔자대감〉을 한센병 환우들 앞에서 공연한 적은 혹시 없습니까.

"왜 없겠어요? 뭍에서 주민증 맡기고 소록도로 들어갔습니다. 주민들 말씀이, 종교인 빼고는 건강한 외지인 실물로 본 것은 저희가 처음이라고 하더군요. 이듬해에 다른 작품 가지고 또 공연했는데, 배우들 이름을 하나하나 기억해 주고, 환대가 이만저만이 아니었습니다. 아, 소록도 안에도 교정시설이 있어요. 거기 가서도 공연을 했습니다."

-교도소 순회공연 중의 에피소드라면 무엇이 있을까요.

"극단 총무 최주봉이 철제 가방에 소도구를 넣고 관리를 했는데, 비밀번호를 잊어버린 겁니다. 공연 못할 뻔했죠. 교도관이 객석에다 '1033번, 열어!'라고 소리치니 전문가(?)가 바로 달려 나오더군요. 가방에다 눈 감고 귀 대고 다이얼 돌려서 바로 가방 열었습니다. 씩 웃더니 '난 날 밝으면 일이 안 돼'라더군요. 이 말을 연극 대사에 저희가 그대로 집어넣기도 했습니다."

지방공연의 추억은 더 있다. 모파상의 〈비계덩어리〉를 번안한 작품과 이근삼 작 〈율보〉를 가지고 '천막극장'을 기획한 일이다. 아랍 족장들의 천막을 보고 영감을 받아 500명 정도가 들어갈 만한 텐트를 제작하고 만리포해수욕장, 명지대 수영장, 도봉산장, 연곡해수욕장 등을 돌며 공연을 했다.

"지방공연은 다니고 싶어서 다닌 것이 아닙니다. 그때는 공연을

1996년 TV사극 〈임꺽정〉에 출연한 윤문식(왼쪽 끝).

할 수 있는 장소가 명동 국립예술극장 딱 하나밖에 없었어요. 그것도 봄에 2~3개월 가을 2~3개월밖에 대관을 안 했습니다. 극장을 잡기가 하늘의 별따기였죠. 게다가 가교는 후발주자로 출발한 극단이라 대관 운도 없었습니다. 심지어는 담당자한테 갈비를 사다주고 로비(?)를 해도 차례가 거의 오지 않는 겁니다. 그래서 '극장이 아니라 사람이 있는 곳으로 우리가 가자'라고 발상을 전환한 결과가 지방공연입니다.

대한민국 팔도강산 안 가 본 곳이 없죠. 횃불 켜 놓고 공연하고 제방이나 둑도 무대로 쓰고, 물론 다 무료로. 극단 가교 멤버들이 현장성이 강한 데는 그럴 만한 까닭이 있는 겁니다. 사실은 마당놀이의 시초가 극단 미추라고 알고 있는데, 제 견해로는 가교의 지방공연이 마당극의 원조(元祖)입니다."

천막극장

-20세기 후반에 환경연극이라고, 관객들 여기저기 끌고 다니면서 공연하는 방식이 유럽에서 유행했는데, 가교는 몇십 년 전에 첨단을 달린 거로군요.

"독일에 수레극이라고 있었죠. 수레에다 무대를 꾸미고 여러 군데에 분산배치해 놓고 이쪽에서 1막 하면 저쪽에서 2막 하고…. 그 뒤로 이동무대라는 것도 있었잖아요. 관객들 모아 놓고 1번 팀이 와서 공연하고 가면 2번 팀이 다가와서 공연하는…. 가교의 연극이 바로 그런 식이었죠. 지금이야 극장도 많고 여건이 좋지만 그 당시에는 정말 공연을 할 수 있는 '무대' 자체가 없었습니다."

천막극장은 충남 대천 해변에서 해일(海溢)로 유실된다. 그 전에, 강릉 경포대에 천막을 치고 야학살리기 공연을 했다. 연출가 이승규가 한때 교사로 일했던 흙벽돌 야학 풍호중학교가 땅 주인의 철거 지시로 위기에 봉착하자 수익금을 남겨 땅을 사 줬다.

"저희 힘만으로 일이 된 것은 아니고요, 이 이야기가 《선데이서울》에 기사화되었거든. 현대시멘트에서 시멘트 2000포대 기부해서 건물도 올리고, 진짜 해피엔딩으로 마무리되었습니다."

나중에 미국공연을 갔을 때 현지 공항에 마중나온 교포 하나가 "저 풍호중학 출신입니다"라고 인사를 했다. 윤문식은 이 사건을 일생에 가장 잘한 일 가운데 하나로 손꼽는다.

'윤문식은 악극과 마당극을 주로 해 온 배우다'라고 대중들은 생각한다. 마당극 3총사로 윤문식, 김성녀, 김종엽을 떠올리는 관객들도 많다.

"에이, 그래도 딸린 식구들이 40~50명 정도 되는데…. 그렇게 말씀하면 곤란하고요. 왜 마당극을 했느냐. 특별한 동기가 있는 것이 아닙니다. 관객들이 좋아하고 공연을 할 때마다 객석을 다 채워 줬으니까 계속한 거죠. 결국 마당극을 이어 간 건 관객의 힘이라고 봐야 합니다."

-처음부터 마당극이 30년 넘게 이어질 것이라고 예상했습니까.

"30년 넘도록 공연할 줄은 정말 몰랐습니다. 그동안에 우리가 해 왔던 연극들이 너무 공연하는 사람들 위주로 해 오지 않았는가. 그런데 마당극은 대중성을 파고들어 갔기 때문에 유식한 사람이나 무식한 사람이나 다 부담 없이 즐기고 좋아할 수 있었던 것 아닌가. 그것이 공연을 오래할 수 있었던 이유 같습니다."

일본 배우들의 춘향전

-공연하는 사람들 위주의 공연이라면 혹시 번역극을 말하는 건지요. 선생님 젊었을 때는 번역극이 대세였는데 좀 외로웠겠습니다.

"제가 연극 처음 시작한 세월이 벌써 50년 이쪽저쪽입니다. 제 개인적인 느낌으로, 서양 번역극은 하는 사람도 모르고, 보는 사람도 모르고, 그러니까 마치 갓 쓰고 자전거 타는 듯한 생각이 드는 겁니다. 배우가 진실성을 가지고 관객과 만나야 하는데, 자꾸 헛도는 거죠. 등장인물 이름만 해도 서양이름을 그대로 썼는데, 저는 이게 영 어색하더라고요. 연극이라는 물건이 겉으로 드러나는 갈등

마당놀이 〈삼국지〉(2004년)에 출연한 김성녀, 윤문식, 김종엽(오른쪽부터). 30년간 마당놀이를 함께 한 '마당놀이 3총사'다.

이외에도 미세하게 표현해야 할 사항들이 얼마나 많습니까. 문화와 관습을 속속들이 꿰지 않고는 작품을 온전히 이해하기가 어려운 것이죠.

제가 그걸 언제 느꼈느냐. 일본의 꽤 유명한 극단이 국립극장에 와서 〈춘향전〉을 한 적이 있습니다. 전부 일본 배우가 나와서 공연했습니다. 그런데 영 어색한 겁니다. 예를 들면, 방자랑 사또랑 같은 자리에 나란히 앉아서 술을 먹는 장면이 나오거든요. 그러면 나중에 방자가 이도령과 춘향이를 연결해 주면서 신분 차이를 미묘하게 뒤집는 유머, 그걸 극적으로 구사할 수 없는 거죠. 왜. 이미 동석해서 술자리를 같이할 만큼 평등한 존재니까.

역지사지(易地思之)해 보면, 우리가 번역극을 공연할 때 그런 실수를 안 했으리라고는 장담 못하는 것 아닙니까. 우리가 공연한 번역극의 경유지(經由地)였던 일본 연극계도 서양의 역사, 문화, 풍속을 다 알고 번역을 하지는 않았을 겁니다. 실수 투성이였겠죠. 그런 혼란이 젊어서는 영 해결이 되지 않았습니다."

"1년에 한 번씩 번역극도 해"

-마당극은 몸에 맞는 옷 같은 느낌이 들던가요.

"그렇죠. 번역극을 20년 하다가 '아무래도 이건 안 되겠다, 옛날부터 전해 오는 우리 놀이문화를 가지고, 우리의 언어와 정서를 가지고 우리의 춤사위, 우리의 노래, 우리의 말을 이입해서 공연을 해 보자' 하고 조심스럽게 출발했던 장르가 마당놀이였어요. 국수주의나 민족주의와는 관점이 다릅니다. 제대로 놀아 보자, 딱 이거 하나입니다.

사실은, 불안하게 출발했죠. 관객들 반응이 어떨지 영 자신이 없었습니다. 한데 문화체육관에서 공연하는 날 난리가 났어요. 유리창이 깨지고…. 공연 첫날 눈이 펑펑 내렸는데 관객들 줄이 몇십 미터 쭉 늘어선 걸 봤습니다. '우리 국민들이 원하는 걸 외면하고, 내가 무슨 대단한 철학자라고 어려운 연극을 해야 하는가, 마당극을 가지고 갈 데까지 가 보자'는 자기확신이 생기더군요.

그렇다고, 제가 서양연극의 가치와 작품성을 부정하는 것은 아닙니다. 서양 것도 대단한 물건이 많아요. 저는 번역극도 한 해에 한 번씩은 공연합니다. 다만, 제 방식대로 소화하고 삭혀서 재미있게 하려고 합니다."

셰익스피어 연극에서 광대 역만 10번 맡아

윤문식은 국립극단 시절 〈베니스의 상인〉을 연출했던 영국 내셔널시어터의 상임연출 패트릭 터커를 잊지 못한다.

"서양 연극의 진수(眞髓)가 이런 것이로구나, 아주 맛을 제대로 봤어요. 저는 광대 역으로 출연했습니다. 패트릭 터커는 머릿속에 완벽한 플랜을 다 집어넣고 연습장에 나타납니다. 배우들을 데리고 여기 가 봐라, 저렇게 해 봐라, 속칭 '장기를 두지' 않더군요. 가능성이 보이는 배우에게는 주문량이 늘어납니다. 그걸 소화하고 추가주문 받는 것이 그렇게도 재미있더군요.

공연 하루 전날에는 배우들을 다 쉬게 하고 자기 혼자 나와서 조명을 맞춰보며 세세하게 계산을 했습니다. 연극 안팎의 모든 흐름을 다 꿰고 있는데도 다시 한 번 정밀하게 마무리를 하는 겁니다. 존경스러웠죠."

셰익스피어의 연극에는 광대나 광인(狂人)이 자주 등장한다. 일상(日常)과 비(非)일상의 경계에 자리하면서 평범한 사람들이 하지 못하는 말과 행동을 하는 특이한 존재다. 그들은 미래의 사건을 암시하고, 사람들이 차마 남들 앞에서 드러내지 못하는 속마음을 넌지시 말한다.

윤문식은 셰익스피어의 작품을 10편 했는데 특이하게도 모두 광대 역을 연기했다. 이런 역할을 자주 맡은 것은 무슨 뜻일까. 말하자면 꽉 짜인 틀 속에서 그래도 가장 자유롭게 움직일 수 있는 배역이 혹시 광대여서가 아니었을까. 본인도, 연출가들도 그 점을 꿰뚫어 본 것이 아니었을까. 그래서 평론가 구히서는 "윤문식의 광대는 서양광대가 아니라 조선광대"라는 평가를 하기도 했다.

윤문식의 경력은 가교를 거쳐 극단 민예로, 현대극장으로, 다시 민예를 거쳐 국립극단으로 이어진다. 거의 조연으로만 떠돌던, 그다지 존재감이 없었던 배우다. 믿어지지 않겠지만, 윤문식은 무명(無名)시절이 길었던 배우다. 대중들에게 이름을 알린 건 마흔이 넘어서다. 마당놀이를 하면서 비로소 배우로서의 재능과 명성이 만개(滿開)했고 전국적인 인지도를 획득했다. 그래서 마당놀이는 배우 윤문식에게 밥을 먹게 해 준, 고맙고도 편안한 공연이다.

"극단 가교에서 민예로 가서 몇년 있었어요. 허규 선생님이 '문식이는 우리랑 맞아'라며 스카우트했습니다."

연극 〈놀부뎐〉

윤문식은 〈한네의 승천〉에서 동네사람으로 나왔고 〈물도리동〉 〈서울 말뚝이〉 등에도 출연했다. 〈다시라기〉는 연극 외적인 이유로 기억에 남는 작품이다. 초연 때 10·26이 일어났고 재공연할 때 12·12가 일어났다. 장충동에서 공연을 마치고 걸어 내려오는데 무장군인들이 늘어서서 실전(實戰)모드로 무전을 주고받던 광경이 지금도 눈에 선하다.

생계가 막연하던 차에 현대극장에서 뮤지컬을 한다며 월급제 단원을 뽑는다고 해서 옮겨갔는데 석 달인가, 넉 달인가 지나니 급여가 끊어졌다.

마당놀이 〈심청〉(2004년). 배우와 관객이 함께 호흡하는데 매력이 있다.

"그래도 거기서 타이틀 롤도 해 봤지."

무명배우라더니 웬 타일틀 롤?

"해태제과가 제작비를 대서 만들었던 어린이 명작극장, 〈프란다스의 개〉의 '개'가 나였고 〈백설공주와 일곱난장이〉의 난장이 중 하나가 저였습니다. 추송웅이 후크 선장으로 출연한 〈피터 팬〉에서는 해적이었죠."

윤문식이 생애 최고의 작품으로 꼽는 공연이 있다. 1980년 마당세실극장에서 공연한 〈놀부뎐〉이다. 소설가 최인훈의 장편을 각색하고, 김종엽 김성녀 윤문식 셋이 나와 시류(時流)에 어울리는, 예를 들어 '형님 나는 갚는다면 갚는 놈이요' 같은 대사를 집어넣어 관객들의 폭발적인 반응을 이끌었던 연극이다. (10·26 당시 김재규가 했던 '형님, 저는 한다면 합니다'를 패러디한 대사다.)

"마당놀이의 핵심은 풍자(諷刺)와 해학(諧謔)이잖아요. 연극은 관객들 마음의 허전한 부분을 대리만족시키는 훌륭한 수단이기도 하고. 이 연극이 히트한 것은 현장감을 실시간으로 살려냈기 때문입니다. 그 당시 이슈화되었던 모든 문제들을 애드립으로 치는 거죠.

지금 제가 예를 든 건 정치적인 풍자였지만 세태를 반영한 대사도 많았습니다. 그때 쥐포가 막 유행했는데 놀부가 흥부집에 찾아오니까 판소리에 나오는 산해진미를 쭉 대고서 나중에 '쥐포를 너무 타지 않게 구워서'라는 한 마디를 집어넣는 겁니다. 관객들이 다 뒤집어져요. 〈놀부뎐〉을 확대해서 발전시키고 스케일을 크게 가져간 공연이 바로 마당놀이입니다."

-흥부의 재산은 제비가 물어다 준 것이 아니라 관료가 몰래 묻어 둔 물품을 우연히 발견한 것이었죠. 형제가 다 도둑으로 몰려 관아에 갇혔을 때 흥부(윤문식)가 '형님 우리 병보석으로 나갑시다'라고 침 찍어 바르며 보석금 액수를 계산하는 대목도 아주 재밌었습니다.

원작자와의 이견(異見) 때문에 상연 중단

"그 당시에 정치인들, 권력 있는 사람들은 일단 잡혀가더라도 다 보석으로 풀려나고…. 그렇게 잘못된 사회상을 풍자한 겁니다. 제가 바로 다음 대목에 마키아벨리의 《군주론》에 나오는 한 구절을 집어넣었어요. '백성은 몽매하니 속임수로 다스려라.'

그런 것이 우리 전통극의 저력 아닐까요? 서양연극을 보면 하인이 절대 주인을 때리지 못해요. 바른말을 해도 항상 돌려서 이야기

1996년 TV사극 〈임꺽정〉에 출연한 윤문식(왼쪽 끝).

합니다. 그런데 우리는 말뚝이가 양반을 때리잖아요. 그것이 굉장히 적극적인 행동이라 관객들이 깜짝 놀라는 겁니다. 마당놀이 〈이춘풍전〉에서도 이춘풍보다 춘풍의 처가 더 훌륭하지요. 몽둥이로 때리잖아요, 바람난 남편을 잡아다가.

어찌 보면 우리 사회의 신분제 질서가 단단했던 만큼 억울한 사연들이 많았고, 그것을 풀어 주는 역할을 연극이 수행한 것이라고 봅니다. 그 흐름이 지하수처럼 우리 유전자에 남아 있는 것이라고 생각합니다."

이 전설의 작품은 더 이상 공연을 못한다. 원작자와의 이견(異見) 때문이다.

"최인훈 선생은 놀부를 좀 더 주체적이고 멋있는 인물로 그려야 한다고 생각하고, 배우 입장에서는 풍자와 해학이 들어가려면 놀부가 너무 멋있게만 나와서는 곤란하고…. 의견접근을 해서 죽기 전에는 꼭 한 번 다시 하고 싶네요."

"결국 진솔한 사람이 이긴다"

-나중에 TV드라마랑 영화도 많이했죠?

"먹고살려고요. 기억나는 작품은 '싸가지'라는 유행어를 히트시킨 〈투캅스〉가 있습니다. 영화 단역은 20편 정도 찍었고, 텔레비전 드라마로는 KBS 〈토지〉의 주갑이 역이 떠오릅니다. 술 먹고 김삿갓처럼 여기저기 돌아다니는 인물인데, 제 성정과 비슷해서 아주 자연스럽게 연기했습니다."

슬슬 인터뷰를 마무리할 시간이 다가왔다. 그는 스스로를 '광대(廣大)'라고 했다. 배우와 광대는 미묘하게 다른 개념일까.

-윤문식에게 연극이란 무엇입니까.

"나의 모든 것이죠. 연극을 하려는 젊은 사람들에게는 이런 이야기를 들려주고 싶네요. 고생을 각오하고 덤비되 성공에 연연하지 말라고. 호의호식(好衣好食)하는 것보다도 자기가 좋아하는 걸 하는 것이 멋진 인생이다, 라는 신념을 가지라고. 근데 내가 이런 말을 해도 되나 몰라."

-좋은 배우란 어떤 존재입니까.

"한국 신극(新劇)의 출발이 지사적(志士的) 연극이잖아요. 그래서 제가 젊었을 때는 연극인들 가운데서도 자기들을 애국자 비슷하게 여기는 분들이 계셨어요. 잠자는 청춘들을 일깨워서 그 사람들에게

인생의 비전을 발견하게 한다든가, 미래의 희망을 호소력 있게 전달하는 배우가 좋은 배우겠지요. 여기에 덧붙여 현실의 고통을 견디도록 도와주는 존재가 광대(廣大)인 것이고. 광대는 자기 자신을 한없이 낮출 수도 있는 유연한 사람입니다. 젊은이들에게는 서두르지 말라는 이야기도 꼭 하고 싶습니다. 결국에는 진솔한 사람이 이깁니다."

최주봉과 박인환

여기서 윤문식은 동기인 최주봉, 박인환의 얘기를 했다.

"최주봉은 삽교, 박인환은 청주로 다 충청도 동향인 데다 셋 다 가난한 집안의 장남이라는 공통점이 있거든요. 모두 20년 이상 자기 앞가림도 못할 만큼 어렵게 지냈지만 결국 다들 살아남아서 지금도 활동을 계속합니다. 각자 자기만이 할 수 있는 특장을 개발한 거죠. 최주봉은 아무리 작은 역할이라도 특이하게 확대하는 재능이 있고, 박인환은 인물의 성격분석을 치밀하게 해 와서 다른 배우들의 중심까지 잡아 주는 안정감이 뛰어납니다.

이것은 재능에 수십 년의 수련과 노력이 합쳐진 결과입니다. 무슨 직업이든 한 가지 일을 오래 한 분들을 저는 그래서 존경합니다. 제일 중요한 건 후세 사람들이 기억할 수 있는 배우죠. 대중들의 가슴에 남아 있는 배우가 훌륭한 배우라고 생각합니다.”

충청도 사투리로 구성지게 이어지는 윤문식의 말투와 흥에 겨워 배어 나오는 어깻짓을 문자로 옮기는 것은 애당초 불가능한 일이었다. 이런 경우 문자는 얼마나 덧없는가. 연극은 그래서 총체적(總體的) 예술인 것인가. 상념이 이어지는데 그가 한마디를 덧붙였다.

“그런데 광대들 중에는 재주 많은 것들이 ‘싸가지’가 없는 경우가 많아. 재주도 있고 싸가지도 있는 광대가 진짜 광대지.”

드디어 윤문식의 유행어를 오리지널로 한 번 들었다. 끊어질 듯 이어지는 그의 사투리와 몸짓은 어쩌면 우리 아버지 세대가 걸어온 생애의 축소판은 아닌가. 엄하고 과묵하며 세상과 정면으로 맞서는 아버지도 훌륭하지만, 풍자와 해학으로 버티며 세상과 어울리는 아버지도 나쁘지 않겠다는 생각이 들었다. 윤문식은 천생 유쾌한 광대였다. (2014년 10월)

윤문식 尹文植

- 1943년 생. 중앙대 연극영화과 졸.
- 극단 가교, 극단 민예, 극단 현대극장, 국립극단, 극단 미추 등에서 활동.
- 출연작: 연극 〈탈의 소리〉 〈우리 읍내〉 〈미련한 팔자대감〉 〈한네의 승천〉 〈베니스의 상인〉 〈맥베스〉 등, 마당놀이 〈심청전〉 〈허생전〉 〈춘향전〉 〈애랑전〉 〈마당놀이전〉 〈평강온달전〉 〈변강쇠〉, 영화 〈투캅스〉 〈두사부일체〉 〈공공의 적〉 〈귀신이 산다〉 〈가문의 귀환〉, TV드라마 〈왕룽일가〉 〈여명의 눈동자〉 〈삼국기〉 〈토지〉 〈추노〉 〈대물〉 등.

뮤지컬의 디바

최정원

- "뮤지컬은 오직 실력으로만 승부하는 냉정한 세계…"
- 뮤지컬 〈맘마미아〉의 도나 역 맡은 배우 중 세계 톱3로 꼽혀
- "뮤지컬은 내 인생의 선물이자 베스트 프렌드"
- "매 공연 끝날 때마다 공연시간만큼 시간 내서 공연 復碁"

"최고의 상업극은 최고의 프로페셔널리즘과 통한다"

대중 앞에 자기의 모습을 드러내고자 하는 욕망을 숙명처럼 간직하고 사는 사람들이 있다. 연극배우들이다. 그들의 생산품 '연극공연'은, 기계를 이용한 대량복제와 대규모 유통이 원천적으로 불가능한 상품이다. 수공업적인 생산방식으로부터 획기적인 전환을 이룩할 만한 뚜렷한 전망도 보이지 않는다. 투입과 산출의 균형이 현저히 무너진, 적자(赤子)이기 일쑤인 인생의 대차대조표를 가지고 삶을 꾸려 가야 한다는 것. 동서고금(東西古今)을 막론하고, 연극인들의 인생은 고단함의 연속이었다고 하면 지나친 이야기가 될는지. 자기 내부의 숙명과 끊임없이 싸우고, 자기 외부의 사회환경과 일일이 맞서야 한다는 건 보통 일이 아니다. 영화 〈패왕별희(霸王別姬·Farewell My Concubine)〉(1993·감독 첸카이거·陳凱歌)의 주인공이나 〈몬트리올 예수(Jesus Of Montreal)〉(1989·감독 데니 아르캉·Denys Arcand)의 다니엘, 〈죽은 시인의 사회(Dead Poet Society)〉(1989·감독 피터 위어·Peter Weir)의 닐-영화 속에서 셰익스피어의 〈한여름밤의 꿈〉 숲속의 요정 역으로 출연하는 고교생 배우—에 이르기까지, 영화 속의 연극배우들은 거의 모두 비극적으로 죽어 간다.

산업사회가 고도화될수록, 연극배우들이 살아가는 방식과 현대사회가 요구하는 생활방식과의 간극은 한없이 넓어지는 것처럼 보인다. 이 간극을 우리는 '몽상', '환상' 혹은 '꿈'이라고 바꾸어 부를 수 있지 않을까. 인생이란, 합리와 논리로만 시종할 수 있는 것이 아니다. 합리와 논리의 잣대로는 도저히 할 수 없는 일에 자기의 생애를 걸고, 다른 사람들의 '꿈'까지 긁어모아 불가능에 도전하는 사람들이 연극배우들인 것은 혹시 아닐까. 광대(廣大)들은, 그래서 소중한 사람들이다.

뮤지컬은 연극계 최전선의 군대

지난 몇 년간, 연극계 안팎의 꽤 많은 사람들이 뮤지컬 제작에 관심을 표했다. 대기업 등 연극계 밖에서의 자본투자도 이루어졌다. 공연예술계의 전반적인 불황에도 불구하고, 뮤지컬만큼은 상대적인 호황을 구가하고 있는 것이다.

왜 이런 일이 일어났을까. 결론은 자명하다. 뮤지컬은 투자에 대한 기대이익이 높은 사업이기 때문이다. 일부 평론가들은 뮤지컬을 '상업적인 장르'라고 부르며 다소 격이 낮은 예술이라 폄하하기도 한다.

맞는 말이다. 뮤지컬은 극단적으로 상업적인 장르이다. 그래서 무엇이 어떻다는 말인가. 100여 년 전과 비교하자면, 연극의 사회적 영향력은 이미 큰 폭으로 감소하였다. 21세기 초엽을 기준으로 하자면, 연극은 다른 장르의 예술, 예컨대 영화예술만한 대중적 파급력을 가지지 못한다. 오락게임이나 가상체험 같은 새로운 경쟁상대도 속속 출현하고 있다.

그렇다면 어떤 길이 가장 효율적인 역사적 대응전략일 것인가. 연극이 미래에도 당당한 예술장르로 존속하고, 인류문화에 현역 예술로서 창조적으로 기여할 수 있는 효과적 방법은 어떤 것일까. 화석(化石)은 흔적일 뿐 생물체가 아니다.

뮤지컬은, 연극이라는 장르 자체의 사활(死活)을 걸고 대중의 관심이라는 강물의 물길을 돌려 놓기 위해 최전선에서 사투(死鬪)를 벌이고 있는 군대와도 같다. 이 전투에서 승리한다면, 연극 내부의 다른 장르들도 더불어 힘을 얻고 미래를 향해 당당하게 전진할 수도 있을 것이다. 이런 관점에서, 대중음악 평론가 강헌(姜憲)의 발언은 연극의 미래에 대한 몇 가지 시사점을 제시한다.

"70년대는 통기타의 시대였다. 음악계 내부의 작은 흐름이 시대 자체를 상징하게 된 건 세계 문화를 통틀어도 그렇게 흔하게 만날 수 있는 사건이 아니다. 통기타는 청년이 주축이 된 문화가 전면에 나섰다는 신호탄이었으며 한국이라는 사회가 생존이라는 문제를 극복하기 시작했다는 예고편이었다. 통기타 가수들의 콘서트는 지금도 훌륭한 문화상품이다.

그러나 평론가들은 통기타 음악의 미래를 매우 어둡게 생각한다. 왜? 통기타 가수의 최저 나이 제한선이 무려 40대 후반이라는 사실

초등학교 시절의 최정원. 어머니(오른쪽)는 최정원의 재능을 일찍 알아보고 연기학원에 등록시켜 주었다.

때문이다. 연희자(演戱者)와 수용자가 다함께 늙어 간다는 것. 이들의 생물학적 수명과 더불어 통기타라는 장르 자체가 사라질 것은 거의 확실하기 때문이다."

노래 잘했던 아버지, 춤 잘 추었던 어머니

그렇다면 젊은 세대를 끌어들이는 최선의 흡인책은 무엇인가. 미래에의 전망이다. 거기에 일생을 걸면 생계를 해결할 수 있고 운이 좋으면 엄청난 지점까지 도약할 수도 있다는 전망 말이다. 연극은 꿈이라고 말한다. 그러나 생물인 인간이 꿈만 먹고 열정에만 의지해서 살아갈 수는 없는 일이다. 따라서 뮤지컬은 중요하다. 자기가 좋아하는 일을 하면서도 수입을 올리고, 건전한 의미에서 사회적 파장도 일으킬 수 있다는 걸 보여주는 거의 유일한 연극 장르이기 때문이다.

그래서 최정원(崔丁元)을 만나러 갔다. 40대 중반을 넘었어도, 폭발적인 가창력과 춤사위로 여전히 뮤지컬의 주인공으로 활약하는, 한국 뮤지컬의 디바, 여신(女神)으로 불리는 배우.

-먼저 호적조사를 좀 하겠습니다. 부모님은 어떤 분이었는지요.

"아버님 성함은 최태민(崔泰珉), 어머님 성함은 손정자(孫正子)입니다. 두 분 다 1941년 생이에요. 어머니는 가정주부고 아버지는 예지상가라고, 세운상가의 예전 이름이죠, 그곳에서 작은 금은방을 하셨습니다."

-두 분 다 서울 분인가요.

"아뇨. 어머니는 서울이지만 아버지는 실향민(失鄕民)입니다. 함경도에서 피란 나오셨어요. 두 분이 만난 곳이 탁구장이라고 들었습니다. 아버지가 신장 182cm에 체격도 좋고 노래도 잘 부르시죠. 배호 선생님과 음색(音色)이 흡사합니다. 재능도 있고, 가수나 배우를 했어도 좋았을 것이라고 생각합니다."

-배우 최정원의 재능은 친탁인 게로군요.

"꼭 그렇지도 않습니다. 타고났다는 느낌이 들 만큼 어머니도 춤을 잘 추거든요. 또 하나, 제가 가지고 있는 배우 생활의 최대 자산은 낙천적인 성격인데, 이건 어머니 성격을 복제했습니다. 손이 컸어요. 빈대떡을 부쳐도 동네 분들이 다 드실 만큼 재료를 사다가 신나게 만드는 거죠. 저보고는 동네 어르신들 모셔 오라고 심부름 보내고. 그러니까 배우 최정원 안에는 친탁도 있고 외탁도 있는 거죠."

성대모사로 시작한 배우인생

안암동 고대 뒷산이 최정원의 고향이다. 지금도 친정 식구들은 같은 장소에 있는 아파트에 살고 있다. 할아버지와 할머니에 부모님과 위로 오빠 하나까지, 여섯 식구가 좁은 집에 다닥다닥 복작이며 살았다. 그렇게 넉넉하지는 않았다. 별다른 장난감이 없을 정도였다. 최정원이 기억하는 '생애 최초의, 그리고 유일한 장난감'은 '엄마 화장대 앞의 작은 거울'이다.

"거울을 보면서 동물 흉내도 내고, 이미자·패티김 등 당대 일류가수 모창에 배우들 성대모사를 하면서 혼자 놀았습니다. 어느 날 '에미야, 물 좀 가져오너라'라고 할아버지 목소리를 모사했는데 어머니가 진짜로 물을 가지고 오셨어요. 할아버지가 부르신 줄 알고. 그 사건이 저를 배우로 만들었다고 해도 과언이 아닙니다.

그 다음부턴 어머니라는 제 생애 최고의 관객을 놓고 연기(?)를 할 수 있었거든요. '엄마, 이건 옆집 아저씨야, 이건 가게 아저씨야' 하면서 동작과 표정, 말투, 목소리를 흉내내고 엄마는 그걸 보며 웃고 박수치고….

거의 매일 그러고 놀았다고 생각해 보세요. 새로운 등장인물이 필요하니 밖에 나가서 흉내낼 만한 분을 골라 열심히 관찰도 하고 그랬다니까요."

어린 딸의 하는 짓(?)이 예사롭지 않았다고 느꼈는지 어머니가 큰 결심을 했다. 수십 년 비상금을 털어 최정원에게 연기학원 수강증을 끊어 줬다.

최정원은 초등학교 5학년 때 아동극 〈에밀레종〉의 어린 공주역으로 처음 무대에 올랐다.

"충무로에 있는 동아연기학원이었습니다. 4학년 때부터 6학년 때까지 2년 정도 다녔습니다. 학교 끝나고 주 2회 학원 가서 두세 시간 동안 기본연기, 발성법 등을 배웠죠. 처음엔 엄마 손 붙잡고 갔고, 나중엔 혼자 버스 타고 다녔습니다. 혼자서만 놀다가 상대역도 생기고, 유관순 언니도 되었다가 공주 역할도 해 보고 체계적으로 놀게 되니 황홀했어요. 정말 신나는 시간이었습니다."

초등학교 5학년 소녀의 즉흥연기

초등학교 5학년 때 마침내 무대에 올랐다. 공연장소는 지금의 세종문화회관 별관, 〈에밀레 종〉이라는 아동극이었다.

"어린 공주 역이었어요. 여기서도 사건이 하나 있습니다. 좋아하던 남자아이가 제물로 바쳐졌다는 이야기를 듣고 순간적으로 미쳐버리는 장면이 있었는데, 퇴장을 하다가 커튼에 걸려 넘어진 겁니다. 몸은 무대 쪽으로 튕겨져 나왔고 커튼에 감긴 발을 빼려고 움직이면 자꾸 발목이 감겨 들고…. 한편으로는 발을 빼내려고 애를 쓰면서 그 와중에 즉흥대사를 계속하며 연기를 한 거죠. 마치 공연의 일부인 양…. 원래 대사 분량은 1분 남짓이었는데 무려 5분이 지나서야 발을 빼낼 수 있었어요.

나중에 칭찬 많이 받았죠. '넋 나간 어린애' 연기를 제대로 보여줬다고, 그 상황에서 당황하지 않고 어찌 그리 천역덕스럽게 넘어갔냐고. KBS에서 '광복절 날 어린이 특집'으로 이 공연을 방송한 것으로 기억하는데, 아쉽게도 자료를 찾을 수 없습니다."

필자가 자료를 찾아보니 기록이 나왔다. 1980년 5월 26일 《동아일보》 문화면 기사다.

〈한국청소년 극단 대일이 5월 26일부터 6월 1일까지 정인섭(鄭寅燮) 원작 서빈 연출로 〈에밀레종〉을 세종문화회관 별관에서 공연한다. 출연은 정홍욱, 김경희, 육미숙, 박도혁 등.〉

이때의 경험을 잊지 못해서일까, 즉흥연기에 관한 한 최정원은 아직도 타의 추종을 불허한다. 후원사 사원(社員)들이 단체관람을 오면 '몸도 피곤한데 ○○커피 한 잔 먹고 해 볼까'라고 서비스 대사를 날리고, 상대 배우가 당황하면 '아이고, 귀신들이 왔다 갔나, 오늘 왜 이런 거야?'라며 호흡을 수습할 시간을 벌어 주는 식이다.

안암초등학교를 졸업하고 동덕여중에 진학한 뒤에는 비교적 조용하게 살았다. 웅변대회에 나가 상도 받고 응원단장, 지휘자로 활약했지만, 배우의 길을 가기에는 아버지의 반대가 너무 심했다.

"〈에밀레 종〉을 보고 방송 관계자가 제안을 했죠. TV에 나가자고. 아버지가 '연기는 어디까지나 취미다'라며 선을 그었어요. 이렇게 저렇게 들어가야 하는 기본경비도 저한테는 부담스러운 금액이었고…. '학교스타'에 만족하며 살던 시절입니다. 수업이 지루할 때 친구들이 '정원이 노래 시켜요!' 하면 선생님들이 '그래, 한 곡 듣자' 하고 저는 '두 곡 하면 안 되나요?'라며 뻔뻔하게 나서곤 했습니다."

〈싱잉 인 더 레인〉의 감동

영파여고 2학년 때, TV에서 본 주말의 명화 한 편이 봉인(封印)을 해제하는 계기가 됐다.

"〈사랑은 비를 타고〉라고, 왜 진 켈리가 나오는 뮤지컬 영화 〈싱잉 인 더 레인〉(1954) 있잖아요. 영화를 보면서 자꾸 눈물이 나고 가슴이 쿵쾅거리고…. 이러고 있을 때가 아니다 라는 생각이 들었습니다. 다음 날 교보문고에 가서 뮤지컬 관련 책들을 사다가 줄 쳐 가면서 읽기 시작했지요."

일단 갈 길을 정하자 거칠 것이 없었다. 고3이던 1988년, 롯데월드 예술단을 뽑는다는 공고가 났다. 최연소 여자배우로 당당히 합격했다. 당시 함께 뽑힌 동기생이 뮤지컬배우 남경주다.

"지금 영화관 자리에 롯데월드 예술극장이라는 공연장이 있었지요. 개막 작품으로 〈신비한 거울 속으로〉라는 뮤지컬을 올렸습니다. 브로드웨이에서 강사들을 데려다 단원들에게 1년 반 정도 트레이닝을 시켰어요. 저는 이 작품에는 참가하지 못했고 롯데월드 내 가든 스테이지 무대에서 공연을 하다 1989년 민중극단의 뮤지컬 〈아가씨와 건달들〉 오디션을 보고 '아가씨 6'으로 데뷔했습니다."

최정원(오른쪽)은 1989년 〈아가씨와 건달들〉을 통해 뮤지컬 배우로 데뷔했다.

-대학을 갈 생각은 없었습니까. 남들과 다른 길을 간다는 건 스스로 그만큼의 불안감을 짊어지고 가야 한다는 뜻인데….

"전혀요. 전 하루라도 빨리 공연을 하고 싶었으니까요. '점수'를 따라가는 인생에서 벗어나 보자는 당돌한 생각도 없지 않았고…. 그렇다고 '배움' 자체를 무시한 것은 아닙니다. 저는 수입의 60%를 자기계발에 재(再)투자했습니다. 성악도 배우고 발레도 배우고…. 대졸자들의 '학습'을 따라잡아야 한다고 생각했으니까요. 남경주 선배가 대학 때 노트도 빌려주고, 배운 것을 전수해 줘서 큰 도움을 받았지요. 정규과정을 이수하지는 않았지만, 이런 식으로 우회도로를 따라 배우고 익히는 것이 저한테는 너무나 재미있는 일이었습니다."

나중에 남경주-최정원 콤비는 뮤지컬 마니아 관객들을 만드는 데 일조하고 대극장 공연 연일 매진사례를 기록하며 한국 뮤지컬의 역사를 새로 쓴다. 자부심을 가져도 좋을 만한 사건이다.

갈비뼈 부상에도 공연 마쳐

1980년대만 해도, 우민화(愚民化) 정책의 선봉대라며 영화(스크린·screen), 스포츠(sports), 섹스(sex)를 3S라 부르며 폄하하던 시절이다. 상업적인 것은 모두 '순수하지 않다'며 여지없이 매도당했다. 뮤지컬도 예외가 아니었다.

"전 아예 그런 식의 평가에 신경을 쓰지 않았습니다. 신경 쓸 겨를이 없었어요. 당장 오늘 공연을 제대로 잘하는 것이 중요했으니까. 〈아가씨와 건달들〉만 해도 남녀 가리지 않고 모든 배역의 대사와 노래를 다 외웠습니다. 다른 배역의 입장에서 제 역할을 바라보면 액션, 리액션이 풍부해지고 전체적인 흐름에서 안 보이던 것들을 계속 새롭게 발견할 수 있었거든요. 상대의 대사와 감정을 다 알고 연기하는 것과 그러지 않은 것과는 차이가 많습니다. 전 제 일만 하기에도 시간이 모자랐어요."

'남다른 태도와 실력'을 가진 여배우는 금방 여러 사람의 눈에 들었다. 〈가스펠〉〈그리스〉〈토요일 밤의 열기〉〈웨스트 사이드 스토리〉〈맘마미아〉 같은 수입 뮤지컬과 〈마지막 춤은 나와 함께〉〈사랑은 비를 타고〉 같은 창작 뮤지컬에 주연으로 뽑혔다.

아버지의 반대는 《스포츠조선》이 주최한 1995년 한국뮤지컬 대상 여우(女優) 신인상 수상을 계기로 찬성으로 돌아섰다. 〈토요일 밤의 열기〉를 공연할 땐 갈비뼈에 금이 가 보행이 어려운 상태에서 폐막까지 마지막 며칠을 대역(代役) 없이 버텼다.

"남경주 선배가 제 허리를 꽉 잡고 들어올리는 장면이 있는데, 제가 공중에서 연기를 하다가 삐끗했거든요. 하루하루 시간이 지날수록 통증이 심해지는데…. 누워 있다가도 무대에만 올라가면 펄펄 날았어요. 더 신나게 춤추고 노래 부르고…. 제가 생각해도 신기했어요. 꾀병 아니냐는 소리까지 들을 정도였습니다."

"오디션이 즐겁다"

-뮤지컬에 왜 그렇게 빠져드는 겁니까.

"냉정한 세계니까요. 외국 작품은 외국인 스태프들 앞에서 오디션을 합니다. 기존의 명성이나 커리어는 다 소용없고, 오직 실력으로만 승부합니다. 흥행을 고려해야 하니까 인정이 통할 여지가 없죠. 최고의 상업극은 최고의 프로페셔널리즘과 통한다고 봅니다. 오디션을 준비하고 통과하고 공연 준비하고 무대에서 관객들과 만나는 순간이 저는 지금도 마냥 좋아요. 커튼콜을 할 때 쏟아지는 관객의 박수는 저를 늘 설레게 만들죠. 진정한 소통을 온몸으로 느끼는 순간이니까요."

-오디션은 어떻게 준비합니까.

"제가 맡고 싶은 역할을 연구하고, 모든 노래를 수백 번 부릅니다. 최고의 감각을 찾을 때까지 성격 해석을 하고 발성법도 감정선도 매번 다르게 바꿔 가면서요. 오디션 당일은 메이크업도, 의상도 등장인물에 맞추죠. 전 오디션이 재미있어요. 세계적인 전문가들이 비록 짧은 순간이지만, 제가 노래하는 동안에는 오직 저 하나한테만 집중을 하는 거니까요. 준비가 완벽하면 떨리지 않습니다."

-늘 합격하는 건 아니죠. 혹시 오디션에서 떨어진 적도 있나요.

"그럼요. 이 세계에 100%란 없습니다. 저는 장장 10개월을 준비한 오디션에서 떨어진 적이 있어요. 〈미스 사이공〉의 엘렌 역, 그러니까 남자 주인공이 나중에 결혼하는 부인 역할인데 정말 열심히 완벽하게 준비했거든요. '왜 떨어졌을까' 고민을 많이 했어요. 문제점을 알아야 극복과 개선이 가능하니까요. 결과적으로는 전화위복(轉禍爲福)이 됐습니다. 1주일 뒤에 극단 신시에서 〈맘마미아〉 여주인공 오디션이 있다는 연락을 받았거든요."

〈맘마미아〉는 1980년대를 풍미한 스웨덴의 팝그룹 아바의 노래를 바탕으로, 결혼식을 앞둔 딸이 '생물학적 아버지'일 가능성이 있는 세 남자를 그리스의 집으로 초대하며 벌어지는 유쾌한 소동을 다룬 작품이다. 주인공 도나는 딸의 엄마로, 해변가에서 자그마한 호텔을 경영하며 혼자 살아가는 전직 가수다.

"처음엔 런던 웨스트앤드에서 대 히트를 했죠. 뉴욕 브로드웨이에서도 흥행 1위였고. 그래서 언젠가는 이 작품이 반드시 한국 무대에 오를 것이라고 예상하고 미리미리 혼자서 연습을 하고 있었습니다. 오디션을 마치자마자 오리지널 연출팀이 저한테 '바로 우리가 원했던 도나'라고 칭찬을 해 주더군요. 〈미스 사이공〉을 했더라면 〈맘마미아〉 출연은 불가능했을 겁니다. 정말로 운이 좋았던 거지요."

〈맘마미아〉는 정보통신혁명의 소산

'미리 대비를 했다'는 말이 중요하다. 최정원이 세계시장의 흐름을 제대로 꿰고 있었다는 뜻이기 때문이다. 1970년대를 풍미했던 팝그룹 아바의 노래들은 뮤지컬과 영화로 재탄생했다. 영화 〈맘마미아〉는 1999년 4월 런던에서 막을 올린 뮤지컬의 뼈대를 그대로 차용한 영화다. 좀 더 거슬러 올라가면, 1973년 데뷔한 이래 세계를 풍미한 스웨덴의 4인조 팝그룹 아바의 노래를 활용한 작품이다.

〈맘마미아〉 성공의 첫 번째 키워드는 하나의 이야기를 다각도로 활용한다는 원 소스 멀티유즈(OSMU) 전략이다. 정보통신혁명에 힘입어 성공한 작품의 경우 특정 작품의 제목 자체가 브랜드 구실을 하고, 이를 바탕으로 세계시장을 상대로 한 글로벌 마케팅이 가능해졌다. 1980년대 후반부

최정원은 2007년 이후 뮤지컬 〈맘마미아〉를 통해 세계에 이름을 알렸다.

터 발아(發芽)하기 시작한 미디어 인터넷 혁명은 세계 뮤지컬 제작환경을 본질적으로 바꾸어 놓았다. 사실상 공중파의 독과점 시장이던 방송시장이 위성방송, 케이블 텔레비전, 인터넷방송 등으로 분화함에 따라, 실제 공연을 관객에게 공개하고 그들을 대상으로 간단한 기념품을 판매하는 이외에, 뮤지컬을 가공하여 여러 가지 2차 파생상품을 판매하는 길이 열렸기 때문이다.

시장점유율과 대중인지도만을 기준으로 평가하자면, 공중파 이외의 매체가 차지하는 비중은 전체 방송시장에서 그리 크지 않은 것이 사실이다. 그러나 공연 자체를 넘어선 다양한 상품의 제작과 이의 안정적 판로가 열렸다는 것은 뮤지컬 제작여건이 획기적으로 변모했다는 것을 의미한다.

아울러 정보유통의 속도가 놀라울만치 빨라졌다는 것도 무시할 수 없는 사안이다. 다시 말해서, 성공한 작품의 경우 특정 작품의 제목 자체가 브랜드 구실을 하고, 이를 바탕으로 세계시장을 상대로 한, 이른바 글로벌 마케팅이 가능해졌다는 이야기다. 이러한 정보들을 종합하면, 뮤지컬의 제작여건이 지난 시대에 비하여 일면 유리해진 것처럼 보인다.

사정이 그러하므로, 뮤지컬이든 영화든 만화든 소설이든, 일단 인기를 얻은 이야기를 다른 장르로 가공해 판매하는 시도가 지구촌 곳곳에서 끊이질 않는다. 〈맘마미아〉는 뮤지컬의 성공이 영화의 성공을 담보하고, 역으로 영화의 성공이 뮤지컬의 흥행을 견인하는-예컨대 〈라이온 킹〉이나 〈미녀와 야수〉-최근의 흐름을 또렷하게 반영한다.

〈맘마미아〉 성공의 두 번째 키워드는 '재활용을 통한 제작비 절감'이다. 영화나 뮤지컬 제작자의 관점에서 보면 2000년대에 시장의 확대에 비례하여 스타급 배우들과 일류 스태프들의 인건비가 기하급수적으로 상승했다. 영화와 뮤지컬 시장은 세계의 모든 나라가 무한 경쟁하는 완전경쟁시장의 틀을 갖추게 됐다. 이런 경쟁에서 살아남기 위해서는 천문학적 제작비를 쏟아부어 차별화를 시도해야 한다. 1990년대 이후, 세계 뮤지컬의 양대시장인 런던 웨스트앤드와 뉴욕 브로드웨이에서 제작, 발표된 신작 뮤지컬들이 거의 다 호화판 대형무대를 지향했던 것은 이러한 까닭이다.

국내 최초 수중분만(水中分娩)으로 출산

최정원은 2008년 스웨덴 콘서트를 잊지 못한다. 〈맘마미아〉가

전 세계 220개 도시에서 공연을 이어 가자 〈맘마미아〉에서 나오는 로열티가 그룹 아바의 최대 수입원이 됐다. '황금알을 낳는 거위'를 위해 아바 멤버들은 '각 배역별 세계 톱3'를 뽑아 갈라콘서트를 개최한다.

"제가 세계 3대 도나 가운데 하나로 뽑혔다는 연락이 왔습니다. 조건은 한국 무대에서 했던 그대로, 한국어로 노래를 불러 달라는 것이었죠. 무대 뒤편에 세계 지도가 있었어요. 〈맘마미아〉가 공연 중인 도시에 불이 들어오고, 각 배역별로 뽑힌 배우들이 어디에서 왔는지를 알려줍니다. 오케스트라 100명이 연주하는 무대에서 정말 원 없이 노래하고 왔습니다. 국위(國威)선양이 이런 것이로구나 하는 느낌에 말할 수 없이 뿌듯했지요."

-최정원 하면 수중분만이 또 유명합니다. 부군은 어떻게 만났는지요.

"제 팬이었습니다. 방송국 PD면서 뮤지컬 마니아여서 해외출장 갈 때마다 혼자서 공연을 보러 다녔다는…. 방송에서 뮤지컬 갈라 콘서트 출연섭외를 한 것이 첫 만남입니다. 몇 년간 저를 지켜보다 프러포즈를 했어요. 친정 아버지가 좀 무뚝뚝하신 편인데 이분은 자상하고 다감하고, 남편 감으로는 최고라는 생각이 들었습니다. 지금도 제 공연을 보면 '저 배우가 진짜 내 아내가 맞아'라는 느낌이 든답니다. 매번 진짜로 감동해서 제 동료들한테 성원을 보내 주는 모습을 보면 뭐랄까, 최고의 관객 가운데 하나가 바로 내 옆에 있구나 라고 생각합니다."

-수중분만 얘기도 해 주시죠.

"이것도 방송과 관련이 있습니다. 'KBS 도전 지구탐험대'라는 프로그램에서 브로드웨이 스텝스라는 뮤지컬 안무센터에 가서 2주 만에 수료증 받아 오는 미션이 있었거든요. 이게 웬 떡이냐 싶었죠. 제 돈 내고 등록하려고 해도 가기가 쉽지 않은 곳이잖아요. 정신없이 신나게 과정 따라가고 수료증 받았습니다.

같이 수업 듣던 친구 중에 〈캣츠〉에 출연 중인 배우가 있었는데 6개월 된 아이를 연습장에 데리고 오더라고요. 어떻게 그 몸매 유지가 가능하냐고 물었더니 수중분만을 해서 그렇다, 브로드웨이에서는 수중분만이 대세라는 겁니다.

나중에 제가 아이를 가졌을 때 SBS에서 연락이 왔어요. 제왕절개를 워낙 많이 하니까 자연분만을 하는 유명인을 섭외해서 다큐멘터리를 만들고 싶다고. 그래서 수중분만 이야기를 했더니 바로 오케이(OK)해서 임신 7개월 때부터 프로그램에 나갔습니다. 국내 최초의 수중분만이었다는 말을 나중에 들었습니다."

그렇게 낳은 딸이 지금은 중학생이다. 아이를 낳고 최정원은 두 가지 혼란을 겪는다. 그리고 주변의 성원으로 혼돈을 극복한다.

"가장 좋아하는 별명은 '변신(變身)'"

"공연장에 와서는 아이 생각하고, 집에 와서는 공연장 생각하고, 뭔가 앞뒤가 뒤바뀌었는데 영 정리가 안 되더라고요. 몇 년을 그렇게 살았습니다. 딸아이가 유치원 행사 때 제 방황을 종결해 줬죠.

다른 애들이 다가오니까 '우리 엄마는 누구 엄마가 아니고 뮤지컬

최정원은 출산 후 〈키스 미, 케이트〉에서 미혼모 역을 맡아 열연했다.

배우 최정원이야'라고 소개를 하는 겁니다. 좀 거창하게 말해서 배우로서의 제 정체성(正體性)이 재정립된 순간이랄까요? 그 다음부터는 집에서는 아이 생각만, 극장에 가서는 공연 생각만 합니다. 뒤섞였던 우주가 제자리를 찾은 거죠.

아이 낳고 출연했던 〈키스 미, 케이트〉도 잊을 수 없습니다. 제가 수중분만했다는 걸 관객들이 다 아시는데, 10대 마약중독자 미혼모(未婚母)의 역할을 어떻게 받아들여 줄까. 고민이 이만저만이 아니었습니다. 그런데 더 웃고 박수치고 격정적 반응을 보이시더라고요. '아, 관객들은 내 노래를, 연기를 정말로 사랑해 주시는구나, 무대 위에서만 집중하면 아무 문제가 없는 것이구나', 감격했습니다. 저를 '뮤지컬의 디바' 혹은 '여신(女神)'이라고 불러 주는 분들이 더러 계신데, 제가 자랑스러워하는 별명은 '변신(變身)'입니다."

해 보고 싶은 역할은 없느냐는 질문에 '앞으로 다 해 보겠죠'라는 답이 돌아왔다. 체력에 자신이 있다는 뜻이다. 엄정한 자기관리를 하는 사람만이 보일 수 있는 자신감이다.

"매일 30분간 수영을 하고 준비운동을 좀 길게 합니다. 극장에 가장 먼저 도착하는 배우가 되자는 것이 제 목표입니다. 음주는 거의 안하고 흡연은 절대 안합니다. 음식도 몸에 좋다는 것만 섭취하죠. 생각도 늘 밝고 긍정적으로 하려고 애를 씁니다. 기부도 틈나는 대로 하고 있습니다.

여배우들은 술·담배도 좀 하고 이혼도 하고 연애도 많이 하고, 좀 사연이 많아야 제대로 된 연기를 할 수 있다고 하시는 분들이 계신데, 저는 그 견해에 동의하지 않습니다. 오히려 제 삶이 편안하고 행복해야 무대 위에서 파란곡절로 점철된 삶을 자유롭게 표현할 수 있다고 저는 믿습니다. 공연 중에 감기에 걸린다거나 발을 삔다거나 하는 일도 배우로서 자기관리에 실패하는 겁니다."

"윤복희를 가장 존경"

-존경하는 배우는 누구입니까.

"윤복희(尹福姬) 선생님. 고등학교 때 윤복희 선생님이 주연한 〈빠담빠담빠담〉 공연을 보고 소름 돋았어요. 노래를 영혼을 담아 속삭이며 말하듯이 하는 분이다, 한 소절을 노래해도 어떻게 저렇게 부르실까, 나도 나중에 저 역할을 맡을 수 있을까, 그때의 감동을 잊을 수 없습니다."

불어(佛語)로 '두근두근'에 해당하는 제목의 이 공연은 전설적인 샹송가수 에디프 피아프의 이야기를 다룬 국내산 뮤지컬이다. 최정원이 보았다는 1986년 재공연은 피아프의 애인인 전 세계 미들급 챔피언 마르셀 세르당 역으로 연극배우 김지숙의 동생이자 전 세계 페더급 챔피언(IBF)인 김지원(金知元)이 출연해 화제를 모으기도 했던 공연이다.

"2009년에 에디뜨 피아프이 일대기(一代記)인 〈피아프〉라는 영국제 뮤지컬에서 피아프 역을 맡으면서 윤복희 선생님에게 제 마음의 빚을 갚는 심정이었습니다. 최근엔 친정 어머니의 '연기'를 떠올립니다. 제가 어렸을 때만 해도 스파게티가 귀한 음식이었는데 TV에 나온 걸 보고 제가 입맛을 다시면 라면을 케첩으로 비벼서 '스파게티 나왔다'시고 식빵 노랗게 구워서 가위로 잘라 '닭다리구이 먹자'시며 즐겁게 사셨거든요. 그 행복함과 낙천적인 분위기를 제 관객들에게도 전해 드리고 싶습니다."

–최정원에게 연기란, 뮤지컬이란 무엇입니까.

"제 인생의 선물이죠. 또 다른 세상을 살 수 있게 해 주니까요. 뮤지컬은 제 인생의 친구이기도 합니다. 베스트 프렌드죠. 어떤 순간에도 늘 저와 함께하니까요."

–뮤지컬 배우를 꿈꾸는 젊은이들에게 해 주고 싶은 말이 있다면 어떤 것입니까.

"진정으로 하고 싶다면 도전하라! 다른 사람의 연기를, 노래를 많이 보고 많이 따라하라는 말도 덧붙이고 싶네요. 저는 지금도 매 작

뮤지컬 〈시카고〉에서 최정원은 주인공 록시와 벨마 역을 교대로 맡아 연기했다.

품을 끝내고 나면 저만의 특별한 시간을 갖습니다. 공연시간이 두 시간 반이었다면 그 시간만큼 일정을 비워 놓고 소파에 누워 처음부터 하나하나 복기(復碁)를 합니다. 머릿속에서 가장 좋았던 날의 공연 순간들을 이어 붙이죠. 모방은 창조의 원천입니다. 좋은 글을 쓰려면 좋은 글을 엄청나게 읽어야 한다는데, 저는 연기도 마찬가지라고 생각합니다."

10번째 〈시카고〉 출연

최정원의 일정표는 오늘도 빈틈이 없다. 일단 영화 〈사랑이 이긴다〉를 가을에 개봉한다. 유럽에서 오래 유학한 민병훈 감독의 야심작이다. 늘 뮤지컬만 해 왔지만, 영화팬들과도 공감하고 싶어 욕심

을 냈다.

무엇보다도, 연말까지 구로구 신도림동 디큐브아트센터에서 뮤지컬 〈시카고〉를 공연한다. 우리나라에서는 2000년 세종문화회관 대극장 공연이 초연(初演)이었고 2014년 공연이 열 번째 시즌이다. 최정원은 초연 이래 단 한 번도 출연자 목록에서 자신의 이름을 지우지 않아 '의리파'로 불린다.

"14년 공연하는 동안 〈시카고〉 안에서 제 배역이 바뀌었죠. 이번에는 남편과 여동생을 살해하는 역할입니다. 〈시카고〉는 저에게 고향 마을, 안암동 뒷산과도 같은 작품입니다. 공연을 거듭하며 함께 나이를 먹었고 음악은 익숙하고, 모든 등장인물의 성격과 대사를 다 알고 있으니 동네 골목길만큼 저를 편안하게 만들어 줍니다.

그렇다고 처음부터 끝까지 다 익숙한 건 아닙니다. 역할과 상대 배우가 바뀌면 그만큼 새롭죠. 고향의 일부가 재개발된 느낌이랄까요. 그래서 제가 부르는 노래의 박자나 디테일을 상황에 맞춰 살짝 바꿉니다. 생생한 느낌을 유지하기 위해서요. 최선을 다할 테니 꼭 보러 와 주세요."

최정원을 인터뷰하면서 그녀는 '행복 바이러스'의 만성 감염자가 아닐까 하는 생각을 했다. 아무리 슬픈 공연이라도 그녀의 연기와 노래를 거치면 '맛'이 달라질 것만 같은 느낌이 들었다. '행복한 울음', '즐거운 통곡', '서러워서 신나는' 같은 형용모순(形容矛盾)도 최정원에게는 얼마든지 합당하고 온전할 듯싶었다. '남편과 여동생을 살해'하는 주인공도 기괴하지 않고 오히려 산뜻하게 표현할 것 같았다. 마음 한편에서 '신선한 느낌을 충전하고 행복해지기 위해' 그녀의 뮤지컬을 보러 가고 싶다는 생각이 자꾸 솟아올랐다. 행복바이러스는 전염력이 강력했다. (2014년 9월)

최정원 崔丁元

- 1969년 생. 영파여고 졸업.
- 뮤지컬 〈고스트〉 〈맘마미아!〉 〈시카고〉 〈요셉 어메이징〉 〈지킬앤하이드〉 〈토요일 밤의 열기〉 〈키스미, 케이트〉 〈브로드웨이 42번가〉 〈사랑은 비를 타고〉 〈그리스〉 등. 연극 〈딸에게 보내는 편지〉 〈버자이너 모놀로그〉 〈피아프〉 등.
- 수상: 더뮤지컬어워즈 여우조연상(2014) 한국뮤지컬대상 여우주연상(2010,2001, 1996) 대한민국 문화연예대상 뮤지컬부문 최우수상(2009) 한국뮤지컬대상 인기스타상(2002, 1997) 한국뮤지컬대상 신인연기상(1995) 등.

한 작품을 11년간 연속 공연한

李道慶

이도경

- ⊙ 아버지, 연극 하겠다는 말에 "가서 최고가 돼라"
- ⊙ 한동안 扮裝 일, 비디오가게 등으로 생계
- ⊙ 〈불 좀 꺼 주세요〉(1992년) 히트로 집 마련, 〈용 띠 위에 개 띠〉(1997년) 성공으로 소극장 인수
- ⊙ "연극판은 재능과 열정이 넘치는 상위 0.1%만 살아남는 정직하고 치열한 시장"

"**연극**해서 돈을 벌 수 있다는 걸 **보여주고 싶었다**"

이도경(李道慶·61). 자기가 좋아하고 잘할 수 있는 일, 연극을 해서 집을 산 사람. 집뿐 아니고 소극장도 마련한 사람. 아직까지는 대한민국 신기록인, 한 작품 11년 연속공연의 당사자. 좀 더 정확하게 평가하자면, 이도경은 대한민국 배우 가운데 무대 위에서 가장 많은 시간을 보낸 예술가다.

2003년 영화 〈와일드카드〉에서 룸살롱 주인 도상춘 역으로 출연했을 때 팬들은 경악했다. 단역(端役)이지만, 저렇게 임팩트를 강하게 줄 수 있는 배우가 있었다니. 도대체 어디 숨어 있다가 불현듯 나타난 것인가. 불현듯 나타난 것이 아니다. 그는 아무리 늦춰 잡아도, 1990년대 초부터는 대학로에서 뚜렷한 존재감을 자랑하던 연극배우다.

경상북도 월성군 건천읍, 지금의 경주시 건천읍이 이도경의 고향이다. 신라(新羅) 천년(千年)의 향기가 그를 연극의 길로 안내했다면 과장이 될까.

"제가 경주중·고를 나왔는데 중학교 2학년 때 미술선생님이 경주 신라문화제(慶州新羅文化祭) 담당자 가운데 한 분이셨어요. 가장행렬도 하고 공연도 하며, 행사가 많았지요. 고등학교 졸업할 때까지 이분 따라다니면서 방학 때마다 저도 문화제를 준비했습니다. 담배 은박지로 가장행렬용 갑옷 만들고, 노끈으로 수염 만들어 주고…. 학생들이 포졸 엑스트라로 동원되면 저도 그 사이에 끼여서 행진도 했습니다. 경주 에밀레극단이 〈화랑 관창〉이라는 연극을 공연했는데, 여기 의상이랑 소품 담당도 그 선생님이셨거든요. 조수로 따라가서 일 거들어 드리는데, 와, 세상에 이런 것이 다 있나 싶은 겁니다. 무조건 좋았어요. 사실은, 그것이 연극이라는 것도 모르고 매일 연습을 참관했습니다. 공연도 매일 보고."

경주고는 지역의 명문고였다. 고교입시가 엄존하던 시절이다. 만화가 이현세와 이현세의 원작을 영화로 만든 〈공포의 외인구단〉에서 까치 역을 맡았던 연극인 조상구가 이도경의 동기동창생이다.

서울행(行) 연극관람

-1953년생인데, 비슷한 연배의 배우들은 유랑극단이나 서커스공연 보러 다니던 이야기를 많이 하던데요.

"그건 저희 세대의 문화였으니까요. 돈은 없고 구경은 하고 싶고…. 일단 동네 아이들을 인근 공터로 불러 모읍니다. 돌을 던져 전구를 깨는 조(組), 포장 들추고 다른 애들 입장 돕는 조, 먼저 입장해서 안에서 포장 잡아 주는 조, 이렇게 조를 짜서 예행연습(?)까지 하고 실전에 돌입하는 거죠. 문제는 텐트 안에도 지키는 사람이 있다는 겁니다. 1차침투는 성공하는데 여기서 다들 걸려요. 혼나고, 벌서고, 그러다가 아는 아주머니 치마폭에 숨어서 몰래 들어가고…."

–조직적으로 일을 꾸민 거네요. 그 정도면 대단한 열정인데, 서커스 관람이 연극 입문에 영향을 끼쳤습니까.

"공연이라는 행위에 관심은 많았죠. 하지만 스스로 자각은 하지 못한 상태였다고 할까요. 중학교 2학년 때부터는 '아, 이 길이 내 길이구나' 하는 느낌이 왔죠. 고등학교 때 서울에 연극을 보러 다니면서 꼭 이 일을 해야겠다는 확신이 생겼습니다."

교통망이 지금처럼 발달하지 않았던 시절이다. 경주역에서 청량리까지 13시간 걸리던 서울행 완행열차. 이도경은 자신이 애용하던 열차의 출발시각과 도착시각을 21시30분과 04시 정각으로 기억한다.

"서울엔 아는 사람도 없고 갈 곳도 없으니 청량리역에서 열두 시간을 기다리다 낮공연 시간에 맞춰 남산 드라마센터로 가는 거죠. 낮공연 보고 관객들 퇴장할 때 저는 화장실로 가서 숨어 있었습니다. 저녁공연 한 번 더 보려고. 표 한 장 사서 두 번 보는 거죠. 일 년에 서너 번은 이런 식으로. 서울행(行) 연극관람은 제 고교시절의, '내 마음 속의 축제'였습니다."

그때 본 작품으로는 셰익스피어의 〈햄릿〉을 한국식으로 번안한 안민수(安民洙) 연출의 〈하멸태자〉와 사육신(死六臣) 이야기를 다룬 오태석(吳泰錫) 작/연출의 〈태(胎)〉, 영국 극작가 해럴드 핀터의 부조리

어린 시절 운동회에서의 이도경(앞). 거의 유일하게 남아 있는 유년 시절의 사진이다.

극 〈생일파티〉, 브로드웨이의 소품 〈LUV〉 등이 생각난다.

공연의 내용도 내용이지만, 극장이라는 공간이 주는 시각적 이미지가 더 깊은 인상을 남겼다. 예컨대 암전(暗轉) 중에 작은 불빛 하나에 의지해 장치를 바꾸고 장면을 전환하는 순간, 최불암(崔佛岩)과 신구(申久)같이 얼굴이 알려진 배우들이 드라마센터 인근 매점에서 간식을 '사 드시는 걸' 먼발치에서 보고 '저분 〈수사반장〉에 나오는 분이다, 저분은 〈야간비행〉에 나오는 분이네', 속으로 되뇌던 일도 이도경에겐 '서울의 추억' 가운데 하나다.

아버지, 형(兄)에게 "월(月) 20만원씩 책임져라"

3남3녀의 6남매 가운데 넷째로, 아들로선 막내. 평생 양돈업(養豚業)을 하던 부친에게 연극과에 가고 싶다는 이야기를 꺼내기가 두려

이도경에게 扮裝의 길을 열어 준 류덕형 서울예대 학장.

웠다. 그래서 입시(入試)를 앞두고 소주 두어 잔을 마시고 부자(父子)면담을 신청했다. 돌아온 대답은 간단명료했다.

"알았다. 가서 최고가 돼라."

부친은 장형(長兄)을 불러 별도의 지시를 내렸다.

"도선아, 도경이 서른 될 때까지 네가 월(月) 20만원씩 책임져라."

"그 자리에서 펑펑 울었어요. 호통치고 머리 쥐어박으실 줄 알았는데…. 감격이었죠. 아버님께서 젊었을 때 일본에 가서 노무자 생활을 하신 적이 있는데, 그때 '연극'이라는 것이 있다는 걸 들어서 알고 계셨던 건 아닌지…."

서울에서 두 군데 시험을 봤다. 중앙대 연극영화과는 낙방, 서울예대 영화과는 합격. 중앙대에선 '사투리 악센트와 의치(義齒)임이 확연한 앞니 네 개, 이마에 깊은 가로 주름'이 면접관들에게 영향을 끼친 듯했다. 웬 의치?

"경주에서 불량배들과 싸움이 붙었는데, 구두통으로 얻어맞았죠. '싼뿌라'라고, 당시에 가장 싼 보철물로 이를 해 넣었는데, 문제는 이게 노골적인 은색이거든요. 바로 티가 나는 거죠.

지금은 나이가 들어서 상관없지만, 저는 어렸을 때부터 이마에 가로주름이 선명했어요. 전부 콤플렉스였습니다. 제가 면접관이라도 안 뽑았을 겁니다. 외모가 문제가 아니라, 잔뜩 주눅이 들어 있던 태도와 자세가 문제였던 거죠.

그래서 서울예대는 영화과로 원서를 넣었습니다. 배우뿐 아니라 스태프 일도 할 생각이다, 뭐 그런 식으로 면접관들을 설득할 수 있잖아요. 중앙대에서 면접 보고 전략 수정을 한 거죠."

치아는 서울예대를 졸업하고 빚을 내서 '리모델링'했다. 서울예대는 연극과(演劇科)로 전과해서 졸업했다. 박영규·최상훈·양희경이 대학 동기다. 예대 시절, 선구적 연극인 류치진(柳致眞·1905~1974) 선생의 아들인 류덕형(柳德馨) 학장으로부터 수업을 들었다. 용기를 내서 연구실로 찾아가 사정을 호소했다.

"연기는 하고 싶은데 외모가 이 모양입니다. 어쨌거나 끝까지 연기를 할 생각입니다. 먹고는 살아야 하니 같은 계통의 일을 소개해 주십시오."

직접 연극용 색조화장품 만들어

류 학장이 물었다.

–조명은 어때? (류덕형 학장 본인이 대한민국 최고의 조명 전문가다.)

"그건 무대에 못 나가잖습니까."

–그럼 의상은?

"전 바느질할 줄 모릅니다."

–분장(扮裝)은?

"좋습니다."

류학장의 소개로 교육방송 분장을 담당하던 김철민 선생을 찾아가 스승과 제자의 인연을 맺었다.

-분장 일로 생활이 되던가요. 신부화장 하나도 안 하고 오직 연극 관련 일만 한 거죠?

"넉넉하지는 않았지만 먹고살 수는 있었습니다. 마흔 넘어서까지 연기는 적자(赤字)였고 수입은 다 분장으로 벌었지요. 1970년대 초반부터 전국에 아동극 붐이 불어서, 문교부(지금의 교육부)에서도 정책적으로 아동극, 학교연극을 밀어 주는 분위기였습니다. 전국의 아동극 분장은 제가 거의 다 한 것 같아요. 학교연극반, 기존극단, 때로는 CF까지 담당했죠.

도구도 팔았어요. 일본말로 '도랑'이라고 하죠, 연극용 색조화장품. 돌아가신 원로배우 고설봉(高雪峰·1913~2001) 선생님한테 바셀린, 식용색소, 향수 등을 섞어 제조하는 방법을 배워서 판매를 하기도 했습니다. 생사(生絲) 실크는 전매청에서 관리하는 품목이라 시장에선 구할 길이 없는데, 이게 분장용 수염 만드는 데 최상의 재료거든요. 공장에 찾아가 못 쓰는 폐사(廢絲)를 얻어다 제작 판매했습니다. 사실은 수염 만드는 데는 폐사가 더 좋았습니다. 구불구불하고…."

분장 일은 1993년까지 계속했다. 무주구천동에서 여배우 12명을 데려다 캘린더를 찍는 프로젝트. 이도경은 의상과 분장 책임자였다. 열두 명의 여배우 동선(動線)을 따라 새벽안개 속을 헤치며 정신없이 뛰어다니는데 '필'이 왔다. '이제 분장 일을 그만둘 때로구나.' 돌아오는 기차, 영동선 차창으로 분장도구를 투척하고 '분장의 세계'와 이별했다.

보병 2사단 판문점 근무로 병역을 마치고, 학교를 졸업한 뒤 친구 최상훈을 따라 입단한 곳이 길명일(吉明一) 대표가 꾸려 가던 극단 작업(作業)이다. 주로 번역극을 공연했는데, 무언가 몸에 맞지 않는 옷을 입고 길거리에 나선 듯한 기분이 들었다. 절실한 내 이야기가 아니라 남의 이야기에 더빙을 하고 있는 듯한 느낌? 그래서 찾아간 곳이 서울예대 선배 이길재(李吉宰·1951~2008)의 소개로 들어간 마당 세실극장이다.

세실극장. 영국대사관과 성공회성당 사이에 자리한 280석의 아담한 공간. 대학로 문예회관이 완공되면서, 태평로 연극인회관으로 쓰이던 이 공간의 운영 주체가 사라졌다.

성공회는 이 공간을 다른 용도로 쓰고 싶어했다. 극단 민예의 기획자였던 이영윤(李永潤·73)이 "극장은 극장으로 사용할 때 가장 빛이 난다"며 관계자들을 설득했다. 이영윤은 극단 마당을 결성하고, 같은 건물 지하에 레스토랑 '마당'을 열어 운영비를 마련한다는 플랜을 세운 뒤 1979년 겨울에 〈별주부전〉으로 창단공연의 막을 올렸다. 극단이 자체 극장을 소유하고 연중무휴(年中無休)로 공연을 올린 일은 한국 연극사상 이때가 처음이다.

오무(五無)연극

"오전엔 다음 작품 연습을 하고 오후, 저녁엔 하루 2회 공연을 계속했습니다. 연극계 일각에서는 마당 세실극장을 '연극공장'이라며 다소 낮춰 보시는 분들도 없지 않았는데, 제 생각은 달랐습니다. 연기자에겐 무대가 있어야 하는 것 아닌가요. 축구선수도 훈련 많이 하고 경기도 많이 해야 실력이 늘 것 아닙니까. 원 없이 연극하던 시절입니다.”

〈우자 알버트〉〈님의 침묵〉〈이수일과 심순애〉〈봉이 김선달〉〈쥐덫〉〈사주팔자 고칩시다〉 등이 이도경이 생각하는 마당 세실극장의 대표작이다. 이도경은 그곳에서 5년 동안 ‘수련’했다. 이인철·최정우·김갑수, ‘맹구’로 널리 알려진 개그맨 이창훈, 대학로에서 소극장을 운영하는 김순영 등이 이 당시에 함께 활동하던 동료 선후배다.

1985년, 이도경은 ‘연기에 흠뻑 빠지고 눈을 뜨게 하는’ 작품을 만난다. 이영윤 고문이 아이디어를 낸 〈장터에 난리났네〉(1984)다.

“배우들이 무대에 올라가서 물건을 파는 연극이다. 대본·의상·조명·분장·연출 없이 5무(五無) 공연을 해 보자 그러시는데, 경상도 말로 ‘야, 이거 마구리다, 엄청나겠다, 내가 하고 싶은 얘기로구나’ 딱 감이 오는 겁니다. 스태프들이 물건 판매대에 바퀴를 달아야 무대 위에서 이동이 쉽지 않겠냐고 하니까 ‘꾸미지 마라. 무대에 올라오지 말아야 할 물건들로 무대를 채우자. 드럼통, 부러진 간판, 지푸라기 주워다가 매일 물 뿌리며 공연하고.’ 전 이 아이디어에 100% 찬성했습니다. 너무 자유롭게 나가는 연극이라 못 견디고 하차한 배우들도 있었을 정도로 당시로선 고정관념을 깨는 공연이었죠.”

당시 《조선일보》가 이영윤과 인터뷰를 했다. “‘이런 것도 연극이냐?’ 고 묻는다면 ‘그럼 어떤 것이 연극이냐?’고 되묻겠다”는 그의 한마디가 이 작품의 파격성과 개방성을 웅변한다.

기본적인 약속만으로 연극 진행

-정말 처음부터 끝까지 즉흥극처럼 진행한 건가요.

"아주 기본적인 약속만 하고 가는 겁니다. 재래시장을 재(再)개발하려는 데 맞서 상인들이 끝까지 남아 장사를 한다는….

약속을 하면 할수록 흐름이 꼬였어요. 그래서 아예 배우들이 알아서 다 하는 것이 낫겠다고 판단한 거죠. 전체적으로는 흥겨운 분위기를 유지하려고 애썼습니다. 재미가 없으면 관객이 금방 알아차리더군요. 예비군 훈련 다녀온 날은 그 복장 그대로, 몸이 아프면 아픈 대로, 거의 매번 즉흥연기와 대사로 공연하는 거죠. '오늘은 내가 여기서 몇 분 책임진다' 그러면 그 쪽을 밀어 주고….

'배우가 무대에서 이토록 자유로울 수 있다니….' 저에게는 하루하루가 희열이었습니다. 폼잡고 멋지게 가는 것도 좋지만, 조금은 구겨진 채로, 너덜거리는 채로 쉬운 얘기를 들려주는 연극도 필요한 것 아닐까, 뭐 그런 종류의 갈증을 해소한 작품이었습니다."

이도경의 역할은 양돈업자였다. 돼지고기 파동으로 고기값이 kg당 500원까지 폭락했던 시절이다. 그가 '양돈업자 역할'을 만들어 보겠다고 하자 군말없이 오케이(OK) 사인이 나왔다. 그는 양돈업자인 부친으로부터 현장의 생생한 이야기를 듣고 이를 무대에서 재현했다. "내가 그래가 돼지들을 모아 놓고 선언했심더. 내는 더 이상 니들을 멕이고 기를 여유가 엄따. 미안타. 그카고 돼지들을 다 방목

했심더"가 그가 만든 대사였다.

—무대 위에서 실제 물건을 팔았잖습니까. 저도 〈뮤지컬 님의 침묵〉 대본 책자를 구입한 기억이 납니다만…. 얼마나 파셨죠. 수익은 괜찮았는지요.

"공연 마무리를 관객들과 함께 하는 거죠. '물건 사고 싶은 분들 다 무대 위로 올라오라'고 광고하고 무대 자체를 정말 장터로 만드는 겁니다. 이거 《월간조선》 인터뷰죠? 당시에 이영윤 고문 친구 분이 《월간조선》에 근무 중이셔서, 과월호(過月號)를 가져다가 싼값에 팔기도 했습니다. 연탄도 팔고, 여름에 가죽잠바 겨울에 남방셔츠, 백화점 떨이 물건을 떼다가 팔았고, 가수 이재성씨가 자작곡 〈기타 하나 동전 한 닢〉을 부른 뒤 자기 음반을 팔기도 했습니다. 사인해서….

참, 무대 위에서 연탄도 팔았어요. 신기한 건 그 물건들이 다 날개돋친 듯 팔리더라는 거죠."

〈장터에 난리났네〉는 이도경에게 개인적인 경사를 가져다준 작품이기도 하다. 그는 이 작품을 통해 평생의 반려자를 만났다.

"당시 세실극장은 나름대로 고정팬이 생겨서 박카스며 이런저런 선물들을 분장실로 갖다주시는 분들이 더러 계셨어요. 제 아내도 고3 때부터 고정관객이었죠. 〈장터에 난리났네〉 초연 땐 대학생.

어느 날 공연을 마치고 우연히 같은 버스를 타고 귀가했습니다. 59번 좌석버스. 저는 당시 명일동 누님 집에 살고 있었고 처가도 그 근처였거든요. 처음엔 저보고 아저씨라고 그랬어요. 저희가 띠 동갑입니다. 그런데 어느 날 부터인가 이 친구가 '지나치게 자주' 극장에 나타나는 겁니다. '저 잡아야 되는 거 아니에요?' 이런 결정적 발언도 하고. 감을 잡기는 했는데, 저한텐 언감생심(焉敢生心)이었죠. 그런데 어느 날 공연에 어머니를 모시고 오겠다는 겁니다."

아내와의 만남

–그날따라 무대 위에서 사고가 터졌다고 들었습니다.

"중간에 객석의 관객을 무대 위로 모셔다가 간단한 춤도 시키고 물건도 팔고 그러는 장면이 있는데…. 건장한 남학생이 딱 손 들고 올라오는데 벌써 눈동자가 떨리는 게 보여요. 과도하게 긴장한 거죠. 무대에 올라오자마자 1회용 샴푸를 객석으로 던지면서 비명을 지르고 객석은 술렁거리고…. 어떻게든 상황을 정리해야 하니 '내가 뭘 잘못했나요? 뭘 어떻게 할까요?'라고 즉석대사를 치는데 주먹이 날아오더군요. 맞고 그대로 쓰러졌습니다. 그래도 필사적으로 분위기 수습하고 공연 이어 가고…. 분장실에 가 보니 절 때린 사람이 무릎 꿇고 빌고 있었습니다. 원광대 연극반 학생인데, 그 날이 네 번째 관극(觀劇)이었답니다. '오늘은 내가 무대에 오르겠다'고 미리 다짐하고 연습까지 몇 번 하고 와서는 긴장감을 못 이기고 폭주한 거죠."

–처가 식구들 보는 데서 신고식 제대로 한 거네요. 예비사위에 대한 장모님 평가는 어땠나요.

"제 처를 보고 그러더랍니다. '어디 가서 밥 굶길 사람 아니다.' 전 그때까지도 처가 식구들이 무슨 생각을 하시는지 전혀 몰랐어요.

결혼은 고사하고, 연애를 한다는 생각도 안했습니다. 그냥 저 혼자 좋아했고, 저쪽도 나한테 호감이 없지 않구나 하는 정도였지. 결혼 상대가 아니라 열성팬으로 생각했다니까요."

이 아가씨는 다음 날 공연을 또 보러 왔다. 공연이 끝나고 "아저씨, 저희 집 대문 좀 고쳐 주세요"라는 부탁을 했다. 월요일은 공연이 없는 날이고 집도 가깝고 하니 별 생각 없이 연장 챙겨 들고 나선 길. 살짝 기울어진 대문을 수리하고 나자 그날 처음 뵌 장인이 입을 열었다.

"자꾸 이렇게 만나지 말고 아예 날을 잡으면 어떤가. 딸이 좋다니 나도 좋네."

'셋째 딸이 모델인 미녀 집안의 둘째가 왜 이렇게 나한테 적극적이지?' 이도경은 꿈인지 생시인지 분간이 가지 않는 와중에도 '이거, 뭐 문제가 있어서 서두르는 결혼 아냐?'라는 의심까지 들었다고 한다.

이도경은 슬하에 1남1녀를 뒀다. 장녀 이나운(25)은 모 대학 연극영화과를 중퇴하고 현장에서 연극 일을 배우겠다고 선언했다. 명문대 진학 가능 성적을 내던 아들 이규민(20)은 기숙학원 재수 후 "영화감독이 하고 싶다. 배우도 하고. 그런 걸 배우는 학교에 가고 싶다"고 고백했다. 이 인터뷰 닷새 전에 벌어진 돌발상황이다.

"제 아버지 심정을 떠올리며 저도 흔쾌히 허락했습니다. 말린다고 말릴 수 있는 일이 아니니까요."

이도경은 1987년 지금은 고인(故人)이 된, 마당 세실극장의 대표이자 상임연출이던 김상렬(金相烈)을 따라 극단 〈신시〉의 창단멤버로 둥지를 옮긴다. 신시에선 〈등신과 머저리〉 〈우린 나발을 불었다〉 등의 작품을 공연했다. 후자는 이도경이 처음으로 주연을 맡았던 작품이다.

비디오가게로 생계 해결

"김상렬 선생님은 저한텐 신(神) 같은 존재입니다. 그분이 하시는 농담까지도 다 메모하고 공부했을 만큼 존경했지요. 그분과 연극연습을 하는 것 자체가 감동이었습니다. 평소엔 대사의 토씨 하나 바꾸는 것도 불허하던 분이 '이 역할에 어울리는 대사를 한번 네가 만들어 오라'고 그러시더군요. 집에 와서 울었습니다. 특혜였고 저를 인정한다는 선언이었으니까."

1990년대 초, 김상렬이 극단 가교와 악극(樂劇)운동을 펼칠 때 이도경은 각자도생(各自圖生)의 길을 나선다. 악극의 분위기는 좋았지만, 노래 실력이 없어서 도무지 악극을 함께할 엄두가 나지 않았던 탓이다. 본가에서 결혼비용으로 지원한 금액이 1000만원. 결혼식 비용으로 500만원을 쓰고 나머지로 전세방을 얻었다. 생활의 방편으로 선택한 직업이 비디오가게다.

"연기훈련을 위해서 일단 영화를 많이 봐야 되겠다고 다짐했죠. 암사동에 십자성(十字星) 마을이라고, 파월(派越)용사 집단촌이 있어요. 거기 두 평 반짜리 가게를 얻어서 내부공사 제가 다 하고 가게 뒤에다 단칸방 만들고 몇 년 살았습니다. 처음엔 돈이 없어서 물건도 많이 못 갖다 놓고. 개업 전날 휠체어 탄 상이용사들이 가게로 몰려오셔서 실내에다 소변보고, '우리 동네가 어디라고 포르노 장사를 하느냐'고 항의하더군요. 그때만 해도 비디오가게라면 그런 장사를 하는 것으로 인식하시던 분들이 더러 계셨잖아요."

-그래서 어떻게 하셨습니까.

"설득불가(說得不可)죠. 동네 인심 얻는 데 1~2년 걸렸습니다. 매일 아침 저녁으로 동네 골목길 다 청소하고, 길거리 토사물 치우고 재떨이 비우고…. 나중엔 어르신들이 저희 가게를 동네 사랑방처럼 활용하셨어요. 이분들, 나중에 제 연극도 보러 오시고, 지금도 경조사 때 왕래하며 지냅니다."

이만희와의 만남

비디오가게 2년 만에 전 재산 500만원이 700만원으로 늘어났다. 이도경은 이 돈으로 연극을 한 편 제작하기로 한다.

"마당 세실극장에서 처음 만난 최정우는 결혼도 비슷한 날짜에 하고 신혼여행도 두 커플이 같이 갔을 만큼 친한 사이인데, 이 친구가 일제시대 소록도 이야기를 다룬 〈문디〉라는 작품에 출연했습니다. 분장을 맡아 달라길래 그러마 했지요."

이 작품의 극작가 이만희(60)를 그때 처음 만났다.

"이만희는 1979년에 신춘문예로 등단했고 당시 대원외고 윤리교사였습니다. 만나서 얘기를 하는데 '이 사람은 천재다'라는 감이 바로 오더군요. 일단 대사가 차지고, 이야기를 풀어 가는 솜씨가 절묘했거든요. 연배도 비슷하고, 연극 한 편 같이 만들어 보자고 바로 의기투합했습니다."

〈불 좀 꺼 주세요〉〈용 띠 위에 개 띠〉 등을 함께 작업한 극작가 이만희.

어떤 이야기를 하면 관객들이 좋아할까, 이야기는 어떻게 풀어 갈까, 최정우랑 매일 셋이 만나서 몇 시간씩 작품 구상을 했는데, 어느 날 이만희가 '분신들이 등장하는 연극을 해 보자'고 제의했다. 주요 공략대상은 중년층으로 잡았다. 그때부터 일사천리(一瀉千里). 아예 배역을 미리 정해서 배우들의 개성과 특징을 반영하며 대사를 썼다. 그렇게 이도경·최정우·이만희가 200만원씩 투자해서 600만원의 자본금으로 막을 올린 작품이 대학로의 전설이 된 〈불 좀 꺼주세요〉(1992)다.

"처음부터 성공은 아니었습니다. 서너 달간 손익분기점을 살짝 넘는 정도였는데 제가 일인다역(一人多役) 하는 것이 화제가 돼서 KBS 〈쟈니윤 쇼〉에 출연했거든요. 그날부터 45일간 90회 공연 연속 매진을 기록했습니다. 그 뒤로도 점유율 95% 이하로 떨어진 적이 없고. 다른 작품 관람료가 4000~6000원 할 때 저희는 1만원씩 받았어요. 초대권, 할인권 하나도 안 뿌리고."

〈불 좀 꺼 주세요〉에서 떡집 아저씨 역으로 扮한 이도경.

연극으로 먹고살 가능성 발견

3년6개월 공연에 누적관객 20만명이 〈불 좀 꺼주세요〉의 성적표다. 재공연을 거듭하는 경우는 있었지만, 같은 배우들이 한 극장에서 한 달 이상 공연하는 일이 거의 없던 시절이다. 전례가 없는 일이라 신문들이 사회면 톱기사로 〈불 좀 꺼주세요〉 이야기를 했고, 한 화장품 회사의 제안으로 공연 시작 전에 배우가 나와서 실연광고(實演廣告)를 하기도 했다. 미국 공연도 두 차례 했다. 로스앤젤레스(LA) 교포들을 상대로 첫 공연 한 달, 두 번째 공연 25일의 장기흥행. 연극계가 열광한 까닭은 하나 더 있다. 대규모 투자가 필수인 뮤지컬 말고도, 연극만으로 생계를 해결할 가능성이 보였기 때문이다.

"여배우 개런티 지급하고, 각종 운영비 다 제하고, 제작자로 200

만원 내고 지분(持分) 참여한 정재진(丁在鎭) 극장장 지분 계산해 드리고, 순(純)수익금 가지고 이만희, 최정우, 제가 각각 배당받은 금액이 1억2000만원입니다."

–수익금은 어떻게 썼습니까.

"일단 전세 끼고, 송파에 1억5000만원짜리 집을 샀습니다. 나중에 집값이 꽤 올라서 가계에 크게 보탬이 됐습니다. 일부 금액은 다음 작품 제작비로 사용했습니다. 〈불 좀 꺼주세요〉가 3년이 넘어가니까 객석의 열기가 예전만 못하더군요. 볼 사람은 다 봤다는 생각도 들고, 실제로 티켓 판매금액도 하향곡선을 그리고. 연극에 대한 중년의 수요를 확인했으니 새 작품을 공급할 때가 되었다는 판단을 했습니다."

〈용 띠 위에 개 띠〉

다시 이만희, 최정우와 머리를 맞대고 기획회의를 한 끝에 나온 아이디어가 '부부 간의 내기'를 소재로 작품을 만들자는 것. 각자 부부들의 이야기를 털어놓았는데, 이도경 부부의 이야기를 '채택'하는 것으로 합의가 이루어졌다. 그렇게 탄생한 작품이 1952년생 용띠 만화가 나용두와 1958년생 잡지사 기자 지견숙이 결혼, 출산, 결별, 재결합을 거치며 티격태격하며 살아가는 이야기 〈용 띠 위에 개 띠〉(1997)다. 처음 9개월 동안은 적자. 더블캐스팅이었던 최정우가 사정이 생겨 하차하면서 공연 지속 여부를 결정해야 할 상황이 찾아왔다.

"사실 9개월 연속 공연도 대단한 것 아닙니까. 하지만 전 여기서

총 14년간 공연한 연극 〈용 띠 위에 개 띠〉는 이도경 부부의 이야기를 모티브로 한 것이다.

막을 내린다는 것이 아무래도 아쉽더라고요. 이 작품이 물건이 될 것 같다는 확신이 있었기 때문에. 그래서 기획을 다시 했지요. 더블 캐스팅이 안 되면 나 혼자 간다. 상대역 여배우도 두 명 번갈아 출연하던 걸 하나로 줄이자. 자체 공연장을 마련하고 극장에서 밥을 해 먹으면서 견뎌 보자. 일단 그렇게 손익분기점을 확 낮춰 놓고, 버틸 수 있을 때까지 버텨 보는 거다."

대학로 극장에서 다시 1년을 공연하니 한두 달 지나 입소문이 퍼지면서 관객이 늘어났다. 그 수익금으로 〈은행나무 소극장〉을 인수한 후, 〈이랑씨어터〉로 간판을 바꿔 달았다.

자기 소극장을 갖는 건 모든 연극인들의 꿈이다. 이도경은 멤버들의 이름을 한지(韓紙)에 적어 경건한 마음으로 무대 바닥에 묻어 놓았다. 일터이자 책상이며 안방이기도 한 '내 무대, 내 판'이 생긴 것이니까.

이도경은 다른 계산도 했다. 대관료(貸館料)를 줄이고 출연배우가 적으면 고정비용이 줄어든다. 해 오던 공연이니 무대디자인, 포스터디자인도 직접해서 모든 투입비용을 낮춘다. 극장을 마련했으니 이제는 절실한 마음에서라도 장기공연을 하지 않을 수 없다.

'이랑'은 이만희의 작명이다. 밭고랑, 이랑의 이랑이기도 하고 '이씨 성을 가진 남성연극인'의 '이랑'이기도 하다. 〈용 띠 위에 개 띠〉는 10년 간 2623회 공연에 27만명이 관람했고, 1년6개월 휴식을 거쳐 2008년 8월 재공연에 돌입한 뒤 2012년 8월에 막을 내렸다.

–기억나는 에피소드는 없나요.

"여고생이 편지를 보내 왔어요. '이 연극 너무 아름다워요. 우리 엄마 아빠가 결혼식을 못하고 사십니다. 연극 보고 관객들을 하객(賀客) 삼아 결혼식 올려 드리고 싶은데 가능할는지요.'

당장 연락해서 작전을 짰습니다. 여고생은 부모님을 몰래 모시고 오고, 단 할머니도 오시는데 미리 알고 계시고. 공연 끝나고 제가 여고생 사연을 소개한 뒤 '오늘 결혼식 있습니다. 바쁘신 분은 가셔도 좋습니다.'

그랬는데 정말 그날 관객들이 단 한 분도 안 가셨어요. 단상 정리하고 케이크 준비한 뒤에 '신랑 입장!'을 외쳤는데, 남편 분이 우느라고 못 나오세요. 할머니는 너무 좋아서 웃으면서 박수치고 덩실덩실 춤추시고, 아내 분은 호탕하게 웃고. 두 분이 쌀가게를 하셨던가, 아무튼 손마디가 투박하시더라고요.

관객들이 뽀뽀하라고 난리를 부려서 두 분이 눈물 콧물 바람으로 무대 위에서 뽀뽀도 하셨습니다."

"연극 해서 돈 벌면 왜 안 되나?"

-그 세월 동안 매일 공연한다는 건 체력도 체력이지만, 스트레스가 상당했을 것 같습니다.

"압박감이 장난이 아니죠. 중간에 탈진으로 쓰러져 일주일 공연을 쉰 적도 있습니다. 자주 관극을 하던 한의사 한 분이 주치의를 자청해서 섬세하게 관리해 주신 덕에 버틸 수 있었지요. 매일매일 운동하고 숙면 취하고…. 생활을 관리하지 않으면 공연을 할 수 없으니까 도리가 없는 거죠.

전 연극해서 돈을 벌 수 있다는 걸 보여주고 싶었습니다. 특히 후배 연극인들에게. 우리 연극계엔 연극해서 돈 벌면 경원시하는 분위기가 있는데, 연극해서 돈을 벌면 왜 안 되는 겁니까? 돈이 있어야 다음 작품도 할 수 있는 겁니다. 배고프다는 건 부끄러운 일이 아니지만 그렇다고 자랑도 아닙니다.

배가 고파야 좋은 연극을 할 수 있다는 건, 제 생각엔 자기 합리화에 불과합니다. 그렇게 말하면서 정작 저녁마다 술 마시고 자신을 방기(放棄)하고…. 헝그리정신으로 연극을 하는 건 바람직한 태도지만, 정말로 배가 고파선 곤란하다는 뜻이죠."

그는 마당놀이나 뮤지컬, 악극이 아니라 정극(正劇)으로 집과 극장을 구입한 특별한 경우다. 대화를 이어 가는 도중에, 작품성·문학성·흥행성·연극성을 고루 갖춘 작품으로 성공을 일궈 냈다는 자부심이 엿보였다.

"제 꿈은, 평생 연극을 한 번도 안 보신 분들을 극장으로 모시는 것이었습니다. 그 전까지만 해도, '대학생 문화생활'이 연극 관객의 주류였으니까. 관객층을 중년까지 확장하면, 그분들이 연극에 맛을 들이고 번역극이나 부조리극(不條理劇)이나 더 다른 연극의 세계로 건너가실 수도 있는 일 아닌가, 그것이 연극의 저변을 풍성하게 만드는 일이 아닌가 하는 생각입니다."

영화 〈와일드카드〉로 주목 받아

–평생 연극 한 편도 안 보신 분 중엔 아버님도 포함되나요.

"저희 아버지는 제 연극을 단 한 번도 보신 적이 없었습니다. 돌아가시는 날까지 양돈 일을 하셨거든요. 서울에 못 오셨어요. 그러다 대구 백화점에서 〈불 좀 꺼주세요〉를 공연할 때 제가 큰형한테 부탁했습니다. '집에서 가까우니까, 아버지 모시고 와 달라'고. 처음엔 오신 줄 몰랐는데, 아버지 기침소리가 들리더군요. 그날따라 공연이 정말 좋았습니다. 잔 실수 하나 없이 완벽하게 끝난 공연이었죠.

분장실로 아버지가 찾아오셨는데, '내 자리가 에어컨 바로 밑이돼서 얼마나 기침이 나는지, 아주 방해됐을끼야' 그러시는 겁니다. 얼마 있다가 돌아가셨습니다. 그 공연이 저희 아버지가 관람한 처음이자 마지막 연극입니다."

앞에서 얘기한 영화 〈와일드카드〉에서 이도경은 평단과 대중의 극찬을 받았다.

"이따금 영화 단역 제의가 왔는데 별로 내키지 않았습니다. 나만 할 수 있는 역할이 아니어서…. 그러다가 이만희 작가가 시나리오를 쓰면서 딱 제 생각을 했다는 겁니다. 그래서 출연했죠.

그 작품이 화제를 모으면서 시나리오가 수십 편씩 들어왔는데, 다 고사했습니다. 연극만으로 생활이 가능한데, 스케줄을 빼 가면서 할 이유가 없다고 생각한 거죠. 〈용 띠 위에 개 띠〉 종연(終演) 후 다시 영화랑 텔레비전 일을 시작했습니다. 배우가 캐릭터에 꼭 맞는 역만 기다릴 수는 없는 일이고, 50대 배우는 주인공보다는 도와주는 역이 많으니 제 성격에도 맞고…."

이도경은 〈퍼펙트게임〉에서 롯데 자이언츠 성기영 감독 역을 맡았고, 드라마 〈구가의 서〉와 〈더 킹 투 하츠〉에 출연했다. 현재는 〈신의 한 수〉 〈아빠를 빌려드립니다〉, 사극 〈협녀〉 〈역린(逆鱗)〉 등 네 편의 영화에 겹치기(?) 출연 중이다.

"좋은 배우는 '안 미운 사람'"

슬슬 인터뷰를 마무리할 시간이 다가와서, 평범하지만 중요한 질문을 던지기로 했다.

—좋은 배우란 어떤 존재인가요.

"안 미운 사람이죠. 관객한테, 연출가한테 그리고 동료 배우들한테. 연기를 잘해도 미운 배우가 있고, 연기는 일류가 아니어도 안 미운 배우가 있습니다."

–이도경에게 연극이란 무엇입니까.

"인생의 전부. 연극을 빼 버리면 아무 것도 남는 것이 없으니까요."

이도경의 다음 목표는 1~2년 안에 좋은 작품을 하나 더 만드는 것이다. 아무래도 체력이 예전만 못하니 장기공연은 무리일 것이고, 석 달 하고 쉬고 다시 석 달 하고 쉬는 패턴이라면 가능하지 않을까 하는 생각을 한다. 이야기를 마치면서, 그는 한국 연극의 미래를 다음과 같이 심사숙고(深思熟考)했다.

"몇 년 전에 비하면 대학로에 연극관객이 확실히 줄었습니다. 유동인구는 늘었지만. 관객들이 심각하고, 가르치려 들고, 어려운 작품을 견디지 못하는 것 같습니다. 쉽고 즐거운 공연만 겨우 관객을 모으는 것이 현실인데….

지금 전국에 연극영화과가 80개 이상이죠? 그 졸업생들, 다 귀하고 아까운 자원인데, 이걸 어떻게 활용할 것인지를 고민해야죠. 어쨌거나 연극판은 이 가운데 재능과 열정이 넘치는 상위 0.1%만 살아남는 정직하고 치열한 시장이니까, 그 정직함에 기대서 승부를 걸면 뭐가 나와도 나올 거라고 믿습니다."

'작품성과 연극성과 문학성과 흥행성의 최대공약수와 최소공배수를 찾아내는 그의 재능은 어쩌면 현대사회 속에서 예술가가 취할 수 있는 최고의 응전(應戰)태세는 아닐 것인가' 하는 생각이 문득 뇌리를 스쳐 지나갔다. 이도경의 응전, 다음 행보가 그래서 궁금해졌다.

"가능하다면, 이만희 작가의 작품을 하고 싶습니다. 이만희 작가

가 선물한 작품 〈돼지와 오토바이〉를 언젠가는 무대에 올려야 한다는 '마음의 빚'도 청산해야 하고, 아직 할 일이 많이 남았어요."

이도경은 쾌활한 웃음과 유쾌한 손짓을 남기고, 남양주 촬영소를 향해 차를 몰고 떠나갔다. 공연장에서 그를 다시 만날 날이 멀지 않았기를 희망하면서, 필자 역시 씩씩한 손짓으로 배우를 전송했다.

(2014년 1월)

이도경 李道慶

- 1953년생. 서울예대 연극과 졸업. 現 〈이랑씨어터〉 대표.
- 〈배비장전〉 〈봉이 김선달〉 〈쥐덫〉 〈우자 알버트〉 〈장터에 난리났네〉 〈등신과 머저리〉 〈그리고 우린 나발을 불었다〉 〈불 좀 꺼주세요〉 〈용 띠 위에 개 띠〉(이상 연극), 〈와일드 카드〉 〈신기전〉 등(이상 영화), 〈구가의 서〉 〈더 킹 투하츠〉(이상 드라마) 출연.

개그맨 하다 연극계로 돌아온

이원승

- ⊙ 개그맨 데뷔하면서 '개그맨 10년, 이후엔 연극배우' 결심, '총 10년간 週 1회 연극공연' 약속 실천 중
- ⊙ 어린 시절 감동받았던 추송웅의 〈빨간 피터의 고백〉을 〈이원승이 원 숭이〉로 무대에 올려
- ⊙ 연출가 강영철 찾아가 사정 끝에 〈하늘텬따지〉로 연극계 복귀
- ⊙ 오태석, "너는 돈을 벌었는데 무대로 돌아왔다. 너의 성공이 후배들에게는 또 하나의 희망"

"**연극**을 하기 위해 **피자를 굽는다**"

사람들은 그를 피자집 사장, 성공한 사업가로 여긴다. 대학로에 자리한 나폴리 정통 피자집 디 마떼오가 그의 가게다. 혹자는 그를 한때 잘나가던 인기 절정의 개그맨으로 기억한다. 1982년 MBC 공채 개그맨으로 데뷔, 10년 동안 내리 각종 고정코너를 맡아 대중의 사랑을 받던.

정작 본인은 자기 자신을 연극배우라고 생각한다. 중·고 시절 지방 연극계의 유망주였으며 개그맨 데뷔 10년 후 연극무대로 돌아오겠다는 약속을 지킨. 그 사이에, 부친의 세 번 출마 세 번 낙선에 이은 집안의 몰락, 방송 출연으로 잘나가던 시절의 이혼, 사업 실패로 인한 자살 시도가 있었다.

지금은 피자집 한편을 소극장으로 개조해서 자신이 직접 출연하는 1인극의 장기공연 프로젝트를 수행 중이다. 2007년 6월부터 한 주에 한 번 공연하고 있으며, 총 10년 예정이다.

또한 경기도 가평에 4000평 땅을 마련해 건물 한 동(棟)을 지었다. 장기적으로는 이곳을 극장과 숙소가 어우러진 '연극인 마을'로 꾸미려는 계획을 세웠다. 지역주민들을 출연시켜 '생활 속의 연극'을 공연하는 것이 그의 꿈이다. 식당 지하의 공간은 극단 목화에 연습실로 그냥 내줬다. '무료는 아니고, 전기세는 받는다'며 웃는다. 이원승(李原丞·54) 이야기다.

-부친이 세 번이나 선거에 나갔다고요.

"네. 4·19 후에 치러진 1960년 7월 총선 충청남도 참의원(參議員) 선거에 무소속으로 나섰다가 낙선, 1971년 4월 대선 직후 치러진 5월 총선에 야당인 국민당 후보로 출마했다가 낙선, 1995년 지방자치 서천군수 후보로 입후보한 뒤 낙선했죠. 윤보선(尹潽善) 전 대통령과 아버지가 나란히 선 국민당 선거포스터는 아직도 기억에 생생합니다."

이원승의 부친 이연직(李連稙·1932~ 2002)은 읍내에 영화관을 운영했고 밤나무 농장도 소유했던 지역 유지였다.

"제가 한산 이씨(韓山 李氏) 문중입니다. 본명은 성규(星珪). 이일규(李一珪) 전 대법원장과 같은 항렬이죠. 돌아가신 소설가 이문구(李文求) 선생님은 제 바로 아래 항렬입니다. 충청남도 서천군이 제가 태어난 곳인데, 집성촌(集姓村)이 있습니다. 어려서부터 목은(牧隱) 이색(李穡)의 19대손(代孫)이다, 토정(土亭) 이지함(李之菡)도 우리 문중이다, 그런 이야기를 듣고 자랐죠. 저 어려서만 해도 월남(月南) 이상재(李商在) 선생님의 손자가 아직 살아계셔서, 한학(漢學)도 배우고 그랬습니다. 저희 문중은 항렬 따져서 나이에 관계없이 바로 말 높이고 낮추고, 글자 그대로 고색(古色)이 창연(蒼然)했어요."

그의 부친이 운영하던 농장은 대지 6만 평의 한산농장이다. 〈대한뉴스〉 973호 '밤나무 왕' 편에 자세한 이야기가 나온다. 읍내에 운영하던 극장은 한산극장이다.

아버지와 어머니

–영화는 원 없이 봤겠네요.

"시골에서는 보통 한 프로그램을 5일에서 일주일 정도 상영했습니다. 새 영화 들어오면 첫날부터 마지막 날까지, 볼 수 있는 만큼 다 봤습니다. 학교 갔다 극장으로 바로 가는 거죠. 〈돌아오지 않는 해병〉〈미워도 다시 한 번〉〈꽃피는 팔도강산〉, 신영균 선생님이 열연하고 이순재 선생님이 조연으로 나오는 공군(空軍) 영화 〈빨간 마후라〉, 김승호 선생님이 주인공으로 나오는 〈마부〉 같은 영화가 지금도 기억납니다."

바로 윗집에 살던 '의사집 아들'이던 동네 형이 사진작가 김중만이다. 극장에서는 쇼도 공연했다. 지방공연을 내려온 양훈, 양석천 같은 당대의 스타들이 쇼단과 함께 그의 집에서 기숙하기도 했다.

"차력, 마술… 황홀한 세계였죠. 막간극이 그렇게 재미있었고. 〈애꾸눈 박〉 흉내 낸다고, 눈에다 세메다인이라는 접착제를 발랐다가 실명(失明)할 뻔하기도 했습니다."

–선거에 한 번 떨어지면 집안에 남아나는 것이 없다는데, 세 번이나 낙선하셨으면 농장이나 극장은 어떻게 됐습니까?

"다 남의 손으로 넘어갔죠. 남아나는 것이 있습니다. '빚'이 남습니다. 그 빚을 어머니가 다 갚았어요. 어머니 성함이 이복(李福), 외자 이름인데, 농장도 일은 아버지가 벌이고 마무리는 늘 어머니 몫이었습니다. 아버지는 이상론자였고 어머니는 현실론자였죠.

나폴리 정통피자 디 마떼오 대학로 본점 입구. 본인을 닮은 조형물 앞에서.

'4년 잘 지내자고 평생을 노력하는 건 인생의 수지타산이 맞지 않는 일'이라는 것이 어머니의 지론이었습니다. 선거 결과가 나오는 밤이면 어머니의 흐느끼는 소리가 들려옵니다. 짐승의 울음 같은, 크게 소리를 내면 더 커다란 짐승이 잡아먹자고 달려들지 몰라 안으로 삭이며 흐느끼는…. 어머니는 지금도 서천 고향을 안 갑니다."

그렇다고 아버지를 원망하지는 않는다. 우리 집보다는 서천이 잘 살아야 한다며 노선버스도 유치하고, 전기 없던 마을에 자가발전을 해서 전기도 나눠주고, 인맥으로 동네 사람들을 무수하게 취직시켜 주던 '공적인 삶'을 산 분이기 때문이다.

"아버지는 일 년에 한두 번, 설날이나 추석 때만 집에 오던 분입니다. 정치활동 하느라고. 가정을 기준으로 하면 아버지가 미운데 마을 전체로 보면 훌륭한 분이고, 아버지를 미워하는 건 자식 된 도리가 아니니까 또 제 내면에 갈등이 생긴 것은 아닌가 싶어요. 아버지는 가족을 행복하게 해주지 못했지만 나는 내 주변 사람들을 행복하게 만들어주겠다, 적어도 내 앞에서만큼은 웃고 떠들고 즐겁게 해주겠다는 생각을 저 모르게, 제 잠재의식이 했던 건 아닐까 모르겠습니다."

중학교 때부터 연극에 소질

한산초등학교 6학년 때 반장선거에서 떨어졌다. 여기는 내가 있을 곳이 아니라는 생각이 들어 어머니를 졸라 혼자 대전으로 유학을 떠났다. 누나와 누이동생은 고향에 남았다. 나중에 서천의 집과 농장이 다 넘어가고, 가족이 모두 대전으로 따라오는 이주(移住)의 서막이다.

기독교계 미션스쿨인 대성중에 입학해서 지역의 명문교 대전고(大田高) 진학을 목표로 했다. 5대(大) 도시에서는 고교평준화가 이미 시행 중이었고, 6대 도시였던 대전은 비평준화 지역이었다. 1960년생은 대전 지역 마지막 고교입시 세대다.

"대전고에 진학했더라면 제 인생의 방향도 바뀌지 않았을까요? 연합고사에서 아홉 문제를 틀렸는데, 대전고 커트라인이 딱 -9였어요. 동점자 처리규정에 따라 국민윤리 점수에서 뒤진 제가 낙방을 한 겁니다. 그래서 진학한 학교가 불교 계통의 보문고(普文高)입니다. 보현보살(普賢菩薩), 문수보살(文殊菩薩)의 앞 글자를 따 지은 교명

중앙대 졸업식에서 부모님과 함께. 아버지가 정치에 관심을 쏟는 사이 집안을 지켜내는 것은 어머니의 몫이었다.

(校名)이죠. '기타 하나 동전 한 닢'을 부른 가수 이재성이 고교 선배입니다."

–그때부터 연극에 뛰어든 건가요?

"직접적 계기는 중학교 1학년 여름방학 학교 임원진 캠프입니다. 반장 부반장이 참가하는 학교 주최의 행사였는데, 레크리에이션 강사로 도완석이라고, 당시 숭전대 학생이 왔어요. 이분은 나중에 대전 지역 연극계의 버팀목이 됩니다. 제가 노래 부르고 노는 걸 보고 이분이 저를 오페레타에 조연으로 캐스팅하고, 대전 지역 대학축제를 순회하면서 공연도 함께했죠. 중학교 2학년 때부터 공연장을 누볐습니다. 제 개인 레퍼토리는 배에다 얼굴을 그리고 상체는 기다란 모자를 쓴 것으로 처리한 후 짧은 바지를 입어 신체의 비례를 과장한 채 움직이는 '배꼽춤'이었고요."

"이 아이는 꼭 연극 하게 될 것"

숭전대(崇田大)는 기독교 계통의 숭실대(崇實大)와 대전대(大田大)가 통합하면서 생긴 학교다. 지금은 다시 나누어졌는데, 통합을 유지하던 시절에 지금의 대전대가 생기는 바람에 숭전대 대전캠퍼스는 한남대(韓南大)로 교명을 바꾸었다.

"고1 때 충남 교련경연대회 전체 응원단장이었습니다. 고교·대학 축제 등 각종 행사에 공연도 꾸준히 다니고. 팬레터도 받을 정도였다니까요. 처음 출연한 연극은 고1 겨울방학 때, 청림학교라는 야학 돕기 자선예술제에 구두닦이 역으로 출연했는데, 임채무, 한인수 같은 분들이 대전까지 내려와서 출연해 주셨던 잊지 못할 무대였습니다."

1976년 12월의 일이다. 도완석이 온갖 인맥을 동원해 서울의 방송계와 극단에 부탁을 했던 결과다. MBC 인기드라마 〈수사반장〉의 분장 담당이던 박수명이 "너, 수사반장 나오면 정말 잘하겠다"고 칭찬했다.

"새벽 다섯 시에 일어나 화장실에서 대본을 외웠습니다. 어느 날, 변기 위에서 졸았는데, 갑자기 문이 벌컥 열리는 바람에 놀라서 깼어요. 아버지더군요. '정말 그렇게 연극이 좋으냐? 너를 이 길로 이끈 분을 찾아뵙고 싶구나'라고 말씀하셨어요."

공연 후 이원승의 부친이 도완석을 만난다. 대화는 신사적이었다.

"고1인데, 연극만 하는 건 문화적 편식 아니냐. 성규가 연극을 그만했으면 좋겠다."

"아버님 뜻이 그러시다면 이제 그만 부르겠습니다. 그런데 이 아이는 나중에 꼭 무대에 설 겁니다."

〈빨간 피터의 고백〉과의 만남

도완석은 지금도 자주 만난다. 대전에서 여전히 연극을 하고 있다. 하여튼 아버지 때문에 도완석이 연락을 끊으니 출연할 무대도 사라졌다. 연극이 너무나 하고 싶어서 자력갱생(自力更生)을 하기로 했다. 대전 MBC 성우(聲優)들이 조직한 청포도극회 공연계획을 입수하고 무조건 극단 문을 두드렸다.

"1977년 10월 15일입니다. 김자림 작 오덕균 연출 〈오호! 종달새〉라는 작품에 주인공으로 출연했죠. 장소는 대전 가톨릭 문화회관이었고요."

이 작품은 두 가지 점에서 이원승의 인생에 변곡점으로 작용한다. 첫째, 성우들과 연습하는 동안 '방송 일'에 대한 구체적인 동경이 생겼다는 것. 둘째, 아버지의 반대가 누그러졌다는 것.

며칠 후, 이원승은 운명의 또 다른 얼굴과 조우한다. 추송웅(秋松雄)의 〈빨간 피터의 고백〉 대전 공연이다.

"이틀 4회 공연을 다 봤습니다. 평생을 뒤흔든 사건이었습니다. 시간이 어떻게 지나갔는지 모를 정도였어요. 공연이 끝나고도 움직이질 못했으니까. 추송웅 선생님이 숨을 멈추면 관객들이 따라서 다 숨을 멈추었습니다. 네 번 다요. 한 공간에서, 배우 한 명이, 이렇게 많은 사람을 집중시키면서 저토록 많은 영향력을 끼칠 수도 있구나. 이건 기막힌 공동체(共同體)다. 종교적 행사의 느낌을 주는 공연이다. 추송웅 선생님은 제사장(祭司長)이다. 그리고 나중에 어떻게든 이 작품을 꼭 하겠다고 굳게 결심했습니다."

명동 삼일로 창고극장에서 1977년 초연한 〈빨간 피터의 고백〉은 추송웅의 대표작이다. 원숭이의 움직임을 연구하러 몇 달간 어린이 대공원 원숭이 우리로 출근하고, 폭우가 쏟아지는 날 사육사에게 사정해서 우리 안으로 들어가 원숭이 동작을 따라 했으며, 이때 우연히 우리 앞을 지나가다 '사람' 추송웅을 발견하고 비명을 지르며 도망가던 어느 연인의 뒷모습에서 영감을 얻어 동선(動線)을 완성했고, 제작비가 없어 아내가 '계주'가 되어 마련한 돈으로 공연한 전설의 연극. 적어도, '아이의 우윳값은 벌어다 주는 가장'이 되고 싶어 '두어 달 생활비만 남길 수 있으면 원이 없겠다'는 소박한 희망을 품고 시작한 작품. 반응은 기대 이상이었다. 폭발적이었다. 관객들은 열광했다. 평소에는 연극을 거의 보지 않는 사람들까지 '원숭이'를 보겠다고 몰려들어 극장 입구에 분식집이 새로 생길 정도였다. 연극공연이 문화면을 넘어 신문 사회면과 9시 뉴스 메인토픽으로 올라왔다.

이원승은 이 작품을 언젠가 반드시 공연하겠다는 약속을 지켰다. 서두에 언급한 '10년 연속공연' 프로젝트가 바로 이 작품이다. 원작자(原作者)는 카프카, 원제(原題)는 〈어느 학술원에의 보고〉, 이원승이 내건 제목은 〈이원승이 원숭이〉다.

"제가 이 작품을 공연한다니까 추송웅 선생님 유족(遺族) 분들이 조

도완석(왼쪽)은 이원승을 연극의 길로 이끌었다.

심스럽게 연락해 왔습니다. 〈빨간 피터의 고백〉이라는 제목 자체가 선생님의 창작이고, '추송웅' 하면 사람들이 가장 많이 떠올리는 제목이라, 제가 선생님을 예우하는 마음으로 제목을 다르게 붙였지요."

사실은 〈이원승이 원숭이〉 말고도, 추송웅에 대한 이원승의 오마주는 하나 더 있다.

"고2 겨울방학 전에 교내행사로 칼라빈카 예술제를 기획하고 〈백수노인의 고백〉이라는 1인극을 공연했습니다. 제 나름 풀어쓴 고등학생 버전의 '빨간 피터'였지요. 칼라빈카는 불교 경전에 나오는 극락조(極樂鳥)입니다."

배재대 거쳐 중앙대 연영과(演映科) 진학

1979년 이원승은 배재대에 입학한다. 이미 지역사회에서 알아주던 연극인이던 그는 정성규 교수가 주재하던 한밭극회에 참여, 이재현 작 〈엘리베이터〉, 차범석 작 〈장미의 성〉, 도완석 작 〈순교자〉 등 한밭극회의 거의 모든 공연에 출연한다.

—그런데 왜 재수를 하고 이듬해(1980년) 중대 연극영화과에 입학한 겁니까?

"배재대 시절은 정말 행복했던 시절입니다. 연극에 파묻혀 살았으니까요. 어느 날, 큰물에서 제대로 해보자는 생각이 들었죠. 제 두 번째 전학인 셈입니다. 2학기 때 등록을 포기하고 고2 때부터 손을 놓다시피 한 교과서를 파기 시작했습니다. '내가 대본 외우듯이 교과서를 본 적이 있었던가' 생각하니 내용이 확 눈에 들어오던데요."

강주희, 정보석이 동기고 홍상수 감독과 강재규 감독이 1년 후배다.

"그때 연극과 정원이 20명이었습니다. 계산을 했죠. 남자 10명, 여자 10명인데 연출과 스태프 전공인원 다섯을 빼고 나면 경쟁률이 100:1을 넘겠구나. 그렇다면 뚜렷하게 목표를 세우고 공연을 하자. 실기시험장에 들어서서 '심사하시느라 힘드실 텐데, 제가 좀 웃겨드리겠습니다'라고 하고 '동시통역 잉글리시 타잔'이라는 개그를 했습니다. 선생님들이 막 웃더니 '더 해보라'고 그러는 겁니다. '제가 바빠서 나가봐야 됩니다. 나머지 부분은 3월 2일 입학식 때 보여드리겠습니다' 그러고 바로 나왔죠. 나오다가 돌아서서 '절 안 뽑으시면 후회하실 겁니다. 제가 예비고사에서 명문대 갈 점수를 받았거든요' 라고 말했습니다. 여기까지가 제가 밤새 기획한 내용입니다. 심사위원 한 분이 점수를 확인하더군요. 점수가 좋았던 건 사실입니다."

지방 연극계

대학 1학년 때 5·18이 터졌다. 학교가 휴교하고 수업도 없어졌다. 그는 대전으로 내려가 한밭극회 일에 매달렸다.

"3월에 이재현 작 〈멀고 긴 터널〉에 윤석진 역으로 출연했습니다. 지금은 유명배우가 된 남명렬도 천영환 역으로 함께 나왔죠. 겨우내 연습하고 중대 입학한 후에도 주말마다 내려와 연습하고 공연했습니다. 6월에는 역시 한밭극회가 제작한 박조열 작 〈토끼와 포수〉에 출연했고요. 전 이른바 '지방 연극계'에 애정이 많습니다."

–지방 연극계는 분위기가 어떤가요?

"그때만 해도 서울에서 대전까지 서너 시간이 걸리던 시절이었죠. 아침에 출발해서 일보고 당일로 돌아온다는 전제가 불가능한 겁니다. 대학로의 화제작 1인극 〈염쟁이 유씨〉의 유순웅씨가 매일 충청도에서 서울을 오가며 공연한다는데, 격세지감이죠. 경제발전이 서울과 지방 사이의 문화 간격을 줄인 겁니다.

대전 지역의 잠재적 연극 관객이 상대적으로 소수(少數)이니 시장이 작잖아요. 당연히 전업(專業)배우도 나올 수 없죠. 어쩌다 서울에서 공연이 내려오면 그것이 큰 공부이자 앞선 문화를 접촉하는 기회였습니다. 대전 인근에 사는 교사, 대학생 등이 모여 진지하게 토론하고 몇 달 연습해서 하루나 이틀 공연하는 것이 관행이었습니다. 아마추어와 프로페셔널 사이의 설렘이 존재했어요.

자신의 연출 데뷔작 〈밧줄〉의 개막공연 당일 포스터 앞에서 포즈를 취한 이원승.

1982년 3월 13일에 시민회관 소강당에서 공연한 유진 오닐 작 〈밧줄〉은 잊을 수 없는 작품이죠. 저한테 연출을 할 수 있는 기회가 주어졌거든요. 기획부터 연출에 출연에 장내정리까지, 모든 단원이 연극공연의 모든 부분을 함께 책임지고 만들어간다는 것이 지방 연극의 묘미입니다."

'남을 웃기는 일'에서 가치 발견

–1980년과 82년 사이에는 시간이 빕니다. 어떤 일을 했나요?

"1981년 1월 6일에 입대, 육군 6사단 3중대 행정병으로 복무했습니다. 근무지는 강원도 철원, 병과는 포병."

대원들을 웃기면서 인기를 끌자 문선대(문예선전대)에서 데려가고 싶다고 연락이 왔다. 사단에서도 공문을 보냈는데 중대장이 필수인력이라며 차출을 불허했다.

"제가 포병교육 1위였거든요. 중대장께 찾아가 비장한 각오로 '사회 나가면 형님 같으신 분이 동생 한 번 봐주십시오'라며 부탁했는데 결국 안 됐어요.

기가 죽어 있을 때 훈련을 나갔는데, 척후병으로 산에서 깃발신호를 보내는 것이 제 역할이었습니다. 선임병과 둘이 잠들었다가 훈련에 차질이 빚어졌고, 선임하사께 '그에 합당한' 구타를 당했습니다. 절룩이면서 가다가 포에 무릎을 부딪혔는데 피가 엉길 정도의 부상이라 그 길로 후송을 갔죠. 진단은 무릎 연골파열. 수술받고, 철원사단 본부, 야전부대, 청평 후송병원, 대구 통합병원을 옮겨다니며 환자들을 웃겼습니다. 그것도 매일 다른 레퍼토리로."

이 무렵, '남을 웃기는 일'이 가치 있는 일이라는 생각을 했다. 그 현장에 '내가 있다'는 것이 너무 좋았다. 1년 만에 의병제대로 병역필. 지금도 '무릎나이'는 다른 부분에 비해 +10년이다. 제대 후 정교수팀과 〈길손〉이라는 작품으로 충청남도 전역의 각 교회 순회공연을 다니면서 새로운 꿈을 꾸기 시작했다.

"1982년에 복학하고, 6월에 열리는 MBC 개그콘테스트를 준비했습니다. 아이디어 짜서 연습도 하고, 이성미, 김학래 두 분이 진행하던 라디오 프로그램의 콩트 부문을 집필하는 라디오 보조작가도 하고. 대회 결과 동상(銅賞)을 받았습니다. 대상(大賞)은 최병서, 금상(金賞)이 황기순이었죠. 처음으로 신문에 제 이름이 실렸습니다."

개그맨 데뷔

신문을 보고 아버지가 중대 장학생 기숙사로 전화를 걸어왔다. '연극을 하기로 했으면 연극을 해야지, 왜 경로를 이탈하느냐'고 꾸짖고 그로부터 2년간 연락을 끊었다.

"지금 강원문화재단 이사장으로 계시는 신종인 PD의 도움으로,

임예진, 이택림 두 분이 사회를 보던 〈영 일레븐〉이라는 프로그램을 통해 방송에 데뷔했습니다. 데뷔 동기가 이경규, 김정렬, 바로 위 선배가 이홍렬입니다."

중학교 시절부터 이원승은 배꼽춤으로 인기를 끌었다. 배꼽춤의 분장을 하고 있는 이원승.

출연 3주 만에 고정출연자로 승진했다. 소싯적부터의 필살기였던 배꼽춤, 그리고 '햇볕은 쨍쨍하고 해 뜰 날 돌아지 도라지 백-두산 뻗어내려도 사랑 사랑 누가 말했나-안참 바보처럼 살았군요' 하는 식으로 이어지는 끝말잇기 메들리가 레퍼토리였다.

"아이디어가 샘솟던 시절이었죠. 이홍렬과 진행한 '무성영화 변사'에서는 슬로비디오, 다시 보기 기법을 활용해서 연기를 했고 종각부터 동대문까지 음악다방 DJ들과 다 교분을 트고 팝송가사 중에 우리 말처럼 들리는 부분을 찾아 코너를 꾸몄죠. 비틀스의 '이매진(Imagine)'은 '임예진 얼굴 이뻐', 올리비아 뉴튼 존의 노래 가사는 '냄비 위에 밥이 타' 하는 식으로. 연영과 학생이 장학생 기숙사에 들어가는 건 흔한 일이 아니었는데, 하도 전화가 걸려와서 쫓겨났습니다."

–학교는 꾸준히 다녔나 봐요?

“4년 다니고 졸업했습니다. 여름학기, 겨울학기 다 듣고 학점을 채웠거든요.”

방송 스케줄로 정신이 없었을 텐데도 학업을 제 시간에 마쳤다는 건 훌륭한 일이다. 일을 미루지 않는 그의 성격이 드러나는 대목이다.

“개그 말고 드라마, 영화도 찍었습니다. 이규형 작 캠퍼스드라마 〈햇빛 사냥〉에서는 최명길씨와 함께 출연했고, 박철수 감독이 연출한 단막극 〈혜미의 서울〉에서는 주인공을 맡았죠. 남성훈, 변희봉 선생님과 함께 촬영하면서 많은 것을 배웠습니다. 〈혜미의 서울〉은 《조선일보》 문화면에 정중헌 기자가 ‘참 신선했던 드라마’라는 평을 따로 썼을 만큼 화제를 모았던 작품입니다.”

영화는 김응천 감독의 〈춤추는 청춘대학〉〈김치국 일병〉〈돌아온 손오공〉 등 청춘물, 코믹물을 주로 찍었다. 그가 조연으로 나온 〈내 사랑 짱구〉(1985 감독 유지선)는 고등학생이던 김희애의 데뷔작이다. 주연은 손창민.

“사실은, 좀 더 묵직한 영화 제의를 받은 적이 있습니다. 〈혜미의 서울〉이 방영되고, 배창호 감독이 시나리오 들고 직접 찾아오셨습니다. 당대 최고 인기감독이 약속도 없이 찾아오셔서 신종인 PD가 깜짝 놀랐죠. 저는 그저 황송했고.”

〈고래사냥〉에서 김수철이 맡았던 역이 막판에 그를 비껴갔다. 하지만 방송 운은 더할 나위 없이 좋았다. 〈코미디 극장〉에선 지금 〈싱글벙글 쇼〉를 진행하는 김혜영과 주연을 맡았고 〈청춘만만세〉

〈폭소대작전〉〈일요일 일요일 밤에〉 등에서도 주요 멤버로 활동했다. 라디오 〈두 시의 데이트 김기덕입니다〉의 주말 고정게스트이기도 했다.

–제 기억으론 광고도 찍었던 것 같은데, 그 정도 활동이면 수입도 상당했을 듯합니다.

"롯데 옥수수바 광고를 찍고 중고 브리사 승용차를 구입했죠. 한화제약 감기약 광고도 찍고…. 84년 음악다방 DJ를 시작으로 86년부터 90년까지 전국의 호텔 디스코텍 DJ로 활동했습니다. 8시50분 명동 마이하우스, 9시 이태원, 9시40분 크라운호텔, 11시 캐피탈호텔 하는 식으로 일정을 짜서 30분 단위로 디스코텍을 도는 겁니다. 하루에 여덟 군데를. 롯데호텔, 리버사이드호텔은 4년을 다녔어요. 돈을 쓰고 싶어도 쓸 시간이 없었습니다."

'짠돌이' 소리를 들은 이유

그쪽 업계 관계자들의 증언에 따르면, 80년대에 스스로 판을 틀며 리듬을 살려서 즉석 믹싱을 하며 두 곡을 연결하던 DJ는 딱 두 사람이 있었다고 한다. 하나는 이원승, 다른 하나는 SM의 이수만이다.

"피자집 손님 가운데 아직도 그때 이야기를 하시는 분이 계세요. '우리 부모님은 지금 완전히 속고 있습니다. 부모님을 위해서 방방 뜹시다!'라는 멘트를 기억하는 분도 있고. 남들과 다르게 하고 싶어서, 미군부대를 통해 12인치 DJ전용 판을 구해서 가지고 다녔죠. 보통 판들이 4000원 할 때 DJ판은 장당 가격이 3만5000원~7만원이었습니다. 이때의 흔적은 디 마떼오 남이섬 지점에 4만5000장의 LP로 남아 있습니다."

이원승은 왜 그렇게 돈을 모았을까? 당시 방송가에선 이원승이 '짠돌이'다, 점심때 한 번도 밥을 안 산다, 집들이라고 초대해서 갔더니 김밥만 주더라는 소문이 돌기도 했다. 주간지에 이와 비슷한 기사가 실린 적도 있다.

"점심 얘기는…. 이런 얘기까지 해야 되나? 85년에, 영등포여고 앞에 선물가게를 하나 차렸습니다. 여섯 평이었어요. 제 전세방 보증금 300만원 빼서 보증금 120에 인테리어비 100만원 쓰고 80만원 남은 돈으로는 물건 갖다놓았습니다. 제가 개그맨으로 이름이 좀 알려질 무렵이라, 첫날 매출액이 50만원을 넘어가더군요. 그때, 아버지 선거 빚이 아직도 많이 남아 있었습니다. 제가 군대 갈 때, '빚쟁이들이 설마 군대까지 찾아오지는 않겠지'라며 후련해할 정도였으니까요. 정말로 먹을 쌀이 부족해서, 어머니는 제가 점심 먹으러 집에 가지 않으면 혼자서 그냥 굶으셨어요. 매일매일 집에 가서 밥을 먹을 수밖에 없었던 속사정입니다. '어머니가 믿을 건 남편이 아니라 아들인 나다'라고 생각했으니까요."

'서당개 3년이면 풍월 읊는다'

앞선 두 번의 선거 빚은 어머니가 갚았고, 95년 선거 빚은 이원승이 갚았다. 일가친척한테 정보수집을 부탁하고, 그야말로 돈가방을 들고 빚이 남아 있는 서천의 약국, 식당, 가스집을 순회하며 '현찰'

개그맨 시절. 가운데가 김명덕, 오른쪽이 최병서다.

로 외상장부를 '깠다'.

"영등포 가게는 저희 식구 밥줄이기도, 개그맨들의 아이디어 회의장이기도 했습니다. 이경규, 김정렬, 황기순, 강석, 탤런트 김주승 등이 단골 출입멤버였습니다.

저희 어머니가 가끔 빨래도 해주고. 돈을 벌어 그 가게 건너편 집으로 전세를 가고, 또 돈을 벌어 그 옆 67평짜리 2층 건물을 8300만원에 구입했습니다. '집들이 사건'의 현장이죠. DJ 일을 하니까 동료들이랑은 밤에 같이 어울릴 일이 드물었어요. 처음에 25명이 오기로 해서 음식을 35인분 마련하고 기다렸죠. 그날따라 녹화가 일찍 끝나서 PD도 오시고, PD가 온다니 다들 그리로 가자고 해서 손님이 갑자기 50명으로 불어난 겁니다. 나중에 오신 분들은 진짜 김밥만 드셨어요. 다 제 불찰이라고 생각합니다."

당초 그의 인생설계는 '개그맨 10년, 이후엔 연극배우'였다. 92년 어느 날, 연출가 강영걸(康英傑)을 무작정 찾아갔다. 〈불 좀 꺼주세요〉〈그것은 목탁구멍 속의 작은 어둠이었습니다〉로 정상을 달리던 강영걸은 이원승을 만나주지 않았다. 삼고초려(三顧草廬)를 했다. '연예인의 객기가 아니냐'기에 '개그맨은 연극을 잉태하기 위한 과정'이라고 답했다. '정말 방송 접고 할 거냐?'기에 '최소 3년은 방송 안 하겠다'고 했다. '왜 3년이냐?' '서당개도 3년이면 풍월을 읊으니까요.' 연출가가 폭소를 터뜨렸다. 이원승은 그렇게 연극으로 돌아왔다.

오정혜와 〈하늘텬따지〉 공연

"처음엔 〈빨간 피터의 고백〉을 하고 싶다고 말씀드렸어요. 강영걸 선생님이 '지금은 때가 아니다. 잘해봐야 추송웅 아류(亞流)고 잘못하면 평생 짐으로 남는다. 일단은 이 작품을 해보자'고 하시며 김영무 작 〈하늘텬따지〉를 권해주셨죠. 불교적인 바탕을 깐 작품인데, 한 소년이 유산을 얻기 위해 목포에서 속초까지 무전여행을 한다는 이야기입니다."

1992년 7월 1일 바탕골 소극장에서 막을 올린 〈하늘텬따지〉는 정말 3년을 롱런했다. 미국 순회공연도 다녀올 정도였다. 거지라고 놀림받고, 모기에 뜯기고 개에 쫓기고, 여러 오해를 받아가며 길을 걷는 연기를 하며 이원승은 메마른 논에 물이 차오르는 듯한 충족감을 느꼈다고 한다. 배경음악을 작곡하고 라이브 기타연주를 들려주던 사람은 지금은 고인이 된 김해영, 고수(鼓手)로 나와 약장사도 하고 북도 치며 창을 들려주던 배우는 오정혜다.

"김소희(金素姬) 선생님 제자인데다 중대 후배라 캐스팅했는데, 너무 열심히 해서 제가 감동할 정도였습니다. 임권택 감독님, 이태원 사장님이 연극 보시고 신라호텔 중식당으로 저를 초대해 주셨는데, 영화를 같이하자고 하시더군요. 저 대신 오정혜를 추천했죠. 그 작품이 바로 〈서편제〉입니다. 저한테 제의한 역할은 김규철씨가 연기한 오정혜의 남동생 역인데, 〈고래사냥〉도 그렇고 〈서편제〉도 그렇고, 그때 그 역을 맡았더라면 제 인생의 방향이 지금과는 달라졌겠죠?"

극장 마련

말 타면 견마 잡히고 싶다는 말대로, 연극으로 돌아오니 극장을 갖고 싶었다. 토탈갤러리 문신규 회장 댁에서 매일 새벽 다섯 시 반부터 일주일을 기다렸다.

–그 자리가 바로 지금 디 마떼오 피자가 들어선 건물 아닌가요?

"맞습니다. 저한테 조언도 많이 해주고 '이 건물을 이원승에게 13억에 팔기로 했다'는 각서도 써주셨습니다. 나중에 부동산 가격이 많이 올랐는데도 그 가격 그대로 넘겨주었어요. 사실 각서가 법적인 효력이 있는 문서가 아닌데, 저한테 신의를 지키신 겁니다."

융자받고 가진 것 다 팔아 극장을 마련했다. 지하에 소극장이 둘, 1, 2층은 어린이집, 3층은 살림집이었는데 영 수지타산이 맞지 않았다.

“제작자를 겸했죠. 94년에 박완서 선생님을 찾아뵙고 〈나의 가장 나종 지니인 것〉을 연극으로 해보겠다고 말씀드리니 ‘자식같이 아끼는 작품이다. 어찌 이리 나를 흔드시나’고 하시더군요. ‘아들을 맡기는 심정으로 허락해 달라. 누가 되지 않도록 최선을 다하겠다’고 말씀드리고 700만원에 판권을 획득했습니다. 강부자(姜富子) 선생님 1인극이었는데 낙선 후 칩거 중이던 김대중 전 대통령도 보러 오시고 정몽준, 이주일, 아무튼 굉장히 많은 분이 다녀가셨습니다.”

–다른 공연도 꾸준히 했죠?

“연극 제작비와 극장 운영비를 대려고 밤무대에 다시 섰습니다. 기억나는 작품이라면… 김덕수 사물놀이패 초창기 멤버인 이광수 선생 모시고 〈이광수와 노름마치〉라는 공연을 6개월간 했습니다. 그 무대의 태평소 연주자가 당시만 해도 무명이던 장사익입니다. 제2관의 대표작은 박은희 구성의 교육극 〈거울보기〉입니다. 제가 교사 역으로 출연했죠. 학부형, 학생들이 주 관객이었는데, 공연 후 교사 역을 맡은 제가 무대에 올라 ‘어떤 역을 맡은 배우와 이야기를 하고 싶으냐?’고 묻고 즉흥공연을 하나 더 하는 겁니다. ‘너, 왜 집 나간 거야?’ 묻기도 하고, 때로는 한 시간 이상 뒷공연이 이어지기도 했습니다.”

최현묵 작 강영걸 연출의 〈추락하는 것은 날개가 있다구?〉는 3류건달과 술집여자가 동반 사망하는 내용이다. 연극 내용처럼 이원승은 실제로 추락하고 있었다. 흥행은 실패했고, 극장운영 적자는 꾸준히 증가, 연극에만 매진하는 가장을 두고 이혼이야기도 나오기 시작했다.

피자집 열어… 17번 피자집 찾아온 JP

"90년 1월부터 세 번 만나고 프러포즈, 열 번째 만남이 결혼식이었습니다. 적어도 결혼 이후에 얻은 명성과 재산은 배우자에게도 50%의 권리가 있는 것이겠죠? 그때는 왜 그걸 몰랐을까요."

흔들리고 있을 무렵, 〈KBS 도전 지구탐험대〉에서 연락이 왔다. 'G7 회의 때 클린턴 대통령이 먹었던' 나폴리 유명 피자집 수련 8박 9일 일정. 전생(前生)이 있다면 나폴리 사람이었을 것이라는 생각이 들 만큼 그곳이 마음에 들었다. 닷새가 지나고, 디 마떼오 사장께 진지하게 청했다. '이 일을 하고 싶다'고. 반응이 없었다. 정말 하고 싶었다. 6월 29일에 귀국해서 약속했던 공연을 마치고, 그동안 활동했던 자료 스크랩을 만들어 7월 17일 다시 나폴리로 날아갔다.

기회는 우연히 찾아왔다. 20일에 열린 그 집안의 결혼식. 집안 어른이 '저 사람 누구냐'고 물었고 '한국에서 온 코미디언이다. 웃겨드리겠다'고 대답한 뒤 손짓 몸짓으로 무려 두 시간 동안 동네 사람들을 다 뒤집어놓았다. 집안 어른은 '저런 사람과 동업을 해야 한다'고 힘을 보태주었다. 그 길로 바로 계약을 마치고 98년 1월 9일에 식당 문을 열었다.

–피자 드시러 오셨던 분 중에 가장 인상 깊은 손님은 누구입니까?

"현직 대통령 시절의 MB가 오신 적도 있지만… 단연 JP죠. 열일곱 번 오셨어요. 처음에 총리실이라고 전화가 오기에 장난전화인

디 마떼오 대학로 본점. 지금은 건물 전체가 이원승의 소유다.

줄 알고 '저는 동대문 경찰서 이성규 형사입니다'라며 바로 끊었거든요. 1998년 6월의 일이죠. 감회가 남달랐습니다. 아버지가 아무리 열심히 선거운동을 해서 바닥을 다져놓아도, 단 한 번의 방문으로 전세를 뒤집고 가셨던 분. 아버지의 낙선(落選)에 가장 많은 역할을 하신 분이었으니까요. 저한테는, 끊이지 않는 기침 가래 천식을 일으키는 분이었다고 할까요."

–왠지 그냥 평범하게 맞이했을 것 같지는 않네요.

"맞습니다. 작전을 짰죠. 최대한 당당하게 인사한다. 입구에서 기다렸다가 양다리 벌리고 한 손으로 악수했습니다. 버릇없다고 할까 봐 이탈리아 주방장 옆에 세우고 '봉 죠르노'라고 이탈리아 말로. 주변에서 눈총을 줬지만 개의치 않았습니다."

–그런데 열일곱 번을 오셨다? 그걸 다 일일이 기억하나요?

"매상장부를 보면 다 나옵니다. 국민회의에서 의원 세 명 꿔준 날도 자민련 의원들 다 데리고 오셨어요. JP가 '이 사장, 왜 머리를 깎았소?' 하시기에 '자살을 결심했던 서른아홉 살 초심(初心)을 잃지 않으려고 그랬습니다'라고 답했죠. 분위기가 싸늘해지는 겁니다. 아차 싶었어요. 그날 아침 신문 기사 제목이 '초심 잃은 세 국회의원'이었던 것이 생각나서. JP가 껄껄 웃더니 '우리 정치인들 다 머리 깎아야 돼요. 초심 갖고 있는 정치인이 없어요. 내가 그래요'라며 분위기를 수습하시더군요. 그릇이 크신 분이구나, 하고 감동했습니다."

이원승은 그 뒤로 JP가 올 때마다 뛰어나가 두 손을 잡고 고개 숙이며 인사를 드렸다. 매상을 많이 올려주던 고객이었기도 한 까닭이다.

"정계 은퇴 무렵, 제가 한번 모시고 싶다고 전화를 올렸습니다. 그때 처음 아버지 얘기를 했죠. 공주고 후배라고, JP 때문에 선거에 떨어지셨다고. 처음 오셨을 때 일부러 그랬다고. 식당을 안 했더라면, 그분에 대해 저만의 편견을 가지고 살았을 것이라고 다 말씀 드렸습니다."

자살 기도

친구들 돈을 빌려서 문을 열었는데 IMF가 터졌다.

"3개월간 파리 날렸어요. 유럽식 피자에 대한 인식도 부족해서, 손님 중엔 화를 내고 돌아가는 분도 계시고. 아내는 저랑 불화 끝에 가출하고, 빚은 쌓이고. '아, 이제 인생에서 퇴장할 때다'라고 생각했습니다. 유서 쓰고, 3층 발코니에 앉아 투신하기 전에 가장 많이 도움을 준 친구에게 전화를 했더니 '야, 코미디언, 생쇼하지 말고 이따 일곱 시 반에 만나. 끊어 임마. 나 바빠'라는 겁니다. 돈 얘기가 나왔거나 진지하게 받았으면 바로 뛰어내렸을 겁니다. 정말, 죽음의 문턱까지 갔었습니다."

나이 서른아홉이었다. 그때부터 삭발을 하고 TV와 전화기를 없앴다. 여기가 나의 수도원(修道院)이라고 생각했기 때문이다. 그때부터 도를 닦듯이 빚을 갚고 위자료 보내고 미친 듯이 일했다. 은행빚도 다 갚고 지금은 건물 전체가 그의 소유다. 그가 평생의 스승으로 모시는 연출가 오태석(吳泰錫)과의 만남도 연극적(演劇的)이다.

"피자가게 열기 전이죠. 〈프라이 프라이데이〉라고, 로빈슨 크루소의 표류기를 흑인 노예 프라이데이의 시선으로 바라본 작품입니다. 정진각 선배가 출연했는데, 중간에 '종교가 없다면 야만인이야'라는 대사가 있거든요. 어느 날 나무 십자가에 입술을 부딪혀서 이가 부러지고 피가 솟는데, 피를 혀로 핥아가며 공연을 계속하시는 겁니다. 부러진 이는 발로 밟고 입술을 오므려 가며 정확한 발음으로 아무 일도 아니라는 듯이. 제가 막 울었습니다. 나중에 이도 해드리고.

그 일 있고 몇 년 후에 같은 문중인 동성제약 이선규 회장님 꿈에 모친이 나오셔서 '나를 위해 공연 한 편 올려다오' 그러셨답니다. 저한테 부탁을 하기에, 정진각 선배님이 오태석 선생님 수제자시잖아요? 바로 연락드려서 〈불효자는 웁니다〉라는 1인극을 각색해서 〈이

이원승의 필생의 꿈 모노 드라마 〈이원승이 원숭이〉.

〈이원승이 원숭이〉 포스터.

원숭이 웁니다〉로 제목을 바꾸고 1년간 공연했습니다."

오태석은 이 공연 이후 이원승을 불러 1년에 한 번씩 이렇게 말했다.

"연극은 가난한 예술이다. 그래서 돈을 벌면 거의 다 무대를 떠난다. 너는 돈을 벌었는데 무대로 돌아왔다. 너의 성공이, 인생 자체가, 연극 하는 후배들에게는 또 하나의 희망이다. 네가 주변 사람들에게 꿈을 주는 사람이 되었으면 한다."

"묵직하고 값나가는 배우로 살고 싶다"

마침내 2007년, 이원승은 피자집 일부를 소극장으로 개조하고 오태석 각색 연출로 '빨간 피터의 고백' 〈이원승이 원숭이〉를 무대에 올린다.

"첫날 공연은 울면서 했습니다. '바로 이 순간을 위해 내 인생을 달려왔다'는 감회가 밀려와서 참을 수가 없더라고요."

2002년, 피자 말고 파스타도 해보자고 생각해서 성악 전공 여학생을 이탈리아어 강사로 모셨다. 방학 때만 일하는 3개월 계약. 그 계약은 피차 간에 종신계약으로 발전했다. 여학생은 이탈리아로 건너갔고, 이원승은 매일 이탈리아로 국제전화를 걸었으며 몇 시간을 쉬지 않고 이야기했고, 로마의 성당 앞에서 우연히 길을 멈추고 "경신씨, 혹시 압니까? 코엘류의 소설 〈연금술사〉에 나오듯이, 누군가 간절히 원하면 온 우주가 준비를 하고 있다고. 지금 종소리가 울리고 비둘기가 날아오르기를 원합니다"라고 말하는 바로 그 순간에 마법처럼 정말로 종이 울려서 자연스레 준비해 간 반지를 건넸고, 귀국해서는 "이번 생애가 아니라면 다음 생애에서는 꼭 당신과 함께 살고 싶다. 지금까지 당신과 함께한 시간만으로도 나는 행복했다"는 문장으로 결혼 승낙을 받았다. 2002년 2월 3일 월요일 결혼, 주례는 오태석. 이원승은 수요일에 연극을 공연하고 그의 아내는 금요일에 노래를 한다.

–이원승에게 연극이란 무엇입니까?

"꿈이죠. 저 스스로가 '가치 있는 삶을 살았다'고 할 때 가장 앞에 내세울 수 있는 부분. 피자가 잘돼서 연극을 하는 것이 아니라 연극을 하기 위해 피자를 굽는 겁니다. 앤티크 가구처럼, 묵직하고 값나가고 그렇다고 화려하게 드러나지도 않는 연극배우로 평생을 살고 싶습니다."

–좋은 배우란 어떤 존재입니까?

"관객을 행복하게 해주는 사람 아닐까요. 관객이 행복하면 저도 행복해지니까, 그런 총체적 감정의 교류를 잊지 못해 연극을 하는

식당 2층에 꾸민 소극장. 객석 33석의 아늑한 공간이다. 이원승은 이곳에서 〈이원승이 원숭이〉를 10년간 공연한다.

건지도 모르겠습니다. 오태석 선생님의 권유로 〈이원승이 원숭이〉 공연을 마치고 매번 관객들과 인터뷰를 합니다. 10년 동안의 자료가 쌓이면, 관객들을 행복하게 해주는 가장 효과적인 방법이 무엇인지, 의미있는 통계를 얻게 될지도 모르겠다고 생각합니다."

–앞으로의 계획이나 꿈이 있다면?

"가평에 연극마을을 만드는 프로젝트가 제 필생의 과제입니다. 디 마떼오 고객 분들 덕분에 마련한 4000평 땅이 근거지입니다. 한쪽에서는 치즈도 만들어서 자립경제를 실현하고 한쪽에서는 연극을 하는 거죠. 가평 군내 20개 학교에 연극반을 만들어서 오는 10월에 교육장배 연극경연대회를 합니다. 9월에는 마을 주민들을 배우로 출연시키는 산대연극제(山臺演劇祭)를 개최할 생각입니다. 명필 한석봉이 가평군수였거든요. 대동법(大同法)의 창시자 김육도 가평 분이고, 호명산 호랑이 이야기, 6·25 때 한 동네 사람 300명이 참전하고 그 치열했다는 가평전투를 겪고도 단 한 명의 부상자와 사망자도 나오지 않았다는 미국 유타주 인구 3만의 도시 '시다 시티(Cedar City)의 기적의 귀환' 등 가평 이야기를 연극으로 꾸미는 겁니다. 연극이 힐링도 되고 오락도 되고 삶 자체도 되는 그런 연극 마을을 꼭 만들고 싶습니다."

그는 이혼 이후 아버지를 온전히 이해할 수 있게 되었다고 했다. 삶이 늘 희망하는 쪽으로 흘러가지 않는다는 걸 절감했다는 것이다. 그래서 자기를 찾아왔던 고난과 은인들에게 감사를 드린다고 했다. 다섯 살 때 경대의 돈을 훔쳐 동네 아이들과 영화를 본 날, 눈 날리는 마당으로 밥상째 아들을 집어던졌고, 열 살 무렵 운전을 해본다고 자가용을 논두렁에 처박았을 때 '다치지 않았니? 다음부턴 그러지 마라'라며 뒷말이 없었으며, 밖에서는 공인(公人)이었으되 집안일은 돌보지 않았다는 그의 아버지가 아들의 성공을 지하(地下)에서 자랑스럽게 생각하고 계실 것이라는 느낌이 문득 들었다. 이원승은 인터뷰 내내 유쾌한 사업가였고 배우였다. 그리고 누군가의 아들이었다. (2014년 5월)

이원승 李原丞

- 1960년생. 중앙대 연극영화학과 졸업. 同 신문방송대학원 연극전공 석사.
- 現 '극단 하늘땅' 대표, 피쩨리아 디마떼오 대표이사.
- 출연작: 〈오호! 종달새〉 〈엘리베이터〉 〈장미의 성〉 〈멀고 긴 터널〉 〈토끼와 포수〉 〈하늘텬따지〉 〈프라이프라이데이〉 〈거울보기〉 〈이원승이 웁니다〉 〈이원승이 원숭이〉(연극).

장원재張源宰

1966년 서울 생.
경기고등학교, 고려대학교 국어국문학과(학사)
런던대 골드스미스 컬리지(석사)
런던대 로열헐러웨이 컬리지(박사: 비교연극사)

전 숭실대 문예창작학과 교수
현 인터넷매체 배나TV 대표
현 MBC 〈라디오 북클럽 장원재입니다〉 진행

저서: 《증언 연극사》, 《오태석 연극-실험과 도전의 40년》, 《셰익스피어와 영상문화》(번역), 《한국 근대극 운동과 언론의 역할관계 연구》, 《무대와 스크린-이야기를 담는 그릇》, 《Irish Influence on Korean theatre during the 1920-1930s》, 《Three Plays of Chi-Jin Yoo》, 《오태석 공연대본전집 1 -16》(책임편집), 《김영수 희곡 시나리오 선집 1-7》(책임편집), 《김영수 라디오극본 선집 1-2》(책임편집), 《필름 셰익스피어》(공저), 《자유주의, 전체주의 그리고 예술》(공저) 등

장원재의 배우열전

배우란 누구인가

초판 1쇄 인쇄 2015년 12월 5일
초판 1쇄 발행 2015년 12월 10일

저　자 | 장원재

펴낸곳 | 북앤피플
대　표 | 김진술
펴낸이 | 맹한승
디자인 | 박원섭

등　록 | 313-2012-117호
주　소 | 서울시 마포구 신촌로 196-1 이화빌딩 502호
전　화 | 02-2277-0220
팩　스 | 02-2277-0280
이메일 | jujucc@naver.com

ISBN 978-89-97871-20-9 03680